西安交通大学
人口与发展研究所 · 学术文库

婚姻挤压下的
中国农村男性

Chinese Rural Men under the Marriage Squeeze:
Evidence from History and Reality

刘利鸽

靳小怡 / 著

费尔德曼

社会科学文献出版社
SOCIAL SCIENCES ACADEMIC PRESS (CHINA)

总　序

　　西安交通大学人口与发展研究所一直致力于社会性别歧视与弱势群体问题的研究，在儿童、妇女、老年人、失地农民、城乡流动人口（农民工）和城镇企业困难职工等弱势群体的保护和发展等领域进行了深入研究。研究所注重国内外的学术交流与合作，已承担并成功完成了多项国家级、省部级重大科研项目及国际合作项目，在弱势群体、人口与社会发展战略、公共政策研究等领域积累了丰富的理论与实践经验。

　　研究所拥有广泛的国际合作网络，与美国斯坦福大学人口与资源研究所、杜克大学、加州大学尔湾分校、南加州大学、加拿大维多利亚大学、圣塔菲研究所等国际知名大学和研究机构建立了长期的学术合作与交流关系，形成了研究人员互访和合作课题研究等机制；同时，研究所多次受到联合国人口基金会、联合国儿童基金会、联合国粮农组织、世界卫生组织、国际计划、美国 NIH 基金会、美国福特基金会、麦克阿瑟基金会等国际组织的资助，合作研究了多项有关中国弱势群体问题的项目。国际合作使研究所拥有了相关学术领域的国际对话能力，扩大了国际影响力。

　　研究所注重与国内各级政府部门的密切合作，已形成了与国家、地方各级政府的合作研究网络，为研究的开展及研究成果的推广提供了有利条件和保障。研究所多次参与有关中国弱势群体、国家与省区人口与发展战略等重大社会问题的研究，在有关政府部门、国际机构的共同合作与支持下，在计划生育和生殖健康、女童生活环境等领域系统地开展了有关弱势群体问题的研究，并将研究结果应用于实践，进行了社区干预与传播扩散。1989 年以来，研究所建立了社会实验基地 6 个，包括"全国 39 个县建设新型婚育文化社区实验网络"（1998～2000 年，国家人口和计划生育委员会）、"巢湖改善女孩生活环境实验区"（2000～2003 年，美国福特基金会、国家人口和计划生育委员会）、"社会性别引入生殖健康的实验和推广"（2003 年至今，美国福特基金会、联合国人口基金会与国家人口与计划生育委员会）等。其中，"巢湖改善女孩生活环境实验区"在国内外产生了重要的影响，引起了国家和社会各界对男孩偏好问题的重视，直接推动了全国"关爱女孩行动"的开展。

近年来，研究所开始致力于人口与社会可持续发展的理论、方法、政策和实践的系统研究，尤其关注以社会性别和社会弱势人群的保护与发展为核心的交叉领域。作为国家"985 工程"研究基地的重要组成部分，研究所目前的主要研究领域包括：人口与社会复杂系统的一般理论、分析方法与应用研究——探索人口与社会复杂系统的理论和方法，分析人口与社会复杂系统的一般特征及结构，建立人口与社会复杂系统模型，深入分析社会发展过程中出现的重大人口与社会问题；人口与社会政策创新的一般理论、分析方法与应用研究——分析人口与社会政策创新的理论内涵与模式，人口与社会政策创新的政策环境、条件、机制、过程与应用，建立人口与社会政策创新评估体系；转型期面向弱势群体保护与发展的社会政策创新研究、评价与实践——以多学科交叉的研究方法，研究农村流动人口在城镇社会的融合过程，分析农民工观念与行为的演变及其影响机制，研究其人口与社会后果，探索促进农民工社会融合的途径，探讨适合中国国情的城镇化道路；国家人口与社会可持续发展决策支持系统的研究与应用——在人口与社会复杂系统和人口与社会政策创新研究的基础上，结合弱势群体研究所得到的结果，面向国家战略需求，从应用角度建立人口与社会可持续发展决策支持系统，形成相应的数据库、模型库、知识库和方法库，解决人口与社会可持续发展过程中的重大战略问题。

中国社会正处于人口与社会的急剧转型期，性别歧视、城乡社会发展不平衡、弱势群体等问题日益凸显，社会潜在危机不断增大，影响并制约着人口与社会的可持续发展。西安交通大学人口与发展研究所的研究成果有利于解决中国社会面临的、以社会性别和弱势群体保护与发展为核心的人口与社会问题。本学术文库将陆续推出其学术研究成果，以飨读者。

摘　要

20 世纪 80 年代以来，中国经历了持续偏高的出生性别比。伴随着1980年出生队列的过剩男性逐步进入婚姻和生育年龄，中国农村地区的婚姻挤压和男性成婚困难问题逐渐出现并引起社会各界的关注。在普婚文化下，女性的短缺不但不会降低男性对婚姻的强烈需求，反而可能进一步加剧男性之间就女性可婚资源的竞争，并进一步引发一系列的人口、社会和安全问题。因此性别结构失衡和农村男性的婚配问题是促进人口和社会可持续发展、构建和谐社会过程中亟待解决的问题，相应的理论研究和政策干预是迫切需要的。

本书将宏观、中观和微观视角相结合，历史研究和现实研究相结合，定性研究和定量研究相结合，对婚姻挤压下的农村男性进行了深入探讨。全书主体内容可以分为两个部分：

第一部分：在宏观、中观层次上，分别从历史视角、二手资料和社区一手资料出发，对婚姻挤压、性别失衡和社会风险进行了系统探讨。首先，通过对明清时期婚姻挤压现象和后果的研究进行梳理和分析，基于历史视角揭示了男性婚姻挤压现象、后果和治理措施。其次，通过对国内外已有文献、新闻资料的分析，对性别失衡下的宏观风险和个体失范进行识别，并揭示二者之间的关系。最后，采用"百村社区调查"数据，分析了婚姻挤压下的婚姻市场、大龄未婚男性和社区安全。

第二部分：在微观层次上，以婚姻寻找理论为指导，采用"百村系列调查"数据，基于婚姻视角对农村男性的婚姻市场地位和婚姻策略进行了实证分析。首先，修正了经典的婚姻寻找理论分析框架，提出了适用于中国农村婚姻挤压和普婚文化情境的婚姻市场地位与婚姻策略分析框架。其次，在对个人的婚姻市场地位的指标量化的基础上，分析了婚姻挤压下男性在婚姻市场中的地位特征。再次，分析了婚姻挤压下中国农村男性的实际婚姻策略，揭示了婚姻挤压下农村男性的夫妻年龄和教育匹配模式。最后，分别从婚娶有婚史女性、婚娶残疾女性、入赘婚姻的态度和择偶策略的灵活性四个方面分析了农村未婚男性潜在婚姻策略。

Abstract

Since the 1980s, the sex ratio at birth has increased sharply in China. Along with more surplus boys becoming adults and entering the marriage market, the marriage squeeze and men's difficulty in getting married have received much attention. China has a culture of universal marriage and high marriage rates; thus the shortage of marriageable women will not decrease men's strong demand to marry, and will also increase men's intense competition for marriageable women. The result will cause a series of problems for the population, society and security. Thus rural men's difficulty in getting married is a crucial problem for the maintenance of a harmonious society and more research into this phenomenon and appropriate policy intervention is necessary.

This book explores rural men in the male marriage squeeze at the macro, meso and micro levels in considering the combination of historical and realistic insights, and the combination of qualitative and quantitative research methods. There are two main parts in the book.

In part one, we analyse the male marriage squeeze, gender imbalance and social risk using historical materials, secondary data and survey data at the macro and meso level. There are three chapters. First, based on previous studies on the male marriage squeeze existed in Ming and Qing Dynasties, we summarize the reasons of being forced to beunmarried, social consequences and related practice of governance. Second, we identify the macro social risks and micro anomia in the context of gender imbalance, and reveal the relation between them based on evidence from relevant literatures and news reports. Finnally, using data from a village-level survey, we analyse the marriage market, bare bachelors and community safety.

In part two, using data from surveys of hundreds of villages, we analyse rural men's status in the marriage market, married men's actual marriage strategies and never-married men's potential marriage strategies. First, in considering the male marriage squeeze and universal marriage in rural China, we amend the framework of the classic marriage search theory, and propose a framework on rural men's status in the marriage market and their marriage strategies. Second, we enrich the measures for rural men's status in the marriage market in considering perspectives of marital status, love experience, and experience during the period of partner selection, and find that men's status in the marriage market can have many levels. Third, we study in terms rural men's couple matching patterns of age and education, and find that rural men still marry assortatively, which is weakened and challenged by characterics of the local marriage market and men's status in the marriage market. Fourth, we study trends in never-married men's potential marriage strategy, and find that rural men who are in inferior marriage markets, or of inferior status in the marriage market, are more likely to lower their mating choice criteria, and conduct flexible marriage strategies, to increase their possibility of marrying.

目　录

第一篇　婚姻挤压、性别失衡与社会风险

第二篇 当代中国农村男性的婚姻市场
地位和婚姻策略

Contents

Part 1   Male marriage squeeze, gender imbalance and social risks

Part 2 Rural men's status in the marriage market and their marriage strategies

1 引言

1.1 背景

1.1.1 现实背景

社会可持续发展是人口、社会、经济、资源和环境的可持续发展。在中国这一人口大国，人口问题是可持续发展的首要问题。持续升高的出生性别比以及由此带来的人口性别结构失衡，是当前中国社会面临的重要人口问题。20世纪80年代中期以来，我国经历了持续偏高的出生性别比。至2008年，我国的SRB已经从1981年的108.5上升至120.56（中华人民共和国国家统计局，2009）；2009~2012年，出生性别比虽然连续五年下降，但仍然高达117.7。与此同时，女婴死亡水平也保持了较高水平，在2005年，我国0岁组和1岁组死亡率性别比分别为0.80和0.84（李树茁等，2006）。

偏高的出生性别比和女婴死亡水平，导致整体人口结构失衡现象日渐突出，具体表现为总体性别比偏高和婴幼儿阶段性别比偏高尤其严重。2005年全国1%人口抽样调查数据显示，20岁以下各个年龄段的性别比都高于正常水平，该年龄段过剩男性人口达3300万（Zhu et al.，2009）；第三次至第六次普查数据显示，1982~2010年，我国总人口性别比均在105以上（中华人民共和国国家统计局，2009；Banister，2004），明显高于97.9~

100.3 的正常水平（Coale，1991）。

虽然中国不是当前唯一的性别结构失衡的国家，但却是出生性别比水平最高、偏离正常水平时间最长、过剩男性规模最大的国家，并引起了国内、国际社会广泛的关注（den Boer 和 Hudson，2004；Guilmoto，2009）。在这一新的环境下，我国人口与发展工作的重点已经逐渐由控制人口数量转向统筹解决人口问题（李树茁等，2009；赵白鸽，2006），"出生人口的男女性别比悬殊"问题已取代"控制人口数量增长"，成为我国人口工作面临的最新难题（张乐，2012）。

持续偏高的出生性别比已经引起我国政府的高度关注，相应的治理措施也先后出台。2006 年"关爱女孩行动"在全国范围内开展，标志着以政府为主导的全国性促进性别平等与社会和谐的社会行动全面启动。2011 年，胡锦涛在中共中央第二十八次集体学习时指出，继续加大综合治理力度，推动各部门、各地制定综合治理出生人口性别比偏高问题的经济政策，确保"十二五"期间出生人口性别比明显下降。温家宝在 2012 年政府工作报告中明确提出"继续稳定低生育水平，综合治理出生人口性别比偏高问题，提高出生人口质量"的要求。为了扭转男性婴儿出生比例过高的现状，国家人口计生委、公安部、卫生部等六部委联合行动，并将 2012 年确定为"出生人口性别比重点治理年"（张乐，2012）。

作为性别失衡的重要婚姻后果，男性婚姻挤压已经出现，部分男性被迫难以婚配，但相关的治理对策却尚未到位。2000 年以来，伴随着 20 世纪 80 年代以来出生的过剩男性逐步进入适婚年龄，婚姻挤压现象在我国农村逐渐凸显。当前婚姻挤压现象集中体现在"光棍村"数量不断增加，海南、贵州、甘肃、陕西、山西、河北、吉林等中西部省份的部分贫困农村地区都曾有"光棍村"被媒体报道（刘利鸽等，2009）。2005 年全国 1% 人口抽样调查数据显示，婚姻挤压现象在我国农村地区绝非个案，几乎所有省份的农村地区都存在不同程度的女性缺失（Davin，2007）。

值得忧虑的是，20 世纪 80 年代以后出生的过剩男性目前刚刚步入结婚和生育年龄，因此性别失衡的婚姻后果在当前只是初步体现，婚姻挤压程度也较轻。在未来的 20 ~ 30 年，随着 20 世纪 90 年代以来出生队列的男性逐步进入结婚年龄，被迫失婚男性的规模将进一步扩大，我国婚姻市场将持续处于男性婚姻挤压状态，且挤压的程度可能会加重。有研究表明，即使我国的出生性别比能够迅速回归正常水平，男性婚姻挤压也将至少持续 30 年，即直到已经出生的过剩男性退出婚姻市场（Das Gupta et al.，2010）。不少学者对我国未来婚姻挤压规模进行了预测。有研究表明，中国婚姻挤压程度将在 2020 年达到最高水平，届时婚龄人口性别比将高达 135，将有 2900万 ~ 3300 万 15 ~ 34 岁的过剩男性找不到媳妇（den Boer 和 Hudson，2004；Ebenstein 和 Sharygin，2009b）。

需要强调的是，受经济发展水平和人口流动地区差异的影响，婚姻挤压后果将主要由经济欠发达的西部落后农村地区的男性承担。由于经济发展水平的地区差异，东部地区较好的经济前景和较多的就业机会，吸引了大量的劳动人口从西部和中部农村迁入东部城市（Wong et al.，2007）。与此同时，大量的农村女性通过婚姻实现了从西部贫困农村地区向中、东部经济较发达农村地区的远距离婚姻迁移（Das Gupta et al.，2010；Davin，2007；Fan 和 Huang，1998），客观上制约了部分西部农村地区男性结婚的机会。2000 年人口普查数据显示，跨省婚姻迁移者约为 150 万人，以婚姻为目的的迁移可以解释 20.5% 的女性跨省迁移（Davin，2007）。江苏、广州、浙江、北京等东部经济发达地区是主要的婚姻迁入省份（Das Gupta et al.，2010；Davin，2005a），而四川、云南、贵州和广西等主要的劳动人口迁移省份，同时也是主要的女性婚姻迁移省份和可婚女性资源最缺乏的省份（Bossen，2007；杨筠，2008）。这种由经济发展地区差异引起的婚姻迁移，对婚龄人口性别结构的地区分布产生了重要影响：出生性别比较低的西部农村，婚龄人口性别比反而最高，村庄人口性别失衡和婚姻挤压程度更严重（Das Gupta et al.，2010；Ebenstein 和 Sharygin，2009b）。未来随着婚龄人口中女性缺失规模的进一步扩大，由于在经济发展水平上处于劣势，西部落后农村地区不但要承担本地区性别歧视和性别选择的后果，还要部分承担较发达地区性别选择的后果。

与日益显著的婚姻挤压相矛盾的是，中国是一个具有普婚文化的国家，婚姻被视为家庭得以延续的象征，也是社会地位和个人独立的标志（Hesketh，2009）。在中国，尤其是农村地区，几乎所有的人都是想要结婚的（Das Gupta et al.，2010；陈友华，2004）。近些年来，与美国、欧洲等国家结婚率不断下降相比（Crowder 和 Tolnay，2000），我国的结婚率仍高居不下，Davin 等对中国 1990 年和 2000 年两次普查数据的计算发现，在中国，35～39 岁年龄段男性和女性的结婚率均达 95% 以上（Davin，2007）。根据 2002 年一项全国农户家庭调查数据，30～34 岁男性和女性的结婚率分别为 94.1% 和 98.7%（Meng，2009）。这些数据充分表明，与欧美国家近 30 年来结婚率下降和同居比例迅速上升相比，中国至今仍然崇尚"普遍结婚"的文化，婚姻是家庭构建的最重要方式。普婚文化下人们对婚姻的强烈需求不会因为婚姻挤压而降低，反而可能进一步加剧男性之间对女性可婚资源的竞争，并对已有的婚姻和家庭秩序产生强烈的冲击，引发一系列的人口、社会和安全问题，如人口老龄化、人口增长和劳动人口的减少（Cai 和 Lavely，2004；Das Gupta et al.，2010），性产业发展、HIV 的传播、违法犯罪和反社会行为的增长等（Das Gupta et al.，2010；Ebenstein 和 Sharygin，2009a；Edlund et al.，2009；Hudson 和 den Boer，2002）。

以上分析表明，在性别结构失衡、普婚文化和婚姻迁移并存的中国农村，婚姻挤压和过剩男性正在成为重要的家庭和社会问题，并可能进一步引起一系列的人口、公共健康和社会安全后果。因此，关注婚姻挤压的社会后果，并探讨相应的预防和治理对策，具有重要的社会现实意义；对婚姻挤压下农村男性婚姻机会和策略进行研究，探索提高男性结婚机会、缓解婚姻挤压程度的对策，无论从提高农村男性的生活和心理福利，还是从促进社会安全和稳定的角度而言，都有重要的现实意义。

1.1.2 理论背景

男性婚姻挤压问题越来越引起政府和社会各界的关注，当前对男性婚姻挤压的研究表现在宏观和微观两个层次。宏观层次的研究主要关注婚姻挤压规模和社会后果；微观层次的研究则主要关注大龄未婚男性群体，包括他们的失婚原因和生活状况。

1）宏观层次的研究

近些年来，中国的男性过剩和婚姻挤压引起国内外学者的广泛关注。不少学者采用宏观统计数据，对我国过剩男性的数量进行了计算和预测。如 Hesketh（2009）对 2005 年 1% 抽样数据的计算发现，20 岁以下过剩男性人口达 3300 万，这就意味着在今后 20 多年里，婚姻市场上将有超过 3300 万的男性难以找到结婚对象。Hundson 和 Bore（2004）估计至 2020 年中国将有 2900 万 ~3300 万的 15 ~34 岁过剩男性找不到媳妇。

在全球范围内，中国也并非唯一的性别失衡国家。在印度、巴基斯坦、孟加拉国、阿富汗和中国台湾等国家和地区，男孩偏好和性别选择的存在使得这些国家和地区也面临严重的女性缺失现象。1998 ~2001 年，这些国家和地区的缺失女性数量就超过千万（den Boer 和 Hudson，2004），亚洲也因此成为人口性别比最高的洲（Hesketh 和 Xing，2006）。

一些学者采用历史和宏观数据，对男性婚姻挤压的社会后果进行了预测。这些研究主要表现在人口、健康和社会稳定等几个方面。首先，女性的短缺将导致女性整体再生产能力下降，并影响到未来中国人口的适度增长和人口年龄结构。Cai 和 Lavely（2004）提出，如果中国出生性别比保持在 2000 年的水平，则 21 世纪末中国人口总量将减少 13.6%。人口再生产能力的下降进一步造成劳动人口比例的下降和老年人口的增长，进一步加快中国人口老龄化步伐，并可能制约经济发展。第六次人口普查数据显示，60 岁以上人口占总人口的比例已经从 2000 年的 10.3% 上升到 13.3%（中华人民共和国国家统计局，2010）。根据联合国的预测，至 2020 年，中国 65 岁及以上老年人口将增加至 11.9%，至 2030 年将增加至 16.3%（Chen 和 Liu，2009）；而劳动年龄人口的比例从 2010 年开始下降，绝对数量从 2015 年开始下降（Zhong，2011）。

其次，男性婚姻挤压增加了性病的传播风险。可婚配女性的短缺，使得部分男性，尤其是贫穷、受教育程度低的农村男性，难以找到结婚对象，不得不保持单身状态。由于婚内性途径和科学的生殖健康知识的缺乏，他们实施婚外性行为和未保护性行为的可能性也较高，面临着较高的 HIV 感染和传播风险（Ebenstein 和 Sharygin，2009a；Tucker et al.，2005）。有研究表明未婚者感染 HIV 的风险是已婚的 1.7 倍；男性是女性的 1.4 倍（Ebenstein 和 Sharygin，2009a）。最近 10 年来，中国 HIV 感染案例明显增加，性接触正在成为最普遍的传播途径。在 2005 年新感染案例中，分别有 19.6%、16.7% 和 7.3% 是通过性工作者、伴侣感染和同性性行为传播的。在中国人口流动的背景下，大量的年轻未婚男性流向城市，也加大了 HIV 在城乡传播的风险（Ebenstein 和 Sharygin，2009a；Yang，2006）。

最后，大规模单身男性的存在，也可能带来犯罪率的上升，危害公共安全。犯罪，尤其是暴力犯罪，与性别和婚姻状况存在显著的相关性；多数暴力犯罪往往由那些年轻、社会经济地位较低的单身男性实施（Hudson 和 den Boer，2002；Messner 和 Sampson，1991）。对中国和印度犯罪率影响因素的分析发现，性别比的上升和过剩男性的增加可以部分解释犯罪率的升高（Dreze 和 Khera，2000；Edlund et al.，2009；Paul，2009；姜全保和李波，2011）。采用中国 1988～2004 年 16 个省份的犯罪数据，Edlund 等（2009）发现升高的性别比可以解释这一时期 1/7 的暴力和财产犯罪：性别比每上升 1%，犯罪率将大约上升 3%。作者同时指出，犯罪率的上升不是由于男性过多，而是由于未婚男性过多引起的。姜全保和李波（2011）采用中国 1990 年、1995 年、2000 年和 2005 年全国省级宏观人口经济和犯罪率数据进行分析，得出了类似的结论。Dreze 和 Khera（2000）对印度谋杀率的研究也都发现，人口性别比高的地区谋杀犯罪率往往较高。

总之，虽然婚姻挤压及其社会后果已经引起国内外学者的广泛关注，但当前研究仍存在着一些不足，主要表现在：首先，由于 1980 年以来出生队列的过剩人口刚刚进入婚育年龄，性别失衡和婚姻挤压的后果，尤其是影响和危害性更大的社会层次的安全后果尚未出现，这使得当前关于婚姻挤压社会后果的研究多是预测性的，缺乏来自一手资料的直接证据。其次，当前研究多集中于对某一方面后果的探索，缺乏全面、系统的研究。因此，本书将在阅读大量文献的基础上，对已有研究进行梳理和总结，以全面展示婚姻挤压特征及其社会后果的研究成果；与此同时，采用来自村庄层次的一手数据，分析当前农村婚姻挤压的程度、特征及其社会影响。

2）微观层次的研究

已有研究认为，影响男性成婚的因素主要集中在社区、家庭以及个人三个方面。男性婚姻挤压是出生性别比失衡的宏观婚姻后果，而女性从内地到沿海、从山区到平原的婚姻迁移导致婚姻挤压后果发生了跨空间的转移：贫困和边远农村地区的男性成为婚姻挤压后果的主要承担者（Ebenstein 和 Sharygin，2009b；Das Guptaet al.，2010）。从家庭和个人条件上看，较差的经济状况是影响男性婚配的重要因素，当女性处于短缺时，贫穷的男性很难找到配偶（陈友华，2004）。另外不出众的个人特征也是制约男性顺利成婚的因素。

与此同时，也有学者关注女性缺失对男性婚姻策略的影响。婚姻的缔结是一个动态的过程，对处于婚配年龄的未婚男性和女性而言，单身可能是暂时的，在未来的某个时间点，他们可能会完成从未婚向已婚的转变。在当前农村，由于婚姻挤压程度较轻，因此虽然单身比例的上升是婚姻挤压的重要后果，但对终身结婚水平的影响却不大（Das Gupta et al.，2010；陈友华，2004）。虽然部分男性在适婚年龄难以婚配，但他们并没有就此迅速退出婚姻市场，而是采取积极的手段，追求可能的结婚机会。因此男性的过剩，加剧了男性为争取结婚机会而对有限可婚女性资源的竞争，在这种竞争中，男性的婚姻策略可能发生改变。陈友华认为，男性婚姻挤压可能会影响夫妻的年龄差，使得夫妻年龄差趋于扩大（陈友华，2004）。彭远春对陕西秦岭某山村的调查发现，女性的缺失使得当地近亲结婚盛行，并导致新生儿出生缺陷率升高（彭远春，2004）。刘中一（2005a）对吉林农村的研究也发现，由于可婚配女性的缺失，一些农村男性不得不同患有法律上规定不能婚育的疾病或残疾的女性结婚（刘中一，2005a）。一些研究还发现，过剩男性对婚姻的需求，带来了婚姻买卖、拐卖妇女、婚姻诈骗等不法婚姻行为的增加（Banister，2004；Hudson 和 denBoer，2002；靳小怡等，2010）。

总之，就国内研究来看，虽然已经有少数研究开始关注婚姻挤压下农村男性的结婚机会和婚姻策略，但由于当前对中国农村男性婚姻挤压的研究处于起步阶段，相关定量数据也比较缺乏，因此已有研究多是对质性材料和个案进行研究，较少有研究采用大规模的定量调查数据进行分析；也很少有研究对农村男性的婚姻机会和婚姻策略及其作用机制进行深入、系统的分析。

从国外研究来看，婚姻挤压不是新的社会现象。伴随着 20 世纪 40 年代末 50 年代初出生队列人口进入结婚年龄，20 世纪 70 年代以来美国面临着女性婚姻挤压问题，并带来结婚率下降、女性贫困人口和非婚生育人口上升等一系列的问题，这在当时引起了政府和社会各界的高度关注。大量学者发现传统的理论和研究路径难以解释这一变化的婚姻和社会现象，需要一种新的能考虑婚姻市场和劳动力市场变化因素的新的理论。在这种背景下，婚姻市场理论，如婚姻寻找理论（Marital-search theory）、性别失衡理论（Imbalanced sex ratio theory）和男性可婚配空间假设（Male marriageable pool hypothesis）应运而生（Lloyd，2006）。与之前在婚姻和家庭研究中占据主导地位的婚姻交换理论相比，婚姻市场相关理论强调婚姻市场状况对婚姻和择偶行为的影响，但各派别侧重点并不相同，性别失衡理论强调婚姻市场上可供给潜在配偶的数量对婚姻行为的影响（Guzzo，2006），男性可婚配空间假设更关注可供给配偶的质量，即合适的配偶的可得性（Wilson，1987）。而婚姻寻找理论对之前理论进行了进一步的发展，除了同时关注婚姻市场数量和质量的特征，也肯定个人特征的影响（Becker，1981；Oppenheimer，1988）。婚姻寻求理论得到了最广泛的应用，越来越多的学者将婚姻寻找理论和婚姻交换理论应用于女性婚姻和生育行为研究，尤其关注不同婚姻市场特征对女性婚姻行为影响的种族差异（Crowder 和 Tolnay，2000；Lichter et al.，1991；Lichter et al.，1992；McLaughlin 和 Lichter，1997）。

虽然婚姻市场理论在美国得到了迅速发展，并广泛地应用于解释不均衡婚姻市场情景下女性的婚姻决策和行为，但仍存在着较大的研究空间：首先，从研究对象性别来看，绝大多数研究关注女性的婚姻决策和行为，很少有研究从男性的视角进行研究。由于男性和女性的择偶和婚姻行为存在性别差异，如果将婚姻市场理论用来解释中国男性的婚姻行为和观念，可能会有不同的发现。其次，从研究内容来看，同婚姻行为一样，择偶偏好也是婚姻和家庭研究的重要内容，对未婚人口择偶偏好的研究并不罕见，但多数研究重在揭示人们择偶偏好的一般性规律和性别差异，而不均衡婚姻市场情境下个人择偶偏好的研究尚未引起关注。再次，虽然婚姻市场理论已经用于解释个体婚姻行为，但已有研究只关注结婚可能性，如结婚率、初婚风险等，很少有研究从其他视角和维度探讨个人的婚姻行为和结婚机会。最后，虽然中国人口的婚姻问题备受国内外婚姻家庭研究者的关注，但中国婚姻挤压自2000 年以后才逐渐引起关注，相关研究主要采用宏观数据，如人口普查数据，对婚姻挤压程度和过剩男性规模进行预测（Cai 和 Lavely，2004；李树茁等，2006）；由于基于专项问卷调查的社区和个人定量数据较难获取，几乎没有学者采用定量数据，将西方经典婚姻市场理论应用于中国情境下的婚姻研究。

因此本书将在对西方经典婚姻市场理论进行评述和比较的基础上，选择适合中国情景的婚姻理论；纳入中国婚姻市场和婚姻文化情景因素，构建中国普婚文化和婚姻挤压情境下的婚姻寻找理论分析框架，并从村级婚姻市场状况、个人和家庭特征两个层次出发，揭示农村男性在婚姻市场中的地位和策略的影响因素及其作用机制。

1.2 概念界定

1.2.1 婚姻市场

贝克尔在构建其婚姻家庭经济理论时，提出了"婚姻市场"的概念，并认为经济学的基本理论和假设同样适用于婚姻和家庭领域（Becker，1981）。他假设存在着自由竞争的婚姻市场，只不过与其他市场相比，婚姻市场是虚拟的、看不到的，但一般的市场原理和假设，如偏好理论、理性经济人假设，以及成本收益分析、效用价值分析等市场分析原理也适用于对婚姻的分析（郭志刚和邓国胜，2000）。婚姻市场概念有广义和狭义之分，狭义的婚姻市场是指人们选择配偶的场所（Lichter et al.，1992），广义的婚姻市场是指处于婚龄期男性和女性择偶关系的总和，表现为在一定的时间和范围内的婚姻配偶的供给和需求的关系（王卓，2007）；当个人进入适婚年龄后，就自觉或不自觉地置身于特定的婚姻市场，受婚姻市场中供需关系的影响，并在其中进行竞争、比较、选择和匹配（郭志刚和邓国胜，2000）。婚姻市场中的供求关系包括潜在配偶的数量和质量特征。"数量"特征是指数量上的平衡，即潜在配偶是过剩还是短缺。"质量"特征则强调具备某些特定特征，如在特定教育、职业、种族、宗教内部潜在配偶的供给情况（Crowder 和 Tolnay，2000；Guzzo，2006；McLaughlin 和 Lichter，1997）。广义的婚姻市场概念在研究中得到广泛的应用。

根据婚姻市场中供需双方的婚姻状况，婚姻市场可以分为初婚市场和离婚、丧偶者的再婚市场。本书只探讨初婚市场。

1.2.2 婚姻挤压

婚姻挤压（Marriage squeeze）概念是对婚姻市场中供需关系失衡的反映，是指由于婚姻市场中可婚配男性和女性数量差异较大而导致的婚姻市场中男女比例失衡，过剩方和短缺方的择偶偏好和行为也因此发生较大的改变（郭志刚和邓国胜，2000）。

由于婚姻市场供需关系包括数量和质量特征，因此婚姻挤压概念同时强调婚姻市场供需关系的数量特征和质量特征。数量特征反映了两性供求的数量关系，当一方的数量显著超过另一方时，我们称过剩的一方处于婚姻挤压中（Muhsam，1974）。就质量特征来看，由于婚姻市场是高度隔离的，人们总是在特定的社会阶层、文化背景、空间范围内进行择偶，因此在特定婚姻市场里，与个人相匹配的潜在配偶的供给情况决定了婚姻市场的挤压状况。当具有一定教育、职业、文化特征的潜在配偶的供给明显较少时，则称过剩一方处于婚姻挤压中（Guzzo，2006；Wilson，1987）。

依据不同的分类标准，可以将婚姻挤压划分为不同的类型。以性别为分类标准，婚姻挤压可以分为男性婚姻挤压和女性婚姻挤压。当婚姻市场中男性数量大于女性，即男性过剩而女性短缺时，称为男性婚姻挤压。反之，当婚姻市场中女性数量过多，即女性过剩而男性短缺时，称为女性婚姻挤压（郭志刚和邓国胜，2000）。当前中国的婚姻市场整体上表现为男性婚姻挤压。以年龄段来划分，则可以分为局部婚姻挤压和整体婚姻挤压，前者是指某一个或几个特定年龄段的婚姻挤压；而整体婚姻挤压是指各个年龄段都处于婚姻挤压中（陈友华，2004）。

1.2.3　大龄未婚男性

顾名思义，"大龄"是指较大的年龄，通常是指超过了适婚年龄。大龄未婚男性，在当前研究中又常被称为"大龄男青年""大龄未婚青年"等，是指那些超过了适婚年龄仍未结婚的男性。在拥有普婚文化和社会转型期的中国，大龄未婚男性可分为社会经济地位截然不同的两类男性：一类是拥有良好的教育背景和较好的职业，在社会中处于较高地位的男性；较长的受教育年限、繁忙的工作、频繁的流动以及较高的择偶标准是他们推迟结婚的主要原因。另一类是受教育程度低、社会经济地位较差，处于社会底层的男性，他们因自身较差的条件而被动单身（陈友华，2004；刘爽和郭志刚，1999；肖富群，2007）。本书所提及的大龄未婚男性，是指第二类男性，他们由于自身条件和客观原因的限制在婚姻市场上处于劣势，面临较高的失婚风险。

在男性婚姻挤压下，女性的短缺势必造成部分男性超过适婚年龄仍然难以婚配。在婚姻迁移和城乡流动的背景下，女性往往通过婚姻实现向上婚配（marry up）；而婚姻挤压的后果往往由经济状况差的农村男性承担（Das Guptaet al.，2010；陈友华，2004）。Das Monica 等（2010）研究发现，在中国农村，30 岁仍未结婚的男性，几乎都是被迫单身的；我们采用安徽省 X 县的调查数据对男性失婚风险的分析发现：在当地农村，22 ~ 27 岁是主要的适婚年龄，超过 27 岁仍未结婚的男性，其结婚的概率大大降低；在 28 岁及以上的从未结婚的农村男性中，96% 的人表示是"被迫单身"（刘利鸽和靳小怡，2011）。据此在本书中，农村大龄未婚男性是指那些生活在农村，超过 28 岁仍未结婚的农村未婚男性；他们的未婚状态是被迫的、由客观因素引起，而非自愿不婚。

1.2.4 婚姻市场中的地位

地位是指个人或团体在社会关系中所处的位置，这个位置通常是根据财富、声望、受教育水平或权力作出的社会排列。个人在婚姻市场中的地位的研究包括两类：一类是基于性别的视角，强调由于婚姻市场中供需关系不平衡所造成的男性和女性在婚姻市场中处于不同的位置。如桂华和余练指出，人口性别结构和女性婚姻迁移使得男性在婚姻市场上处于被动地位，而女性则处于主动地位（桂华和余练，2010）。另一类则强调在同一性别内部，由个人特征和资源拥有状况所决定的个人在婚姻市场中的位置，一般而言，拥有资源多者往往处于优势地位，而拥有资源少者往往处于劣势地位。如 South（1991）等指出，对同一性别而言，个人在婚姻市场中所处的位置也不同，那些拥有受婚姻市场欢迎特征的人，往往在婚姻市场中处于优势地位。贝克尔（2005）也指出，人们在婚姻市场中天然的处于不同的阶层，个人总是选择和自己各方面相似的异性结婚。本书只关注后者，认为个人在婚姻市场中的地位是指由婚姻市场供需关系或个人自身特征和拥有资源状况所决定的个人在婚姻市场中的位置。通过将婚姻状况、恋爱状况和成婚困难经历相结合，本书构建了个人在婚姻市场地位的三个测量指标。

1.2.5 婚姻策略

"策略"一词强调谋略和计谋，是指根据形势的发展和变化来选择相应的方案，以最终实现目标。李德、赫剑梅等在研究中明确提出了婚姻策略的概念。李德认为，婚姻策略的实质是博弈逻辑理论在婚姻中的具体应用（李德，2008；赫剑梅，2008）。赫剑梅（2008）认为婚姻策略是人们为适应环境、克服困难、走出婚姻困境而采取的权宜性、变通性的应对方式，即婚姻策略是人们在特殊场域中的婚姻实践理性。当前关于婚姻策略的研究主要涉及择偶标准、择偶方式、通婚圈、初婚年龄、夫妻特征等（赫剑梅，2008；靳小怡等，2011；李德，2008；刘利鸽和靳小怡，2012；刘中一，2011）。

本书借鉴赫剑梅的定义，认为婚姻挤压下农村男性的婚姻策略是指农村男性在可婚女性短缺的情境下，为了增加或获得结婚机会而采取或未来可能采取的变通性的应对方式。根据婚姻策略是否已经发生，婚姻策略包括实际婚姻策略和潜在婚姻策略两类，前者主要指已经发生的婚姻行为，本书主要关注夫妻的教育差异和年龄差异；后者指可能采取的策略，包括择偶观念、态度和偏好等，本书主要关注农村未婚男性对婚娶有婚史女性的态度、实施入赘婚姻的态度、婚娶残疾女性的态度以及择偶策略的灵活性。

1.2.6　同质婚与异质婚

同质婚，又称内婚制。具有相似的社会身份，或属于相同社会群体的人倾向于同具有相同或相似社会阶层和文化背景的人结婚，即那些拥有较多资源和较好属性的人（包括经济特征和非经济特征），往往倾向于寻找同样拥有较多资源或较好条件的异性为伴侣；反之，那些资源较少或条件较差的个人，也往往选择条件较差的人为配偶。这种现象即同质婚（homogamy）或"同类匹配"。异质婚则恰恰相反，即夫妻双方的社会地位和其他特征不相似，称为"异质婚"（Fu，2008；李煜，2008）。

1.3　研究目标

本书的研究目标在于：在宏观、中观层次，多角度、系统地揭示婚姻挤压现象及其社会后果；在微观层次，基于婚姻视角，分别从村庄、家庭和个人角度，揭示农村男性在婚姻中的地位和婚姻策略的现状及其影响因素。具体目标包括：

第一，对明清时期婚姻挤压现象和后果的已有研究进行梳理和分析，基于历史的视角揭示男性婚姻挤压现象和后果。

第二，对性别失衡下的宏观风险和个体失范进行识别。通过对国内外已有文献、新闻资料的分析，识别性别失衡下可能引发的宏观风险和个体失范行为，并揭示二者之间的互动关系。

第三，从社区层次定量分析当前农村的婚姻挤压现象和后果。采用实地调查数据，分析当前中国农村婚姻挤压的现状以及给社区经济、文化和生活带来的影响。

第四，在对西方经典婚姻理论进行评述和对比的基础上，将婚姻寻找理论与已有研究结论、质性分析结果相结合，构建本书的分析框架。

第五，对农村男性在婚姻市场中地位的研究。通过对农村男性初婚概率、恋爱经历和成婚困难经历现状和影响因素的考察，揭示个人在婚姻市场中地位的层次性。

第六，对已婚男性的实际婚姻策略的研究。通过对夫妻年龄匹配和教育匹配现状和影响因素的考察，揭示婚姻挤压下已婚男性的实际婚姻策略。

第七，对未婚男性的潜在婚姻策略的研究。通过对婚娶有婚史女性态度、婚娶残疾女性态度、入赘婚姻的态度和择偶策略的灵活性程度及其影响因素的考察，揭示婚姻挤压下农村未婚男性的潜在婚姻策略。

第八，比较和讨论婚姻挤压情境下已婚男性实际婚姻策略和未婚男性潜在择偶策略，总结婚姻挤压下农村婚龄男性婚姻策略的规律。

1.4　章节安排

本书内容包括四部分，合计十一章。具体章节和内容安排如下：

第一部分是本书的绪论（含第一章），为全书的整体设计部分。主要介绍本书的现实背景和理论背景，明确选题意义。在对相关概念界定的基础上，明确本书的研究目标和研究内容。

第二部分为"婚姻挤压和社会后果"（含第二章至第四章）。分别从历史视角和二手资料及社区一手资料出发，探讨婚姻挤压特征及其社会后果。具体包括：

第二章为"明清时期男性婚姻挤压问题及其治理"。本章通过对明清时期婚姻挤压相关研究的梳理，分别从男性大龄未婚现象、失婚原因、失婚后果、治理措施等方面进行阐述，借以从历史视角揭示男性婚姻挤压现象和后果。

第三章为"性别失衡下的社会风险与行为失范"。本章在引入宏观社会风险和微观个体失范概念的基础上，分别采用扎根理论和内容分析法，对性别失衡下的宏观社会风险和微观失范行为进行归纳和识别，并探讨了二者之间的关系。

第四章为"婚姻挤压和大龄未婚男性：来自村庄的发现"。本章采用"百村社区调查"数据，从村庄社区层次分析当前中国农村婚姻挤压的现状以及给社区经济、文化和生活带来的影响。

第三部分为"农村男性婚姻市场地位和婚姻策略分析"（含第五章至第十章）。本部分在引入和修正"婚姻市场理论"分析框架的基础上，对婚姻挤压背景下农村男性婚姻市场地位和婚姻策略进行了系统分析。具体内容包括：

第五章是文献综述。首先对西方经典的婚姻理论进行阐述和对比分析，其次对经典婚姻理论在国内外的应用进行梳理，最后总结和分析婚姻机会和婚姻策略的影响因素。

第六章是数据和研究方法。首先详细介绍了本书所使用的数据，包括数据的来源、调查的实施、样本的筛选。其次阐释了本书所应用的统计分析方法和依据，为进一步对分析框架进行验证提供了基础。

第七章是分析框架的构建。将婚姻寻找理论与中国婚姻文化和实践研究相结合，修正原有的婚姻寻找理论分析框架，构建了适用于婚姻挤压情境的、农村男性在婚姻市场中的地位和策略的分析框架。

第八章是农村男性在婚姻市场中地位及其影响因素的实证分析。从初婚概率、婚恋状况和成婚困难经历三个维度分析了个人在婚姻市场的地位，并通过建立分层统计模型揭示影响个人在婚姻市场中地位的影响因素。

第九章是农村已婚男性实际婚姻策略及其影响因素的实证分析。从夫妻年龄和教育匹配特征分析了农村已婚男性的实际婚姻策略，并通过建立分层统计模型揭示影响农村已婚男性实际婚姻策略的影响因素。

第十章是农村未婚男性潜在婚姻策略及其影响因素的实证分析。分别从婚娶有婚史女性、婚娶残疾女性、入赘婚姻的态度和择偶策略的灵活性四个方面分析了农村未婚男性潜在婚姻策略，并通过建立分层统计模型揭示影响农村未婚男性潜在婚姻策略的影响因素。

第四部分为全书总结（含第十一章）。本部分包括总结全书的研究，提炼本书的结论和主要贡献，指出本书的不足和未来研究方向，并就缓解中国农村男性结婚压力提出相应的政策建议。

第一篇

婚姻挤压、性别失衡与社会风险

2 明清时期男性婚姻挤压问题及其治理：历史的启示

对中国人口和婚姻历史的研究表明，男性婚姻挤压问题在中国并非首次出现，历史上，无论何时何地单身似乎都是较普遍的现象（李中清和王丰，2000）。目前关于大龄未婚男性的历史研究显示，明清时期大龄未婚男性现象十分普遍。因此，考察中国明清时期的男性婚姻挤压问题，有助于以历史的视角重新审视当前中国正在出现的男性婚姻挤压问题。本章在对已有研究总结和分析的基础上，分别从大龄未婚男性的现象、失婚原因、失婚后果及相关治理措施等方面进行阐述，并在此基础上，进一步指出历史的经验和教训对治理和预防当前的男性婚姻挤压问题的政策启示。

2.1 大龄单身男性现象

已有研究多采用对相关历史数据统计分析和直接引用文献记载两种方法，来考察近代大龄男性单身现象。我们从空间、年龄和阶层分布三个方面阐述明清时期的大龄男性单身现象。

2.1.1 空间分布

从空间分布特征来看，明清时期大龄未婚男性分布十分广泛。王跃生（2001a）对18世纪婚姻类刑科案例中当事人的婚姻状况的统计表明，晚婚

和不婚现象几乎涉及所有省份。以 25 岁作为晚婚底线，全国的晚婚比例为
15.37%，其中福建、浙江、江苏和江西大龄未婚男性比例最高，在 25%
以上。

在溺婴严重地区，大龄男性单身现象往往比较普遍，关于男子成婚难的
记载也较多。如明代溺婴习俗流行的浙江金华府东阳县"多鳏旷"，浙江
"金衢之民无妻者半"，处州府松阳县"有逾四十不能妻者，虽其良族亦率
以抢婚为常事"（常建华，2002）；清代浙江温州"十人之中，八无家室"，
福建贫家男子多"年逾四五十岁未娶"者（张建民，1995）。另外，明清长
江中游地区、清末华北地区也都因溺婴导致了较普遍的光棍现象（张超，
2005）。

至清末民国时期，随着部分沿海、沿江开埠城市的高速发展，大量农村
男性劳动力涌入大城市，上海、天津、重庆等大城市也暴露出日益严重的男
性成婚困难问题（张超，2005）。

2.1.2　年龄分布

近代大龄单身男性并非终身不婚。从年龄分布来看，随着年龄上移，男
性未婚的比例逐步降低。王跃生（2001a）对乾隆年间婚姻家庭类命案档案
中当事人的婚姻状况的考察表明，男性晚婚比例相当高，25 岁以上男性中
约 1/6 未婚，其中 25～29 岁、30～34 岁、35～39 岁、40～44 岁等年龄段未
婚男性所占比例分别为 32.77%、26.85%、22.67%、22.16%；但 45 岁以
上未婚者仅占 1.25%。刘翠溶（1982）利用族谱等资料对明清人口的考察
也表明 40 岁以上男性未婚比例较低。

不过李中清和王丰（2000）对 1800 年左右辽宁地区男性婚姻状况的统
计表明，即使较高年龄段男性的单身比例也不低：30 岁男性中 20% 以上尚
未结婚，而 40～45 岁男性的单身比例也高达 15%。

2.1.3　阶层分布

职业往往反映人们所处阶层。18 世纪后期家庭类刑科案件中，80% 以

上的未婚及晚婚男性当事人是佣工或佃农出身（王跃生，2001a）。郭松义（2003a）对乾隆年间私通案件中男性当事人的婚姻状况和职业的考察表明，多数未婚男性从事雇工、学徒等职业。另外，在清代中期，上层女性再婚受到严格限制，而底层女性再婚却比较普遍，且多嫁于初婚男子；初婚男子年龄也普遍大于再婚女子（王跃生，1999），这也表明大龄单身男性多集中在社会下层。

常建华（2002）在谈及明代溺女后果时提到，明代一些地区的下层人民中，男性终生未婚可能比较普遍；左松涛（2003）则指出晚清时一般农民和下层人口中，成年男子的未婚比例相当高。

2.2 失婚原因

明清时期部分男性难以成婚的原因主要表现在社会和家庭个人两个层面，其中社会因素从宏观层次反映了在特定历史时期大龄未婚男性群体出现的原因；而家庭和个人状况则在微观层次反映了具有哪些特征的男性更容易成为大龄未婚者。

2.2.1 社会因素

明清时期大龄未婚男性群体的出现，主要是婚姻挤压的结果。在性别结构失衡、妻妾制、限制女性再婚等因素的综合作用下，婚姻市场上男性数量远远高于女性。在诸因素中，性别结构、一夫多妻等在明清以前就存在；限制女性再嫁则体现了明清时期社会和文化的变迁。

1）偏高的性别比

较高的女婴死亡水平和溺弃女婴现象造成严重的性别比例失调，并进一步导致女性缺失，增加了男性择偶的难度（张建民，1995）。自明代中国出现分性别的人口记载以来，相关记载较好反映了各时期、各地方的性别构成（葛剑雄和曹树基，2000）。以下数据反映了部分地区失衡的性别结构：明清时期福建浦城、尤溪、建阳等地性别比一直高于正常水平，个别地区甚至高于 200（徐晓望，2003）；清代前期社会性别比例在 113～119 之间（姜涛，1993）；清末吉林、黑龙江、直隶、山西、浙江、江西、四川、贵州诸行省的人口比例分别为 128.1、128.6、119.8、133.1、118.5、130.5、134.3、119.9（张建民，1995）。

2）一夫多妻制

封建社会上层的一夫多妻行为为法律和伦理所接受。"婚姻论财"之风的盛行，使得上层社会部分男性妻妾成群，阻碍了女性资源的合理配置，而社会中下层出身者难以适时婚配，甚至被挤出婚姻市场（王跃生，2001b）。刘翠溶对明清南方 5 个家族的考察发现，各家族一夫多妻比例在 8%～26% 之间（Liu，1995）。在清朝，1/3 以上的贵族过着一夫多妻的生活；而 18 世纪、19 世纪辽宁农民的一夫多妻率仅为 1‰（李中清和王丰，2000）。

3）禁止妇女再婚之风

妇女再婚实质上是对可婚配女性资源的再分配，为部分婚配失时男子提供了婚姻机会（王跃生，1999）。然而，明清以来的伦理道德和法律都强调女性从一而终，对妇女再婚持限制态度。明清的统治者不断强化对妇女守节的推崇，如《清律》规定，"再嫁之妇不得受封……命妇再受封，义当守志，不容再嫁以辱名器"；从顺治初年开始，清朝政府开始对节妇贞女进行旌表等（郭松义，2001）。这种限制进一步加剧了可婚女性的短缺程度，也加剧了男性娶妻的困难。

4）婚姻论财

婚姻论财是中国传统社会的普遍现象。论财之风表现在男方支付高额的婚姻费用和女方奢靡的陪嫁之风两个方面，因此婚姻论财对男性婚姻的影响也表现在两个方面：一是高额的婚姻费用使贫穷人家无力婚娶。在对清代中期婚姻家庭类命案档案的考察中，王跃生（2001b）发现，经济地位往往决定人们的婚姻机会，婚姻论财行为使得社会中下层出身者难以适时婚配，甚至被挤出婚姻市场。宋立中（2003）和侯春燕（2003）分别考察了清代婚姻论财之风严重的江南地区和山西，发现婚姻论财之风下，富家男性妻妾成群，而贫困家庭一些男子则鳏居终身。

二是奢嫁之风使得民间溺女之风更加严重，加剧了男女数量的差距。在奢嫁之风下，即使富裕之家也溺弃女婴。如在清代江西，奢嫁之风遍及各个阶层（肖倩，2005）。杨剑利（2003）和田峰（2001）分别对近代华北和江南的溺女行为进行考察，指出溺女是婚姻论财的副产品；肖倩（2005）进一步指出，奢嫁是富家溺女的根本原因，也是贫家溺女的主要原因。

总之，婚嫁论财之风，对男女双方家庭都产生了严重的负面影响，客观上抑制了底层男性的婚姻机会。

2.2.2　家庭个人因素

男性家庭及个人经济社会地位往往决定着其在婚姻市场中的位置。这与婚姻交换理论的观点是相符的，即婚姻是一场以追求自身收益最大化为目的的交易，那些各方面特征较差的底层男性往往被淘汰出婚姻市场（South，1991）。

经济状况是男性能否婚配的决定因素。男性能否顺利成婚往往取决于家庭的财力，而个人品行、生活能力，甚至相貌不起主要作用（王跃生，2001a），难以成婚者一般家境贫寒。尤其在婚姻论财的风气下，家庭经济状况更是决定了男性是否有能力支付高昂的婚姻费用。在贫穷的农民中，婚姻甚至成为男性身份的重要象征（Sommer，2000）。

除家庭经济外，贫贱的职业和卑下的身份也是重要的影响因素。就职业和身份来看，晚婚和未婚者大多是佣工、佃农或学徒身份。18世纪后期家庭类刑科案件中，80%以上的未婚及晚婚男性当事人是佣工或佃农出身（王跃生，2001a）。郭松义（2003a）对乾隆年间私通案件中男性当事人的婚姻状况和职业的考察表明，未婚男性中多数从事雇工、学徒等职业。一些性犯罪案例的研究也表明参与犯罪的未婚男性多从事“卑贱”的职业，如对雍正年间强奸案件的考察发现，以未婚男性为主的37个强奸者中，2人没有正当的职业，17人从事较底层的职业，如士兵、搬运工、沿街小贩、学徒工等（Sommer，2000）。不过目前研究较少涉及男性的人格、长相、个人能力等特征。

另外，在清代中期，上层女性再婚受到严格限制，而底层女性再婚却比较普遍，且多嫁于初婚男子；初婚男子年龄也普遍大于再婚女子（王跃生，1999），这也表明大龄单身男性多集中在社会下层。另外，常建华（2002）在谈及明代溺女后果时提到，明代一些地区的下层人民中，男性终生未婚可能比较普遍；左松涛（2003）则指出晚清时一般农民和下层人口中，成年男子的未婚比例相当高。

综上所述，近代和当前制约男性成婚的因素各有异同。性别结构和家庭经济状况至今仍是影响男性能否成婚的重要因素，而一夫多妻、限制女性再嫁等因素的作用已经或正在消亡。

2.3　失婚后果

男性不能正常婚配，常常带来一系列的社会后果，主要表现在婚姻形式、性越轨、社会秩序等方面。

2.3.1　非主流婚姻形式的流行

在中国这样一个重视婚姻和家族繁衍的社会，大龄未婚男性常常积极谋求婚姻，极力摆脱非婚状态。研究表明，底层大龄未婚男性的存在，刺激了以下婚姻形式的发展。

1）买卖性质的妇女再婚。近代妇女再嫁具有积极意义，促进了婚姻中女性资源的再分配，使男性婚姻困难局面有所缓解。具有买卖性质的妇女再婚，主要包括寡妇再婚和已婚妇女被卖。明清时期女性再婚表现出两大特点：一是底层妇女再婚的普遍性。虽然法律和伦理道德限制女性再婚，但底层女性再婚仍然比较普遍。王跃生对清朝中期婚姻家庭类案件考察发现，社会中下层丧偶女性中，再婚女性数量已经超过不再婚数量（王跃生，2002）。郭松义（2006）对相关统计资料的研究发现，清朝妇女再婚率相当高，其中边疆和偏远乡区寡妇再嫁比例最高，如清朝某些族谱资料显示，30岁以前的寡妇再嫁率占到总数的58.33%。另外，明清时期社会中下层强抢孀妇事件也时有发生，以至于部分不愿再嫁妇女常常以毁面、割耳、断指等表明心迹（赵克生，2004）。二是再婚女性多配予初婚男性。在乾隆四十六年至乾隆五十六年关于丧偶妇女再婚的 80 个命案中，女性嫁于初婚者的比例为 73.75%（王跃生，1999）。这一与当时文化相悖的反常现象反映了为获得婚姻，被挤压男性不得不降低择偶标准。

2）入赘婚。从夫居是我国传统的主流婚姻模式，而作为从夫居的截然对立形态，入赘婚自古以来一直存在，至明清时期，招赘之风甚为流行，明清徽州招赘的文书，清代陕西地方志、笔记小说等关于陕南招赘婚的大量记载，都反映了当时招赘婚姻的盛行和繁荣（王晓霞，2005；张萍，2005）；郭松义（2003b）考察了清代档案和文献中关于入赘婚的记载，发现入赘者多家境贫苦、无力娶妻，他们地位很低，常常被要求改从妻姓，失去继承、承嗣的权利，普遍遭到鄙视。入赘婚的繁荣和入赘男子卑微的社会地位，反映了面对严峻的婚姻形势，底层男子为了获得婚姻而宁愿背负传统父系家族的批判。

不过根据李树茁和靳小怡等（2006）对当代农村招赘婚姻的研究，19 世纪末和 20 世纪初的中国台湾、20 世纪 30 年代的浙江嘉兴，以及 20 世纪末的湖北松滋、江西宜黄、甘肃陇南等地的招赘婚姻的比例比较高。在当代中国农村较长时期都将缺乏实质性社会养老的背景下，随着人口老龄化和低生育率下没有儿子家庭比例的不断增高，现实和未来的农村社会对招赘婚姻的需求将大大提高，招赘婚姻在当前中国农村仍然是解决部分成婚有困难男子婚姻问题的重要渠道，同时对降低出生性别比、稳定生育率、解决有女无儿老人的养老问题等具有积极作用。

3）收继婚。明清政府禁止收继婚，规定了对收继婚的惩罚律令："若收父祖妾及伯叔母者，各斩；若兄亡收嫂、弟亡收弟妇者，各绞"，但在近代民间，尤其是下层社会，收继婚却屡禁不止。清末民初湖北襄阳、甘肃陇西和径源、安徽贵池、歙县等地，"若身故兄无妻子者，则以弟妇转配其兄为妻，兄故弟无妻子者亦如之，亲属多赞成无异"（柏华，2003；王志强，2000）。收继婚得以长期存在，不少人冒着触犯法律的危险实行收继婚，与男性成婚困难直接相关。性别比严重失衡，人为导致男性无偶率提升，一定程度上增加了收继婚的必要性。

4）交换婚。交换婚主要发生在贫困家庭之间，指两个或两个以上的家族互换其女为媳。近代时期，交换婚广泛存在于不同地区，如晚清时期的河南永城，换亲是重要的婚姻形式，有儿有女的贫困人家常常采取这样的形式以求双相匹配（苏全有和曹凤雷，2005）。直至今天，虽然法律禁止换亲，但这种习俗仍未绝迹。如皋市统计局1995年对该市19个乡镇343个村的调查显示，自1980年，这些乡镇共结成换亲夫妇1639对（吴志强，1995）。这种以女儿换儿媳的婚姻形式，对当时贫穷家庭而言，既解决了儿子的婚姻问题，又节约了双方的婚姻花费。但其负面影响也是很严重的，常常导致悲剧甚至命案的发生。

总的来说，以上各种非主流婚姻，从缓解底层男性婚姻压力，促进人口生产和社会稳定角度来看，具有积极意义。其中婚娶再婚女性、招赘婚姻等，对当前转变婚姻观念有很好的借鉴意义；而买卖性质的婚姻、交换婚等，具有包办婚姻的性质，忽视了婚姻主体双方的意愿，应予以禁止。

2.3.2 性越轨和性侵害

由于缺乏正式的婚配对象，大龄未婚男性不得不以越轨的方式，如嫖娼、私通、同性恋等婚外途径，来满足其对性的需求。

1）底层娼妓。嫖娼，是一些大龄未婚男性发泄性欲望的主要手段。清代初期政府几次禁娼；即使民国时期，南京及江苏、安徽等省的大都会也先后发起禁娼运动，但娼妓业仍得到长足发展。研究表明，底层娼妓的繁荣同男女性比例失调以及底层大量未婚男性的存在密不可分（刘达临，1993）。娼妓，尤其是底层娼妓的盛行，加速了性病的蔓延和传播，威胁着社会大众和家庭的健康。伴随近代娼妓业繁荣的是性病的高发生率。目前明清时期有关娼妓与性病之间联系的记载较少，但民国时期《申报》曾有一系列的文章提到，当时上海性病比例相当高，其中90%的中国下等妓女都患有性病（贺萧，2003）。娼妓业的繁荣也增加了拐卖妇女、逼良为娼事件的发生，败坏社会风气。

2）私通行为。大龄单身男性的存在，可能威胁已有家庭和婚姻的稳定。郭玉峰、王贞（2002）认为私通行为是影响家庭稳定的重大隐患，因通奸行为而导致婚姻破裂甚至致人死亡的现象大量存在。清代司法审理中，男女私通占有相当的比重，如对清代 403 宗民刑案例中的私通行为的考察发现，因通奸引起纠纷的案件约占婚姻类案件的 50%～75%，其中案件涉及的男性多未婚或长期单身在外，其身份多为佃农、学徒、小贩等（郭松义，2003a）。作为单身男子的重要婚外性途径，私通行为直接威胁着家庭和婚姻安全，因通奸行为而导致婚姻破裂甚至致人死亡的现象大量存在（郭玉峰和王贞，2002）。目前对历史上私通行为研究的数据多来自相关刑事案件档，一定程度上反映了通奸后果的严重性和暴力性。据中国第一历史档案馆所藏"婚姻奸情类"档案数统计：在乾隆年间每年约 800 件的婚姻类命案中，因通奸引发的约为 250～530 件，通奸男性被打死打伤的比例高达 32.06%（郭松义，2003a）。另外，不少受害女性遭受身体和精神折磨，她们多选择自杀来解脱（王跃生，2003）。

3）性侵害。性侵害主要包括强奸和调戏两种形式。男性婚姻挤压往往引发性侵害案件的上升，有资料表明清代中期大龄未婚男性具有较强的性侵害倾向。Sommer（2000）在对雍正年间部分强奸犯罪者婚姻状况的统计发现，在 28 位有婚姻状况记载的异性男性强奸犯中，24 位单身；42 个同性强奸案件中，犯罪者几乎都是未婚男性。另外，据统计，乾隆年间性侵害案件也时有发生，已婚、丧偶及未婚妇女都有可能遭受强奸或调戏。在强奸和调戏已婚妇女的男性中，未婚者占 59.18%（王跃生，2003）。在重视女性贞操的清代，性侵害的发生常常引发命案，给双方家庭和家人带来痛苦。不少受害女性遭受身体和精神折磨，她们多选择自杀来解脱；而施害的男性也常常遭到女方家人的殴打，甚至打伤致死（王跃生，2003）。

4）同性恋。同性恋有时也成为部分底层未婚男性满足生理需求的重要形式，如明清时期福建男同性恋之风的盛行。有数据显示，明代弘治十五年，福建全省男性人口占福建人口总数的 74.63%。大量男子无法娶妻，刺激了当地"契兄弟""契父子"的盛行（吴存存，2001）。

总之，底层大龄单身男性的存在，刺激了多种非婚性途径的发展，给婚姻家庭、社会治安和社会风气带来恶劣的影响。

2.3.3 对社会秩序的破坏

对明清时期男性婚姻状况与犯罪之间关系的研究表明，单身男性群体是犯罪行为的高发人群。首先，由于经济条件差和缺乏家庭的约束，他们更容易走向犯罪道路。在性侵害、小偷小摸、打架斗殴等案例中，单身男性占相当高的比重。在清代，无法婚娶的男子是社会中最不稳定的成员，极易走向犯罪道路，致使社会正常的生产秩序被破坏（杨剑利，2003）。

其次，单身男性也常常参与群体犯罪。在中国历史上，单身男性一直是秘密帮会、土匪团伙、邪教组织等的主要社会基础（刘中一，2005b）。对明清历史事件的考究发现：清代由闽南偷渡至台湾的罗汉脚，多是单身男子，他们参与偷窃、抢劫、嫖赌、械斗、竖旗造反等危害社会治安的活动，是当时台湾社会中的不安定力量（刘新慧，2001）；嘉庆三年破获的台湾淡水小刀会12人，年龄在21～48岁，均无妻室（周育民和邵雍，2003）；清代四川一带的游民组织"啯噜"从事勒索、偷窃、抢劫、奸淫等各种犯罪活动，其成员多为单身男性（常建华，2006）。

2.4 治理

明清政府和民间力量已经认识到男性婚配问题的严重性，并采取了一系列治理措施，主要表现在防范溺婴行为和宏观调控婚姻行为两方面，以从生命历程的不同阶段缓解女性缺失。

2.4.1 对溺婴的治理

鉴于溺女之风对性别结构失衡和男性婚姻挤压的危害，历代政府及民间人士采取了多种措施，制止各地溺女之风，为被弃女婴提供生存机会。

1）法律上，明清政府明确规定严厉惩处溺婴行为。明代溺女婴者"发成远方"；清代中央至地方都重视禁止溺婴，其中顺治、康熙、光绪等都曾下令严惩溺婴，《大清律例》也明确规定对溺婴者的惩罚（常建华，2002）。另外，明清不少地方官员，都曾颁布过禁止溺婴的告示，为当地禁止溺女做出贡献。

2）建立育婴堂等慈善机构，是近代政府和社会的重要举措。宋元明时期，福建各地收养弃婴的育婴机构出现并不断完善。至清代，在政府倡导和民间力量的支持下，各地育婴机构不断发展壮大，形成覆盖城乡的一体化网络体系（徐文彬和潘莱阳，2003），其中，福建、湖南的育婴堂数量最多。

3）鼓励童养婚和收养。从保护女孩的生存权、平衡性别结构的角度，童养婚具有积极作用。肖倩（2001）通过对大量清代地方志的考察，认为当时江西民间盛行的童养婚是民间避免溺女、缓和婚姻压力的变通之举，对阻止溺女之风起了积极作用。明清政府对民间的童养婚也持赞同和鼓励态度。

2.4.2 对婚姻行为的宏观调控

鉴于传统婚姻习俗，如一夫多妻、限制妇女再婚等，对婚龄女性缺失起到加剧的作用，历任政府和各界人士对各类婚姻行为和习俗进行宏观调控，以缓解女性缺失的压力。

1）限制男性纳妾的数量。各王朝建立之初，统治者往往重视对妻妾数量的控制，以稳定社会，恢复经济和生产（王瑞平，2007）。另外，各代政府对不同阶层纳妾数量进行了限制，客观上缓解了女性短缺，如明清法律规定，庶人在无子前提下，四十才可置一妾（喜蕾，1999）。

2）对下层女性再婚的宽容。明清社会强调女性守节和从一而终，妇女再婚受到法律和舆论的歧视。不过研究表明政府和社会对不同阶层女性再婚持不同态度：严禁社会上层和有钱人家女性再嫁；而对社会下层女性再婚则持宽容的态度。在清代再嫁女性很少受到歧视，社会下层女性再婚更是相当普遍。郭松义（2006）对清代婚姻的考察发现，与倡导妇女守节思想相对，社会上对贫困家庭的寡妇再嫁持同情和理解态度。有研究表明，清朝妇女再婚率相当高，寡妇再嫁很少受到歧视，社会下层女性再婚相当普遍（王跃生，2002；郭松义，2001）。

3）禁止婚嫁奢靡之风。鉴于高额婚姻花费的负面影响，明清政府从维护社会稳定的目的出发，相继颁布了一些法令，对婚嫁奢靡之风加以限制和禁止（卞利，2005）。一些地方官，如自康熙年间出任江南的封疆大吏都曾对江南婚嫁论财、婚礼上的奢靡无度的现象，加以整顿（宋立中，2005）。通过一系列举措，婚姻论财之风有所收敛，但收效并不大。

总之，近代政府所采取的种种政策，虽非积极主动地应对底层男性婚姻挤压问题，但客观上缓解了底层社会的婚姻压力。

2.5 小结

综上所述，目前对近代大龄未婚男性的研究涉及分布、不能成婚的原因、生活状况、影响以及近代相关治理措施等方面。

1）从近代男性婚姻挤压规模和原因来看，近代大龄单身男性数量庞大，分布广泛，其中南方省份更为严重。偏高的社会性别比、一夫多妻制、限制寡妇再婚、婚姻论财等因素共同作用，造成社会底层可婚女性的缺失，这是部分男性难以成婚的社会原因；最终承受这一后果的往往是家境贫穷、兄弟较多、个人职业卑贱、年龄较大的男性。

2）无婚状况对大龄单身者的婚姻途径和性途径带来重要影响。首先，促使社会底层一些非主流婚姻形式，如女性再婚、入赘婚、交换婚以及收继婚的发展；其次，嫖娼、私通、同性恋以及性侵害等婚外性途径也成为满足其生理需求的重要方式。

3）大龄单身男性的存在会进一步对家庭稳定、公共卫生和社会秩序带来影响，如威胁已有家庭的稳定；刺激娼妓、同性恋等现象发展，败坏社会风气，威胁社会公共健康；引发个人及团体犯罪行为，威胁社会安定和正常社会秩序。

4）在民间力量的支持下，历代政府也采取多种措施，如严禁溺女、控制妻妾数量、放宽对底层女性再嫁的限制以及纠正婚姻论财之风等，以图缓解底层男性婚姻的压力，但未能从根本上解决问题。

2.6 启示

研究和探索近代中国男性婚姻挤压问题，对认识和研究当前男性成婚困难，并积极寻求治理措施，具有重要的学术和现实启示。

1）学术界应该重视对大龄单身男性与社会稳定二者关系的研究

研究表明，近代大龄单身男性更容易成为危害家庭稳定、恶化社会风气、威胁社会秩序的破坏力量。目前国外已有案例研究表明未婚男性更容易从事违法犯罪行为。虽然目前尚无证据表明危害社会稳定的行为有在大龄未婚男性群体之间扩散的迹象，但历史提示我们，男性婚姻挤压可能进一步引发一系列的社会问题，甚至危害社会稳定。因此，在关注当前大龄单身男性问题的同时，学术界应该重视对其与社会稳定关系的研究。

2）促进性别结构平衡

近代历史表明，性别结构失衡是女性资源缺乏和部分男性无以为婚的重要原因。当前非法胎儿性别鉴定和选择性流产屡禁不止，既剥夺了女孩的生存权，也造成性别结构的失衡并可能引起未来严重的男性婚姻挤压。因此综合治理出生性别比，促进性别结构平衡是治理男性婚姻挤压的根本举措。

同时，严厉打击违背一夫一妻制的行为，转变婚姻观念，鼓励离异或丧偶女性再嫁以及鼓励入赘婚姻等婚姻形式，对缓解男性成婚困难都有重要的意义。

3）普及生殖健康知识

研究表明，近代大龄未婚者的性途径，如嫖娼、同性恋等，容易造成性病的传播和蔓延，危害社会健康。因此宣传和普及生殖健康知识，对保护未婚者及社会公众身心健康无疑具有重要意义。

3 性别失衡下的社会风险与行为
失范：二手资料的发现

性别结构是衡量男女两性人口是否均衡的重要标志，出生性别比和女孩相对死亡水平是影响人口性别结构的重要因素。20 世纪 80 年代以来，中国的出生性别比和女孩相对死亡水平同时呈急剧上升趋势，2005 年，中国 0 岁组和 1 岁组死亡率性别比分别为 0.80 和 0.84（李树茁等，2006）；2008 年底，中国的出生性别比为 120.56，两个指标均严重偏离了正常水平。在偏高的出生性别比和女孩相对死亡水平的持续作用下，当前中国人口性别结构表现出总体性别失衡、婴幼儿阶段性别失衡尤其严重的特征。当前，中国性别失衡的一些后果已开始显现，引起了政府、社会各界与学术界的关注和忧虑。已有研究多侧重于讨论性别失衡的人口后果和社会后果，人口后果主要表现在女性生存和发展权、人口规模、人口老龄化、劳动适龄人口以及婚姻市场两性结构等方面（李树茁等，2006；莫丽霞，2005；Cai 和 Lavely，2003）；社会后果则更多体现在婚姻挤压、性别失衡引发的违法犯罪活动增多、性产业繁荣、非法性行为增加（den Boer 和 Hudson，2004；Sommer，2000）、正常的婚姻家庭秩序遭到破坏、非法婚姻形式重新抬头等方面。由于社会经济地位处于弱势的农村人口往往成为性别失衡后果的首要受害者，目前性别失衡后果的研究主要关注于农村；然而，在经济社会转型期，城乡人口流动可能同时带来城市性别结构的失衡和违反犯罪等失范行为的增多。

虽然目前性别失衡后果的相关研究已陆续展开，但多数研究缺乏全面性和系统性。首先，在宏观后果方面，已有研究多关注性别失衡的人口和婚姻风险（den Boer 和 Hudson，2004；莫丽霞，2005），而对经济、文化等其他方面的后果和风险的研究较少；其次，在微观后果方面，已有研究较多采用文献或个案分析方法揭示性别失衡与违法、犯罪等失范行为的关系（den Boer 和 Hudson，2004；孙江辉，2006；陈友华，2004），较少采用定量分析方法，系统探讨性别失衡对微观个体层次失范行为的影响；最后，性别失衡在中国并非首次出现，在中国历史的多数时期人口结构表现出男多女少的特征（姜涛，1993；葛剑雄和曹树基，2000），而当前亚洲其他一些国家和地区，如印度、巴基斯坦、韩国，也正在经历着不同程度的性别失衡（Guilmoto，2009）。从历史、国际和现实相结合的视角进行性别失衡后果的研究，有利于发现和揭示性别失衡后果的一般规律，并加深对当前中国性别失衡及其后果的认识，然而到目前为止，还较少见到基于历史和国际视角的系统研究。

本章在国内外已有研究的基础上，从历史、国际和现实相结合的视角入手，引入"宏观社会风险"和"失范"概念，分别识别与归纳性别失衡下的宏、微观后果。一般来说，风险包含主观和客观两个层面，主观层面的风险指人们对环境危险性的主观辨识或感知；客观层面的风险指遭遇危险、损失和伤害的可能性。风险是危机的前端，风险的社会层面是社会风险，社会风险是公共危机的前端；失范指个体、家庭和社区偏离或违反现行社会规范的行为（郑杭生和李强，1993；朱力，2006）。在性别失衡背景下，"社会风险"指因性别失衡刺激、加剧或放大了社会矛盾与冲突，进而威胁到社会稳定的可能性，包括风险何时、何地、如何发生以及损失程度的可能性；"失范"指由性别失衡直接或间接引起的个体、家庭或群体的越轨和违法犯罪行为。

3.1　研究设计

为了系统识别性别失衡背景下的社会风险和失范行为，本章首先在已有研究基础上，采用扎根理论和内容分析法，归纳和识别中国历史（以明清为主)、亚洲国家(以印度、巴基斯坦和韩国为主)及中国现实存在的性别失衡下的宏观社会风险。其次,采用内容分析法,对来自网络报道的性别失衡下的微观失范数据进行定量分析。最后,探讨宏观社会风险和微观失范的关系。本章在宏、微观层次研究社会层面上由性别失衡刺激、加剧或放大的各类风险,在微观层次研究个人、家庭、群体和社区的失范。

3.1.1 宏观社会风险识别的数据和方法

1)数据来源和处理。本章从历史、国际和现实相结合的视角,探讨性别失衡下的宏观社会风险。本章数据以国内外相关文献为主,书籍为辅。作者以学术 Google、中国学术期刊网、JSTOR 等网站和数据库为搜索引擎,以"性别失衡""失踪女性""男性过剩""性别歧视"等为关键词,以 1999 ~ 2009 年为界限,在对文献阅读和筛选的基础上,形成"性别失衡宏观社会风险文献库",包括中英文文献和书籍共计 142 篇(本),其中中文 81 篇,英文 61 篇。表 3 - 1 展示了文献库中不同类型文献的统计数字。

表 3 - 1 性别失衡下的宏观社会风险文献一览

文章类型	历史研究文献	亚洲研究文献	现实研究文献	合计
中文文献	51	5	25	81
英文文献	6	33	22	61
合　计	57	38	47	142

2)分析方法。在对"性别失衡下的宏观社会风险文献库"进行整理和阅读的基础上,本章采用质性分析法和内容分析法,首先通过对历史、国际、现实文献内容进行登录,抽象宏观社会风险的范畴;然后采用内容分析法,通过对已有研究关于古今中外性别失衡下的宏观社会风险和典型事件的考察,识别和归纳性别失衡背景下影响社会稳定的整体社会风险。

3.1.2 微观失范行为识别的数据和方法

1)数据来源。在认识整体社会风险的基础上,本章通过对微观层次的失范进行识别，明确性别失衡下失范行为的特征。已有研究发现，同已婚男性相比，大龄失婚男性破坏性行为会增强，更容易从事谋杀、抢劫、强暴、吸毒、酗酒等危险行为（den Boer and Hudson，2004）；同时大龄失婚男性对婚姻和性的需求，也容易被违法犯罪分子利用，滋生一些违法犯罪行为（孙江辉，2006），因此在不同的失范行为中，大龄失婚男性既可能成为社会失范的直接受害者（失范客体），同时也可能是影响其他群体利益的侵害者（失范主体），甚至在同一起失范案例中，会先后经历从失范主体到失范客体的转变。基于此，本章将主要识别与大龄失婚男性有关的失范行为。由于研究问题的特殊性和敏感性，一手数据难以获取，本章所需数据源于作者以百度和谷歌为搜索引擎，以"光棍""大龄未婚男性""大龄青年""大龄单身男性"等为关键词，收集到的与大龄失婚男性相关的新闻案例，共计111例。

2）数据处理。依据不同的标准，失范行为有不同的分类。以失范内容为标准，可以分为经济失范、行政失范、道德失范等；以失范的主体为标准，可以分为群体失范与个体失范（朱力，2006）。在失范行为中，相关的个人或群体分别处于失范主体和失范客体的地位，即侵害者和受害者。同时，已有研究指出，婚姻挤压的后果多由社会经济地位处于劣势的农村男性承担（朱力，2006；陈友华，2004），因此，本章分析了性别失衡背景下个体失范行为的地域特征。基于以上原因，本书按照失范类型、失范主体、失范主体规模、失范客体、失范行为发生地等内容，对111例失范案例进行分类整理，最终形成"性别失衡下微观失范行为数据库"，数据库中各变量名称及其取值如表3-2所示。

3）分析方法。本章采用内容分析法，通过Excel软件对"性别失衡下微观个体失范行为数据库"进行定量分析。首先，统计数据库中各类失范行为的频数；其次，采用描述性统计方法，从失范主体、失范客体、失范主体规模等维度出发，分别对各类失范行为进行频数和百分比计算，从而归纳和总结各类失范行为的特征；最后，对典型案例进行分析、归纳和总结。

表 3 - 2   性别失衡下微观失范行为数据库

变量名	编　码
失范类型	四分类变量,1 为婚姻失范,2 为婚外性失范,3 为家庭失范,4 为其他失范
失范主体	三分类变量,1 为大龄失婚男性,2 为其他人群,3 为共同失范
失范主体规模	二分类变量,1 为个体,2 为团伙
失范客体	五分类变量,1 为大龄失婚男性,2 为成年女性,3 为未成年、智障女性,4 为老年女性,5 为其他
失范行为发生地	三分类变量,1 为农村,2 为非农村 3 为不明确

3.2　性别失衡下的宏观社会风险

　　在对"性别失衡宏观社会风险文献库"阅读和整理的基础上,本部分以扎根理论的操作程序为基础,分别从历史、国际和现实文献的内容出发,首先进行开放式登录,从中抽取关于性别失衡宏观风险（或后果）的论述,进行概念化和类属化,共抽象出关于性别失衡宏观社会风险的 19 个类属;然后进行关联登录,将各类属进一步抽象为人口风险、经济风险、社会风险、健康风险和文化风险 5 个范畴（见表 3 - 3）。最后对 5 个范畴进行核心登录,发现性别失衡下的宏观社会风险的规律,即不管是过去还是现在,国内还是国外,性别失衡都是各类社会风险,包括人口风险、社会风险、健康风险、文化风险和经济风险的重要影响因素。其中人口风险是核心类属,是性别失衡背景下的基础风险,人口风险往往刺激或放大其他风险发生的概率和损害的程度。

表 3 - 3   不同视角下性别失衡的宏观社会风险的概念化和范畴化

概念类属	历史的视角		国际的视角		现实的视角	
	概念类属	范畴	概念类属	范畴	概念类属	范畴
女性缺失风险(A1)	√	人口风险(A)	√	人口风险(A)	√	人口风险(A)
男性过剩风险(A2)	√		√		√	
人口数量减少风险(A3)	—		√		√	
人口老龄化风险(A4)	—		√		√	

续表

概念类属	历史的视角		国际的视角		现实的视角	
	概念类属	范畴	概念类属	范畴	概念类属	范畴
男性失婚风险（B1）*	√		√		√	
非常态婚姻盛行风险（B2）	√		√		√	
婚姻迁移风险（B3）	√	社会 风险 （B）	√	社会 风险 （B）	√	社会 风险 （B）
婚外性行为增多风险（B4）	√		√		√	
违法犯罪率升高风险（B5）	√		√		√	
养老风险（B6）	—		—		√	
儿童健康风险（C1）	—		√		√	
女性健康风险 C2）	—	健康 风险 （C）	√	健康 风险 （C）	√	健康 风险 （C）
失婚男性健康风险（C3）	√		√		√	
性别选择文化风险（D1）	√		√		√	
高婚姻花费文化盛行（D2）	√	文化 风险 （D）	—	文化 风险 （D）	√	文化 风险 （D）
婚姻陋俗（D3）	√		√		√	
光棍亚文化（D4）	—		—		√	
劳动人口减少风险（E1）	√	经济 风险 （E）	√	经济 风险 （E）	√	经济 风险 （E）
家庭高储蓄低消费风险（E2）	—		—		√	

注：1）√表示该视角的文献库中有关于该类风险的阐述；2）＊代表学术界对"失婚"概念没有明确定义，如因离婚或丧偶而失去婚姻、因贫困等种种原因无法成婚而失去结婚机会、夫妻两地分居以及自愿独身的"不婚"等都被称为"失婚"。本书的"失婚"指大龄未婚男性由于种种原因不能成婚的现象，意为"婚姻失配""失去婚姻机会"。

3.2.1 人口风险

人口风险是指性别失衡下人口数量和结构面临的风险，主要表现在以下几个方面。

1）女性缺失风险

在强烈男孩偏好的国家，女性缺失风险是指由于产前、产后性别选择行为引起的女性人口相对缺少。产前性别选择主要包括胎儿性别鉴定和人工流产，是当前家庭选择性生育的主要技术手段，并导致偏高的出生性别比。产后性别选择主要包括溺婴和对女孩照料的忽视，并导致相

对偏高的女婴死亡水平。在中国历史上，家庭的性别选择主要通过溺弃
女婴实现。即使在今天，在巴基斯坦等国家溺婴现象仍然存在（Sabrang，
2001）。另外，中国、印度和巴基斯坦等少数国家也存在着医疗、营养方
面对女孩的歧视。总之，产前和产后性别选择的共同作用，导致了相关
国家规模庞大的女性缺失现象，如在中国 1980~2000 年出生队列的"缺
失女性"达 920 万人（李树茁等，2006）。令人担忧的是，目前中国出生
性别比仍未显示出下降的势头，这将导致未来一段时间里"缺失女性"
现象持续存在。

2）男性过剩风险

女性缺失同时意味着男性数量的相对过剩。当前在中国和印度这两个人
口大国，男性过剩的庞大规模已经引起国际社会的广泛关注，据估算，截至
2006 年印度的过剩男性达到 1650 万人，2013 年之后中国每年的男性过剩人
口占总人口的比例将在 10% 以上，至 2020 年，这两个国家分别将有 3000 万
人左右的过剩男性（李树茁等，2006；den Boer and Hudson，2004）。

3）人口数量减少风险

人口数量减少风险是指由于性别失衡引起的当期和未来新生人口数量的
减少，并进一步引起人口总量的下降。女性失踪的直接人口后果是当期人口
总量的减少，长期后果则表现在未来进入婚育年龄女性的减少和人口再生产
能力下降（Cai and Lavely，2003；刘中一，2005c），最终影响一个国家人口
的适度增长和可持续发展。据估算，如果中国出生性别比持续保持在 2000
年的水平，则 100 年后中国人口总量将减少 13.6%（Cai and Lavely，
2003）。目前，在吉林、陕西和甘肃等省份的个别农村地区，这一人口风险
已有所体现（刘中一，2005c；吕俊涛，2006）。

4）人口老龄化风险

人口老龄化风险表现为老年人口数量和比例的增加，少年儿童人口占总
人口比例的下降两个方面（李建新，2009）。女性是社会再生产的主体，女
性缺失带来的当期和未来新生人口数量的减少，必将导致少年儿童和劳动人
口规模和比例的下降，加速中国人口老龄化的进程。

3.2.2 社会风险

1）男性失婚风险

男性失婚风险是指由客观因素引起，男性超过社会公认的理想初婚年龄仍被迫不能婚配的现象。男性过剩反映在婚姻市场领域即表现为部分男性面临失婚风险。男性失婚在中国历史上并不罕见；2000 年以来，中国婚姻挤压已初现端倪，集中体现在"光棍村"数量的增加上；除此以外，全国几乎所有省份的农村地区都存在着一定数量的男性无以婚配（Davin，2007）。如果性别失衡局势不能得到及时有效的扭转，未来几十年中国将面临严重的婚姻挤压。与此同时，亚洲其他一些国家也面临不同程度的男性失婚风险，如在印度，男性失婚风险主要集中在社会下层，而社会上层仍然流行着"高额嫁妆"的传统（Dalmia，2004）；在韩国，婚姻挤压正在引起人们婚姻策略的变化（Kim，2004）。

2）非常态婚姻盛行风险

非常态婚姻是指与法律、道德、习俗相悖的非主流的婚姻形式。当男性难以通过正常的婚姻途径满足其婚配需求，必然会滋生非常态婚姻途径。历史上，一些违背当时伦理和法律规定的婚姻形式，如妇女再婚、收继婚、抢婚、入赘婚、童养婚、交换婚等在社会底层依然盛行，在一定程度上起到了缓解底层男性婚配压力的作用（张研和毛立平，2003）。即使在当代中国，婚姻挤压同样刺激了非常态婚姻形式的发展，如在中国一些地区，早婚以及婚外恋也已经成为竞争女性资源的一种策略（陈友华，2004），买卖婚姻、童养婚等婚姻陋习也有重新抬头之势。在巴基斯坦，女性面临着更高的被迫结婚的风险（李树茁、韦艳和任锋，2010）；在韩国，男小女大、婚娶再婚女性正在成为重要的婚配模式（Kim，2004）。

3）婚姻迁移风险

婚姻迁移风险是指大规模的女性婚姻迁移行为引发的相关社会问题。随着经济的发展，农村—农村的婚姻迁移呈上升之势，正在成为一些地区和国家缓解失婚风险的重要途径。国内外的婚姻迁移表现出从山区到平原，从内地到沿海，从发展中国家到发达国家迁移的特征（Davin，2007），如韩国良好的经济状况和较小的人口基数使得其可以通过迎娶国外新娘来解决婚姻难题。据统计，2005 年韩国新缔结的婚姻中，超过30% 的农村男人的配偶来自其他国家（丁仁能，2006）。地区和国家间的婚姻迁移，虽然对促进女性资源流动、缓解流入地区男性的婚配压力具有积极意义，但在女性总体缺失的背景下，其实质是男性失婚风险向新娘输出地（或输出国）的转移，容易造成贫穷地区（或国家）的男性为婚姻挤压埋单的被动局面（Davin，2007），并滋生跨地区（或国家）的拐卖妇女犯罪等问题。

4）婚外性行为激增的风险

婚姻和固定伴侣的缺乏也将刺激婚外性途径的发展。历史和国内外研究表明，男性失婚往往刺激性产业、婚外性、性侵害及同性恋等婚外性行为的增加（李树茁、韦艳和任锋，2010）。当前甚至有学者和网友提出"性产业"合法化的建议，以拓展失婚男性的性渠道，减少性犯罪、婚外情等事件的发生。虽然该建议的合理性有待商榷，但却反映了人们对自身和家庭性安全的担忧。

5）违法犯罪率升高风险

对中国历史的研究表明，未婚男性由于缺乏家庭的牵挂和约束，比其他群体更容易走向犯罪道路，也更容易加入秘密帮会、土匪团伙、邪教组织，是违法犯罪的高危人群（刘中一，2005b）。对 1988 ~ 2004 年中国省一级犯罪数据的研究也证实了性别失衡与犯罪之间的关系：性别比每增长 0.01，则社会上的暴力和财产犯罪率将增长 5% ~ 6%（Edlund et al.，2009）。

6）养老风险

养老风险是指大龄失婚男性由于缺乏家庭养老功能而给社会带来养老负担。在以"养儿防老"为主流养老模式的中国，男性失婚意味着其丈夫和父亲角色的缺失，并造成老年阶段的无依无靠，他们的养老负担将由政府和社会承担。如果中国未来"几千万光棍"的预测成为现实，那么整个社会将面临沉重的社会保障压力。

3.2.3 健康风险

性别失衡下的健康风险主要表现在妇女健康遭受损害、男性身心健康遭受损害以及性病传播风险等方面。

1）儿童健康风险

儿童健康风险是指由于父母生殖健康状况和家庭稳定状况而使儿童健康遭受损害。在重视生育和家族繁衍的国家，育龄女性的减少必将使得部分残障女性重新回到生育队伍，从而对新生儿的健康形成潜在威胁。在一些贫困地区，如秦岭某山村，女性的缺失使当地近亲结婚盛行，直接导致新生儿出生缺陷率升高，成为远近闻名的残疾村（彭远春，2004）。另外，随着拐卖婚姻、骗婚等婚姻的增加，一些女性在被迫生下孩子后不久可能会离开家庭，影响孩子的成长和身心健康。

2）女性健康风险

女性健康风险是指性别选择行为对女性身心健康的损害。在强烈的男孩偏好压力下，女性往往成为生育工具，不少妇女主动或被动经历 B 超胎儿鉴定和人口流产等，且未能得到良好的照顾，严重损害了女性的身心健康（莫丽霞，2005）。在巴基斯坦，孕产妇面临较高的死亡风险，其中因性别选择性流产导致的孕产妇死亡占 5%～13%（李树苗、韦艳和任锋，2010）。

3）失婚男性健康风险

失婚男性健康风险是指不健康的生活方式和性行为使其健康遭受损害。在亚洲，婚姻的缺乏往往使失婚男性备受歧视，并形成孤僻、悲观的性格和酗酒、打牌、饮食不规律的生活方式，给其身心健康带来负面影响（莫丽霞，2005）。同时，由于婚内性途径和科学的生殖健康知识的缺乏，失婚男性的婚外性行为可能带来一系列生殖健康问题，如性病、艾滋病的感染和传播，并危及到其他人群（陈友华，2004）。目前已经有学者提出中国农村的"过剩男性"将成为艾滋病毒感染和传播的高危人群（Tucker et al.，2005）。

3.2.4 文化风险

1）性别选择文化风险

只要男孩偏好和性别选择文化依然存在并被广泛接受，性别失衡就难以根除。中国历史上的"溺女"文化和当前的"胎儿性别鉴定和性别选择性流产"文化，直接影响了人们的生育行为，导致中国出生性别比长期持续偏高。就国际视角来看，在性别失衡的后果日益凸显并引起国际社会的广泛关注的同时，进入 21 世纪以来，一些国家却开始经历从正常向异常的转变（Guilmoto，2009），这种整体非理性现象的出现显示了生育文化对个体具有深远而持久的影响。

2）其他文化风险

婚姻挤压背景下，一些积极的伦理和文化可能遭到冲击，而收买被拐妇女、高额婚姻花费、破坏别人家庭等可能会被更多的人所接受。另外，在一些"光棍"比例较高的地区，可能会出现"光棍"聚集现象，形成不利于社会发展的"光棍亚文化"（莫丽霞，2005）。

3.2.5 经济风险

性别失衡也可能带来一系列的经济风险，制约社会经济的正常运行。这主要表现在劳动人口脱离生产、劳动人口的减少以及家庭高储蓄低消费等方面。

1）劳动人口减少风险

劳动人口减少风险表现在部分劳动人口主动脱离劳动和劳动人口数量减少两个方面。首先，从历史上看，部分大龄未婚男性脱离劳动，从事违法犯罪活动，甚至暴动、造反（den Boer and Hudson，2004），不但破坏社会秩序，也制约和破坏了社会经济发展。当前部分大龄失婚男性也表现出缺乏劳动积极性和超前消费等不利于家庭和社区经济发展的特征（莫丽霞，2005）。其次，从长期来看，女性缺失人口将导致未来劳动人口的萎缩、劳动人口的老龄化以及老年人口比例的增加，从而影响经济的良性运行（李建新，2009）。

2）家庭高储蓄低消费风险

与美国等西方国家的低储蓄率和高消费相比，当前中国经济面临的困境则是过高的储蓄率、过低的消费率以及由此引发的对投资和净出口的严重依赖。有研究表明，中国居民的高储蓄率在很大程度上是中国家庭应对性别比例失衡和男性婚姻挤压的竞争性储蓄策略。中国家庭，尤其是生男孩的家庭，更倾向于为了使孩子在未来的婚姻市场中居优势地位而提高储蓄率（Wei and Zhang，2011）。

以上分析表明，性别失衡将给人口、社会、健康等带来一系列的风险，使社会处于风险之中，风险的表现形式也体现出高度的一致性。当然在不同的时期和不同的国家，某些风险的具体形式可能会有所不同。需要强调的是，多数风险属于次生风险，而非完全由性别失衡引起的原发性风险，但在性别失衡背景下，这些风险发生的概率和危害程度会被放大。

3.3 性别失衡下的微观失范

通过对相关网络报道和"性别失衡下微观失范行为数据库"的整理和分析，本书发现，当前与大龄未婚男性相关的失范案件主要表现在婚姻类失范、婚外性类失范、家庭类失范和其他社会失范四个方面，其中婚姻类失范和婚外性类失范是最主要形式。数据库中各类失范案件及其频数如表3-4所示。

表3-4 样本（新闻报道）基本描述信息

婚姻类失范 （N＝32）	频次	婚外性类失范 （N＝40）	频次	家庭类失范 （N＝22）	频次	其他社会失范 （N＝17）	频次
买卖婚姻	12	性交易	5	婚外情	13	违法	6
骗婚	20	性侵害	35	家庭内部剧烈冲突	9	犯罪	11

注：1）网络报道中，骗婚类失范报道比较多，且表现出极大的趋同性，因此本数据库中只部分反映了骗婚失范；2）在数据库构建中，作者将针对家人和亲戚的性侵害从"婚外性类失范"中剔出，并归入家庭类失范。

表3-5在表3-4基础上，分别从失范主体、失范客体、失范主体规模以及失范行为是否发生在农村等几个方面，对各类失范行为进行了频数和百分比的统计。从表3-5可以看出，目前性别失衡下的失范行为主要发生在农村地区；但也有一些失范行为，如性侵害、婚外情等发生在城市，农村流动人口是失范行为的主要参与者。总之，在性别失衡和城乡流动的共同作用下，城市和农村一样，都将不得不面对和吞食性别失衡的恶果。

表3-5 各类失范案件的变量分析

失范类型 ＼ 变量	失范主体		失范主体规模		
	大龄失婚男性	其他人群	共同失范	个体失范	群体失范
婚姻类　买卖婚姻(12)	/	/	12 (100%)	7 (58%)	5 (42%)
婚姻类　骗婚(20)	/	20 (100%)	/	6 (30%)	14 (70%)
婚外性类　性交易(5)	5 (100%)	/	/	5 (100%)	/
婚外性类　性侵害(35)	31 (89%)	/	4 (11%)	35 (100%)	/
家庭类　婚外情(13)	11 (85%)	2 (15%)	/	13 (100%)	/
家庭类　家庭内部剧烈冲突(9)	6 (67%)	3 (33%)	/	9 (100%)	/
其他社会失范(17)	16 (94%)	1 (6%)	/	17 (100%)	/

失范类型 ＼ 变量	失范客体					发生地在农村
	失婚男性	成年女性	智障/未成年女性	老年女性	其他	
婚姻类　买卖婚姻(12)	2* (/)	9 (75%)	3 (25%)	/	/	12 (100%)
婚姻类　骗婚(20)	20 (100%)	/	/	/	/	20 (100%)
婚外性类　性交易(5)	/	/	/	/	5 (100%)	5 (100%)
婚外性类　性侵害(35)	4** (/)	12 (34%)	21 (60%)	2 (6%)	/	33 (94%)

续表

失范类型	变量	失范客体					发生地
		失婚男性	成年女性	智障/未成年女性	老年女性	其他	在农村
家庭类	婚外情 （13）	2 （15%）	10 （77%）	／	1 （8%）	／	9 （69%）
	家庭内部剧烈 冲突（9）	3 （33%）	／	1 （11%）	5 （56%）	／	9 （100%）
其他社会失范		5 （29%）	2 （12%）	1 （6%）	4 （24%）	5 （29%）	13 （76%）
（17）							

注：1）＊在买卖婚姻中，有2例案件大龄失婚男性和被拐卖女性先后成为失范行为的客体；
2）＊＊在性侵害中，存在10例因性侵害引发的命案，其中4例为被侵害者杀死实施性侵害的大龄失婚男性。

3.3.1 婚姻类失范

在与"大龄失婚男性"相关的失范报道中，婚姻类失范占据较大比重，主要表现在买卖婚姻和骗婚两个方面。

1）买卖婚姻

买卖婚姻主要包括拐卖和收买妇女，其次也包括父母主持的婚姻买卖。从表3－5可以看出，买卖婚姻中，失范活动往往由大龄失婚男性和人贩子（或女方父母）共同参与，其中人贩子（或女方父母）出于谋利的目的，强行出卖女性的婚姻权，而贫穷地区的大龄失婚男性则出于获得低成本婚姻的需要，往往成为买卖婚姻的积极参与者。在这场金钱与婚姻的交换中，女性，包括成年和未成年女性，都成为主要受害者。

表3－5同时显示，买卖婚姻，尤其是拐卖妇女行为，表现出明显的团伙性（占买卖婚姻案件的42%）。20世纪90年代，安徽涡阳某村是有名的"拐卖妇女专业村"，全村500余人中，一半以上成年人参与拐卖妇女的犯罪活动（孙龙，2004）；2008年福建警方破获的"福安特大跨省拐卖妇女犯罪团伙"共有20多名成员，先后作案40多起（东南快报，2009）。

通过对案件的整理还发现，虽然"拐卖妇女"以及"收买被拐卖妇女"都是严重的犯罪行为，但在性别失衡背景下，一些农村已经形成"收买被拐妇女合法化"的社区文化，买卖人口被视为合法的公平交易，人贩子被视为"红娘"（郭细英和肖良平，2007）。这种文化的形成，致使拐卖人口行为更加猖狂，增加了"打拐"工作的难度。

2）骗婚

骗婚，是指犯罪嫌疑人利用男性渴望成婚的心理，组织诈骗，并在获取经济利益后寻找机会逃走的犯罪行为。与婚姻买卖中被拐卖女性的受害者身份不同，骗婚中的女性是失范主体，她们自愿出卖自己的"婚姻权"，并在获取利益后脱身。

表3-5统计结果显示，在骗婚中，失范的主体和客体分别为骗婚者和失婚男性（均为案例的100%）。近些年来，农村骗婚案件频发，而农村大龄青年、离异男子、中年丧偶的"光棍汉"往往成为诈骗对象（连成亮，2009）。同时，骗婚案件表现出显著的团伙作案特征，70%的骗婚案件由团伙共同完成，团伙成员分工明确，分别扮演团伙中介人、"新娘"亲戚等，以骗取男性家庭的信任并骗取钱财。

需要强调的是，婚姻的"交易"性质是滋生骗婚行为的土壤。骗婚案件的发生，实质上是利用了"婚姻是金钱与女性资源的交换"的习俗。在当前农村，男性结婚的花费越来越高，而娶外地媳妇可能只需要3万~4万元，这就使得省际间的"花钱买媳妇"有了广阔的市场，同时也为不法分子的违法行为带来可乘之机（王淇，2009）。骗婚行为的发生给被骗家庭和农村社区带来极大负面影响。大龄未婚男性往往由于家境贫困，无力支付高额的婚姻花费而被迫失婚，而骗婚经历则使他们人财两空，背负沉重的债务负担和精神压力。

3.3.2　婚外性类失范

婚外性类失范主要表现在性交易和性侵害两个方面。

1）性交易

男性婚姻挤压和部分男性游离于婚姻之外，往往导致性产业的发达。有统计资料显示，20世纪90年代以来，性交易案件数量大幅增加，2004年全国性交易案件立案数达242053，与1994年相比增加了近1倍，远远超过暴力性犯罪的数量（孙江辉，2006）。虽然本书搜索到的关于大龄失婚男性性交易的案件较少，但案件体现的特征却令人震惊，某些大龄失婚男性不但自己接受性服务，甚至可能成为"拉皮条者"。苏北农村年逾六旬的崔某为了得到免费的性服务，将性工作者带回家中，并积极为其介绍客人（潘晓明、何光荣，2008）；江西南宁农民刘某，将其住处提供给数名性工作者做交易场所，并从中收取"中介费"和获得免费"性服务"（朱荣成、季德胜，2004）。

2）性侵害

性侵害（包括性骚扰和强奸）也已经成为大龄失婚男性获得性满足的重要途径。数据库中关于大龄失婚男性实施性侵害的案件最多（共35例），甚至其侵害家人、亲戚的案件也屡见不鲜（在本章中，此类案件被归入家庭类失范处理）。表3-5统计结果显示，性侵害主要由大龄失婚男性实施，表现出个体作案的特征，受害者包括不同年龄段的女性，其中智障/未成年女性和老年女性由于自我保护能力弱，往往更容易遭受侵害（占该类案例的66%）。

性侵害往往容易进一步导致深层次犯罪。本数据库的35条案例中，10例涉及性侵害引发的命案，包括受害者怒杀大龄失婚男性（共4例）和大龄失婚男性杀死被侵犯者（共6例）。

3.3.3　家庭类失范

性别失衡和大龄失婚男性的存在，也可能给已有家庭的稳定和安全带来威胁。本数据库中家庭类失范主要表现在破坏他人家庭（主要表现为"婚外情"）和破坏自身家庭（主要表现为性侵害和命案）两个方面。

1）婚外情

婚外情自古以来就是大龄未婚男性释放性压力甚至获得婚姻的重要机会，这种婚姻之外的两性关系，常常引发冲突并带来惨痛的悲剧。在本数据库中，共有13条婚外情案例，且都以引发命案而结束。其中11例为婚外情双方发生矛盾时，女方提出结束婚外情，大龄失婚男性实施杀害行为；2 例为大龄失婚男性被女方丈夫或亲人杀害。

当前婚外情对家庭和社区稳定的危害越来越严重，据媒体报道，在"光棍村"里，大龄失婚男性和已婚女性的"私通行为"十分严重。在云南瓦房村，因婚外情而发生的治安事件非常频繁，成为村干部"头疼"的"丑事"，目前该村流行着"没有老婆的四处讨老婆，有老婆的要守住老婆"的说法（贵州都市报，2007）。

2）家庭内部剧烈冲突

大龄失婚男性的存在也可能引发家庭或亲戚间的剧烈冲突。本数据库中，共有 9 条相关案例，包括对家人或亲戚实施的性侵害（共 7 例），其中母亲、弟媳、外甥女等亲人都可能成为大龄失婚男性侵害的对象。另外，无法结婚也可能使大龄失婚男性对父母产生怨恨情绪，并导致极端行为的发生（共 2 例）。

3.3.4　其他失范行为

有研究表明，大龄未婚男性还会参与其他一些违法、犯罪活动（刘中一，2005b）。本数据库中，既有偷盗、偷窥等一般性违法越轨行为（共 6 例），也有纵火、杀人等极端失范行为（共 11 例），大龄失婚男性往往是这些失范行为的主体，对婚姻的渴求、自身生活的空虚以及对现状的不满，往往可能刺激他们做出危害他人甚至伤害自己的行为。

综合以上分析，我们总结出性别失衡背景下微观失范的一般特征：个体、家庭成员与群体在婚姻、家庭、性和其他方面存在着不同程度的行为失范，大龄失婚男性是重要的利益相关者，在不同的失范行为中既可能成为失范的主体，也可能成为失范的客体；成年女性、未成年女性等其他人群同样可能成为受害者，性别失衡带来的是一个"普遍受损"的社会；目前，性别失衡下的失范行为主要发生在农村地区，但以农村流动人口为主要参与者的性侵害、婚外情等失范行为则主要发生在城市，揭示出大规模的城乡人口流动带来的性别失衡现象和后果向城市的转移。

3.4　讨论和总结

3.4.1　总结

根据已有研究和二手数据，本书采用质性分析和内容分析方法，定性研究和定量研究相结合，识别和归纳性别失衡下宏观社会风险和微观失范行为。在对分析结果提炼和总结的基础上，本书总结了性别失衡背景下宏观社会风险和微观失范行为的识别结果（见图3-1）。

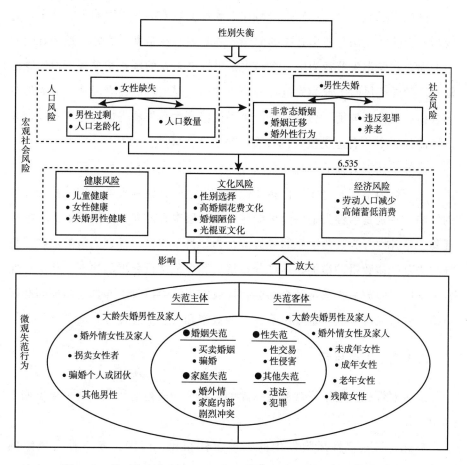

图3-1　性别失衡背景下宏观社会风险和微观失范行为的识别结果

从图 3 - 1 可以看出，就宏观层面而言，性别失衡将带来人口、社会、经济、健康、文化等一系列风险，使整个社会处于风险之中。在诸多风险中，各种风险的地位和作用各不相同：首先，人口风险，尤其是女性缺失风险是基础风险，居核心地位，将刺激和加剧其他社会风险；其次，在社会风险内部，男性失婚风险居首要地位，刺激并放大了非常态婚姻、婚外性行为等风险；最后，人口风险与社会风险共同作用，刺激和强化了健康风险、文化风险和经济风险。需要强调的是，多数风险，如老龄化风险、健康风险、违法犯罪风险等属于次生风险，而非完全由性别失衡引起的原发性风险，但在性别失衡背景下，这些风险发生的概率和损失的程度被放大。

就微观层面而言，在性别失衡和宏观社会风险的共同影响下，整个社会面临着越轨、违法犯罪率升高的问题，主要表现在婚姻、家庭、性和其他社会方面。在各类失范行为中，大龄失婚男性是重要的利益相关者，他们既面临较高的失范风险，成为失范行为的主体；同时也可能遭受侵害，成为失范的客体。但性别失衡下利益受损的绝不仅仅是大龄失婚男性，性别失衡带来的可能是一个"普遍受损"的社会，很少有人能够独善其身。

另外，性别失衡下宏观社会风险和微观行为失范是一种互动关系。一方面，失范行为不仅与个体属性相关，而且也会受到性别失衡下宏观社会环境的影响，特别是男性失婚风险可能导致微观层次上的非常态婚姻形式、婚姻迁移、婚外性行为、违法犯罪等失范行为。另一方面，性别失衡的加剧必将导致失范个体数量的增加、地域分布聚集和失范严重程度的加深，从而将性别失衡的风险放大扩散至整个社会，形成宏观社会风险，并进一步提高健康风险、经济风险等其他宏观风险发生的概率和损害的程度。

3.4.2 几点启示

通过对性别失衡下宏观社会风险和微观行为失范的研究，我们得出如下启示：

首先，与一般性风险发生的不确定性相比，性别失衡下社会风险的"不确定性"不在于风险是否会发生，而在于风险何时、何地、以何种形式和规模发生，将带来多大程度的损失的不确定性。

其次，性别失衡下的社会风险和失范行为会导致不同群体的利益普遍受损，而女性是首要的利益受损者。在性别失衡环境下，女性的自身利益在生命历程的不同阶段均遭受不同程度的侵害：在婴（胎）儿阶段，部分女性因性别选择性流产而被剥夺出生权，或因营养和就医等方面的性别歧视带来偏高的死亡水平，生存权遭受侵害；在儿童、青少年及成人阶段，女性在就学、就医、就业等方面遭受各种形式的性别歧视，发展权遭受侵害，甚至因男性婚姻挤压而成为拐卖人口、性交易和性侵害等失范行为的直接受害者。

再次，大龄失婚男性首先是弱势群体，是婚姻挤压的受害者，而并非只是失范的主体和麻烦的制造者。由于婚姻和家庭的缺失，他们承受了巨大的心理和生理压力，其较差的生活状况和较低的福利水平应该引起社会各界的关注。

最后，虽然性别失衡和婚姻挤压的后果主要由社会经济地位处于弱势的农村人口承担，但当前大规模的城乡人口流动导致了人口性别结构在城乡、区域与群落间同时失衡，性别失衡引起的个体、家庭和群体失范行为增多的态势，将同时存在于农村和城市地区。

研究存在着一些局限性，主要表现在数据资料和研究内容两个方面。首先，本书所用数据和资料主要来自互联网的国内外学术期刊和互联网新闻报道，受搜索引擎性能、关键词设计和新闻报道的特征等技术原因的影响，可能会漏掉部分重要文献、报道和案例；其次，受数据资料所限，我们目前尚无法对性别失衡下的宏观社会风险和微观行为失范间的互动关系进行系统分析，因此，在后续研究中，我们将通过大规模的专项抽样调查，以及对特殊人群（如服刑人员）的深入访谈，建立一手调查数据资料库，满足深入研究性别失衡下风险和失范的需要。

4 婚姻挤压下的婚姻市场与社区安全：来自村庄的发现

本章采用"百村社区调查"数据，从社区层次分析当前中国农村婚姻挤压的现状及其给社区经济、文化和生活带来的影响。

4.1 研究设计

在盛行父系文化和普婚传统的中国农村，结婚既是男性成年的社会标志，也是完成家族延续使命的前提；很少有人是主动不结婚的。因此，在普婚文化的社会，婚姻挤压的影响可能被进一步放大。据研究和媒体报道，2000年以来，婚姻挤压在农村开始出现，并带来骗婚、婚姻买卖等非法行为的增加。国内外学者根据中国历史资料和犯罪学理论，对未来婚姻挤压和男性过剩的可能后果进行了预测，认为婚姻挤压是性别失衡和社会安全后果的重要桥梁和中介力量，尤其在普婚文化的中国，对婚姻的旺盛需求和婚姻市场可婚女性供给的短缺，更容易引发一系列的人口、婚姻、经济、健康社会安全后果，如人口老龄化、人口增长和劳动人口的减少（Cai 和 Lavely，2003；Hudson 和 den Bore，2002；den Bore 和 Hudson，2004；Ebenstein 和 Sharygin，2009b）。如有学者基于清代捻军叛乱、危害清朝政府统治的历史资料，提出中国的性别失衡可能威胁地区乃至全球安全（Hesketh 和 Xing，2006；Hesketh，2009；Bore 和 Hudson，2002）。

　　事实上，由于 20 世纪 80 年代以来出生的男性过剩人口刚刚进入婚育年龄，对婚姻挤压程度及其后果的研究多是预测性的，而相关实证研究处于低度开发阶段（Das Gupta，2010；Hesketh，2009）。这意味着婚姻挤压的多数社会安全后果，本质上是一种潜在的社会风险，它们是否发生，何时、何地、以何种形式发生，会带来多大的损失，都具有极大的不确定性；这也使得我们有时间和机会通过政府和社会的共同努力，提前阻止它们的发生，或者降低其影响的范围和强度。基于这种考虑，来自村庄层次的婚姻挤压和社会安全证据，作为婚姻挤压及其安全后果在村庄层次的体现，是我们认识当前农村婚姻挤压程度和影响的重要证据，有利于政府和社会更直接、深入地探析婚姻挤压现象以及已经或即将出现的安全后果，并提前采取有效的针对性措施降低性别失衡和婚姻挤压的影响，阻止社会安全风险事件的发生。

　　遗憾的是，由于数据搜集存在难度，当前关于婚姻挤压和影响的社区层次的数据是缺乏的，相关研究也较少得到关注。为了弥补社区层次数据和研究的缺憾，西安交通大学人口与发展研究所于 2009 年暑假在全国 28 个省份的 364 个村庄进行了"百村社区调查"，获取了村庄的人口、经济、婚姻和社会治安信息。

　　本章基于本次调查数据，以婚姻挤压和大龄未婚男性作为切入点，探讨村庄的性别结构特征，婚姻挤压、大龄未婚男性和村庄安全状况。我们前期对安徽省调查数据的分析发现，在当地农村，22 ~ 27 岁是主要的适婚年龄，超过 27 岁仍未结婚的男性，其结婚的概率大大降低；与此同时，96% 的 28 岁及以上的从未结婚的男性表示他们是"被迫单身"的，较低的社会经济地位是他们难以婚配的重要原因（刘利鸽和靳小怡，2011）。因此在本书中，我们将大龄未婚男性定义为 28 岁及以上的从未结婚的男性。

　　根据地域分布和经济发展水平，我国内地省份分为东、中、西部。东部包括辽宁、河北、北京、天津、山东、江苏、浙江、上海、福建、广东和海南 11 个省份，中部包括黑龙江、吉林、陕西、河南、湖北、江西、安徽和湖南 8 个省份，其他 12 个省份属于西部。东部地区的经济最为发达，出生性别比也最高；而西部经济最为落后，多数贫困人口集中在西部地区，但西部出生性别比相对较低（Das Guata et al.，2010）。较好的经济状况和较多的就业机会使得东部地区吸引了大量的劳动人口从西部和中部农村迁入（Wong，2007）；与此同时，农村女性跨省婚姻也表现出从西部农村到中、东部农村迁移的特征（Fan and Huang，1998；Davin，2007；Das Gupta et al.，2010）。经济和人口的地区差异可能会对性别失衡后果产生显著的影响。如 Das Gupta 等（2010）提出，性别失衡的婚姻后果，将主要由西部落后地区农村承担。基于以上考虑，本章从地域分布特征出发，将被调查村庄分为东部、中部和西部村庄，探索不同地域村庄在性别结构、婚姻挤压及其相关社区安全方面的共性和差异。

4.2　被调查村庄基本信息

表4-1提供了被调查村庄人口、经济、劳动迁移和地理环境等基本信息。在被调查的364个行政村里，平均每个村庄有4.9个自然村，村庄平均总人口和总户数分别为2118.7人和506户，平均家庭规模为4.6人。村庄人口规模存在着较明显的地域差异：西部村庄人口规模最大（总人口和总户数分别为2279.7人和511户），而东部村庄则最小（总人口和总户数分别为1839.6人和479.3户）。农村劳动人口外流是一个普遍的现象，每个村庄平均有423.3个劳动人口由于工作关系迁移到本镇以外的地方，平均每户家庭有0.9个成员外出务工；男性迁移人口明显高于女性（分别为每个村庄270.8人和152.5人）。农村流动人口规模也表现出明显的地域差别：平均每个西部村庄有505个劳动人口外出工作，比中部和东部农村分别多138.1个和204.2个；平均每户家庭有1.0个劳动力外流，比中部和东部农村分别多0.2个和0.3个，这表明西部是最主要的劳动输出地区。被调查村庄的流动人口分布特征与全国宏观水平是一致的，这表明本书所使用的数据在一定程度上反映了全国水平。

从地形分布来看，东部农村以平原、丘陵（或盆地）为主，只有较小比例的农村处于山地或高原（约10.9%）；中部农村各类地形分布较均匀，

而西部农村则以山地或高原为主。被调查村庄在 2008 年的人均年收入为
3571 元，明显低于当年全国农民人均年收入水平（4761 元），这可能是由
于较高比例的被调查村庄来自经济状况较差的中、西部农村，从而拉低了平
均水平。统计结果也显示，东部农村的人均年收入接近 6000 元，远远高于
中部和西部农村。中部农村人均年收入为 3146.6 元，略低于西部农村，这
可能是抽样上的偏差使得西部农村的人均收入被高估，或者中部农村的人均
收入被低估：较高比例的中部村庄来自经济状况较差的山西省；较高比例的
西部村庄来自陕西省，而云南、甘肃、青海等经济更欠发达的省份的村庄比
例较少。

表 4 - 1　被调查村庄基本信息（2008 年）

	总体	东部	中部	西部
样本	（364）	（46）	（149）	（169）
自然村数目	4.9	5.0	4.3	5.4
人口				
总人口	2118.7	1839.6	2020.3	2279.7
总户数*	506.0	479.3	507.9	511.0
家庭规模	4.6	4.2	4.5	4.7
劳动力迁移				
男性迁移劳动力数目	270.8	195.0	233.1	323.8
女性迁移劳动力数目	152.5	105.8	133.8	181.2
每户迁移人员数目	0.9	0.7	0.8	1.0
每户男性迁移人员	0.6	0.4	0.5	0.7
每户女性迁移人员	0.3	0.3	0.3	0.3
地形（%）				
平原	35.2	58.7	35.6	28.4
丘陵或盆地	24.5	30.4	30.9	17.2
山地或高原	40.3	10.9	33.5	54.4
2008 年人均收入（元）	3571.0	5990.8	3146.6	3297.7

　*在 364 个被调查村庄里，有 10 个村庄的总户数信息缺失，故总户数和家庭规模的样本规模均
为 354，其中分别包括东部村庄 41 个、中部村庄 149 个和西部村庄 164 个。

4.3 男孩偏好和出生性别比

表4-2揭示了被调查村庄的男孩偏好。在多数村庄（69.1%），大部分村民仍然认为"一个家庭应该至少有一个男孩"，其中西部村庄的这一比例略高于中部和东部村庄。在最近几年里，绝大多数的村庄出生的孩子数量有所下降；对多数村庄而言，生育率的下降主要是由养育孩子较高的经济成本和严格的计划生育政策引起的，只有在少数村庄里（19.9%）"生男生女差不多"是主要原因。这表明男孩偏好观念存在着一定的地区差异，即虽然多数村庄都存在着男孩偏好，但是在经济较不发达、农业经济仍然占较高比重的西部农村，存在男孩偏好的村庄比例更高。

表4-2 男孩偏好、出生性别比和独生子女家庭

	总体	东部	中部	西部
男孩偏好	（364）	（46）	（149）	（169）
大部分村民仍然认为"一个家庭应该至少有一个男孩"（%）	69.1	64.4	66.2	72.8
近几年新生儿数量下降（%）	86.4	84.4	83.7	89.3
新生儿数量下降的主要原因（%）	（305）	（37）	（119）	（149）
生男生女差不多	19.9	23.7	21.8	17.4
养育更多孩子肩负较大经济压力	42.5	36.8	42.0	44.3
严格的计划生育政策	35.0	36.8	33.6	35.6
其他	2.6	2.7	2.4	2.7
出生性别比	（359）	（45）	（146）	（168）
2008年新初生婴儿数量	31.2	36.5	26.8	33.8
2008年出生男婴数量	17.1	21.7	14.7	18.1
2008年出生女婴数量	14.1	14.8	12.1	15.7
出生性别比*	121.5	131.1	121.8	115.1
独生子女家庭	（354）	（41）	（149）	（164）
独生子女家庭/农户数（%）	12.2	21.4	10.1	11.9
独子家庭/独生子女家庭（%）	62.3	70.4	58.3	63.9

*由于单个行政村出生人口数较少，因此出生性别比的计算按东、中、西部新出生婴儿数量分别加总除以村庄总数。

表4-2也显示了被调查村庄的出生性别比（SRB）。2008年平均每个村庄新出生婴儿为31.2个，其中男孩和女孩数量分别为17.1个和14.1个。出生性别比为121.5，与2008年全国水平接近（120.6）。东部农村的出生性别比最高（为131.1），而西部村庄的SRB较低（为115.1）。这一分布特征同全国水平的分布特征基本上是一致的，表明本书所使用的数据一定程度上能较好地反映全国趋势。

一般而言，偏高的出生性别比往往是男孩偏好观念在生育行为上的反映；男孩偏好越强的地区，出生性别比越高。但是如表4-2所示，与中西部农村相比，东部农村男孩偏好较弱，但其出生性别比反而更高。这一看似矛盾的结果恰恰反映了中国现行生育政策和生育率的地区差异对人们生育行为的影响。一般来说，在男孩偏好盛行的地区，生育率的下降会促使父母通过性别选择增加生育男孩的机会（Banister，2004）。在当前中国，与西部落后农村相比，东部地区更严格地执行一孩生育政策，多数家庭没有机会通过生育更多的孩子达到生育儿子的目的，因此刺激了更多的家庭通过性别选择获得生男孩的机会，这导致了东部出生性别比的进一步升高（Gu et al.，2007）。表4-2提供的生育信息也表明，东部农村的独生子女户的比例为21.4%，明显高于中部和西部农村（分别为10.1%和11.9%）；在绝大多数地区，一孩家庭即独生子女家庭，这一比例在东部农村更高。这反映了男孩偏好和生育政策的地区差异对出生性别比的共同影响。

4.4 人口性别比和婚姻挤压

表4-3揭示了被调查村庄的总体人口性别比和大龄未婚男性的数量。被调查村庄的平均人口性别比为112.6，明显高于正常水平（Coale，1991）。这可能反映了20世纪80年代以来偏高的出生性别比和女孩死亡水平导致人口总体性别结构偏离正常。表4-2和表4-3也表明出生性别比和人口性别比并不一致。东部农村的平均人口性别比为105.5，略高于正常水平，但是该地区的出生性别比反而最高；与之相反，西部和中部农村则面临较高的人口性别比和较低的出生性别比共存的情况。

表 4 – 3 人口性别比和大龄未婚男性

	总体	东部	中部	西部
村人口性别比	(364)	(46)	(149)	(169)
男性人数	1122.7	944.5	1081.4	1205.6
女性人数	996.0	895.2	947.9	1074.2
人口性别比	112.6	105.5	114.1	112.2
大龄未婚男性	(362)	(46)	(148)	(168)
大龄未婚男性总数	3268	338	1200	1730
每村大龄未婚男性人数	9.0	7.3	8.1	10.3
每百户大龄未婚男性人数	2.7	2.3	2.4	3.2
大龄未婚男性的村庄分布 *	(354)	(41)	(149)	(164)
高比例大龄未婚男性村庄（%）	27.6	24.4	25.2	30.7
低比例大龄未婚男性村庄（%）	72.4	75.6	74.8	69.3

　　* 高比例大龄未婚男性村庄是指每百户有 3 个及以上大龄未婚男性的村庄，而低比例大龄未婚男性村庄是指每百户少于 3 个大龄未婚男性的村庄。

　　性别结构中偏高的男性比例，使得婚姻挤压不可避免。表 4 – 3 提供了村平均大龄未婚男性的数量。362 个村庄中共有 3268 个大龄未婚男性，平均每个村庄有 9.0 个大龄未婚男性；在各村庄，平均每百户家庭中就有 2.7 个大龄未婚男性。从地域分布特征来看，西部地区大龄未婚男性更多，平均每个村庄有 10.3 个大龄未婚男性，每百户家庭有 3.2 个大龄未婚男性。如果根据每百户大龄未婚男性数量是否大于 3，将村庄分为 "高比例大龄未婚男性村庄"（每百户家庭大龄未婚男性数量等于或大于 3 个）和 "低比例大龄未婚男性村庄"（每百户家庭大龄未婚男性数量小于 3 个），则大约 28% 的村庄属于 "高比例大龄未婚男性村庄"，且西部地区 "高比例大龄未婚男性村庄" 的比例（30.7%）高于东部和中部农村。

　　经济、人口和地理因素与村庄大龄未婚男性的分布密切相关（见表 4 – 4）。村民的人均收入越低，女性外出打工人口比例越高，距离县城或者乡镇中心的距离越远，则每百户家庭大龄未婚男性数量越多。我们的数据也表明大龄未婚男性的数量与村庄所处地形密切相关。处于山区或高原的农村，每百户家庭平均有 3.9 个大龄未婚男性，该比例明显高于平原村庄、丘陵或盆地村庄（分别为 2.0 和 2.1）。这一结果进一步说明了村庄偏僻的地理位置和较差的经济状况，刺激高比例的女性人口向外流动，并带来婚姻挤压程度的加重。村庄男性外出打工人口比例和大龄未婚男性数量之间并没有显著的相关性。

表 4 - 4　村庄特征与每百户大龄未婚男性数目之间的相关性

	与村每百户大龄未婚男性的相关系数
样本	(354)
2008 年村人均收入	- 0. 105 *
每户男性劳动迁移者数量	0. 102
每户女性劳动迁移者数量	0. 106 *
村庄与县城的距离	0. 210 **
村庄与乡镇的距离	0. 140 **

注：* $p < 0.05$，** $p < 0.01$，*** $p < 0.001$。

表 4 - 5 说明了"村干部对本村男性成婚困难的程度的评价"。在将近一半的村庄里，部分男性面临着严重或者有些严重的成婚困难。从地区分布来看，不管是经济较发达的东部农村，还是欠发达的中、西部农村，都存在着部分男性成婚困难问题。这表明在当前农村，部分农村男性不能按时婚配已经成为较普遍的现象，这一问题在经济较落后的西部地区更为严重。大龄未婚男性的数量和村庄男性成婚困难的程度表现出一致性：村庄大龄未婚男性数量越多，则男性成婚困难问题越严重。西部农村有着较多的大龄未婚男性和存在着较严重的婚姻挤压。

表 4 - 5　村干部报告的村里男性成婚困难状况

	总体	东部	中部	西部
样本量	(364)	(46)	(149)	(169)
男性结婚困难程度的评价(%)				
非常或比较困难	47. 5	28. 9	49. 3	50. 9
没有/不太困难	52. 5	71. 1	50. 7	49. 1
本村男性结婚困难的社会性因素(%)				
同一出生队列里男性较多	30. 0	23. 9	25. 2	35. 8
当地经济较落后,女性多外嫁且少有女性愿意嫁入	48. 9	28. 3	46. 4	56. 6
当地不少女性外出打工	42. 2	32. 6	29. 8	55. 5
当地婚姻花费太高	55. 4	65. 2	64. 2	45. 1

表4-2、表4-3和表4-5也反映了出生性别比、人口性别比和婚姻挤压之间的关系：人口性别比与出生性别比并非总是一致，但婚姻挤压程度和人口性别比往往是一致的。这主要是受经济发展水平和女性婚姻迁移趋势的地区差异影响：由于男性的过剩，女性的婚姻价值不断提高，女性往往可以通过婚姻实现向上流动。在中国，东部地区较高的经济状况吸引了越来越多的西部和中部农村女性，因此女性婚姻迁移也表现出从欠发达的西部向较发达的东部、农村－农村的迁移趋势（Davin，2007）。如表4-8所示，在2006～2008年，平均每个村庄有24.2个来自其他县（或市、省份）的外来媳妇；与中部和西部村庄相比，虽然东部村庄的平均人口规模最小，但外来媳妇数量反而最多（平均每个东部村庄有35.4个外来媳妇）。这些女性婚姻迁入者弥补了东部农村的可婚女性资源的短缺，促使当地性别比例更接近正常水平，也缓解了当地的男性婚姻缔结压力。因此除了出生性别比，迁移也是决定一个地区人口性别结构的重要因素；远距离的女性婚姻迁移缓解了迁入地的女性短缺压力，但是可能使迁出地女性短缺更为严重。因此，高出生性别比的地区并不必然面临高人口性别比，也未必面临较严重的婚姻挤压。

表4-5也显示了男性遭受婚姻挤压的社区层次的因素。对于西部村庄而言，村里适婚男性过多，村庄经济状况差，女性外迁（包括劳动迁移和婚姻迁移）和高额的婚姻花费都是造成村庄部分男性结婚困难的重要因素；但在东部村庄，只有高婚姻花费是主要原因。因此，社区较差的经济发展状况，使得西部村庄难以留住本村适婚女性，或者吸引外来女性嫁入，加剧了村庄可婚女性资源的稀缺，从而使得男性过剩问题更为严重。而对于东部村庄而言，其较发达的经济状况和优越的地理位置使得村庄具有较强的留住和吸引女性嫁入的能力，因此女性短缺问题在这些村庄并不突出；家庭贫困的经济状况和难以支付高额的婚姻花费等家庭层面的因素才是男性成婚困难的主要原因。

表4-6提供了村庄大龄未婚男性的年龄和健康特征。在被调查村庄，大龄未婚男性表现出年轻化的趋势。他们的平均年龄为41.4岁。就年龄

段分布来看，18.2% 的大龄未婚男性处于 28～39 岁，37.6% 处于 40～49 岁，23.6% 处于 50～59 岁。超过半数的大龄未婚男性年龄在 49 岁以下。如果将小于 50 岁视为可婚配年龄的话，绝大多数大龄未婚男性（79.4%）仍处于可婚年龄阶段。即使根据 Das Gupta 等（2010）的研究，将 40 岁视为可婚年龄的上限，也有一半的大龄未婚男性仍处于可婚年龄段。就地区差异来看，西部大龄未婚男性年轻化趋势更为明显，他们的平均年龄为 39.9 岁，且 21.8% 的未婚男性年龄在 28～39 岁。那些出生于 20 世纪 70 年代末 80 年代初，即计划生育政策开始实施和出生性别比开始升高时期的大龄未婚男性（即 28～39 岁）更值得关注。18.2% 的大龄未婚男性处于这一年龄段，且西部农村的这一比例明显高于东部农村，这就意味着 20 世纪 80 年代初期以来出生队列的过剩男性已经开始影响婚姻市场，在经济欠发达的地区尤为突出。我们可以预测，未来随着更多的过剩男性进入婚姻市场，大龄未婚男性年轻化的趋势将更为明显。大量年轻大龄未婚男性的存在及其对婚姻和性的强烈需求，很可能引发一系列的社会问题，并成为社会秩序稳定和安全的潜在威胁。

表 4 - 6　大龄未婚男性的基本特征

	总体	东部	中部	西部
样本量	（3268）	（338）	（1200）	（1730）
平均年龄（岁）	41.4	44.3	42.6	39.9
年龄段分布（%）				
28～30 岁	18.2	10.5	15.2	21.8
31～40 岁	37.6	33.3	35.9	39.5
41～50 岁	23.6	25.9	25.4	21.9
51～60 岁	12.5	17.7	14.1	10.4
60 岁以上	8.1	12.5	9.4	6.3
身体状况（%）				
残疾	20.1	28.0	19.4	19.0
没有残疾	79.9	72.0	80.6	81.0

就身体状况来看，20.1%的大龄未婚男性身体残疾，远远高于全国人口残疾比例[①]。这表明较差的健康状况是阻碍大龄未婚男性成婚的重要因素，与身体健康的男性相比，残疾男性面临更高的被迫失婚风险。已有研究也发现了身体残疾和大龄失婚之间具有强烈相关关系，如刘利鸽和靳小怡（2011）对安徽 X 县农村调查数据的分析发现，在控制其他变量的前提下，残疾男性成婚的可能性只有非残疾男性的 20% 左右。表 4 - 6 同时表明，在西部和中部村庄，大龄未婚男性中残疾人口的比例为 19.0%，明显低于东部地区（28%），这表明这些村庄男性婚姻挤压更加严重，更多健全的男性被迫难以成婚。

4.5 婚姻市场

4.5.1 婚姻花费的上升

表 4 - 7 显示了被调查村庄的婚姻花费信息。男性的平均婚姻花费为 9.5 万元，是女性婚姻花费的 3.5 倍，是村庄人均年收入的 26.6 倍（被调查村庄 2008 年人均收入 3571 元，见表 4 - 1）。需要强调的是，女性婚姻花费，常常以嫁妆的形式出现，往往全部或者部分来自新郎家庭提供的彩礼（Yan，1996）。因此男性是婚姻花费的主要承担者，高额的婚姻花费使得结婚对男性而言，已经成为家庭沉重的经济负担。

就地区分布来看，虽然中部地区男性和女性的婚姻花费最高（分别是 11.54 万元和 4.03 万元），但东部和西部男女婚姻花费比值较高（男性花费分别是女性的 4.9 倍和 4.3 倍）。在高比例大龄未婚男性村庄，男性和女性的人均婚姻花费（分别为 8.41 万元和 1.65 万元），虽然都远远小于低比例大龄未婚男性村庄，但是男女婚姻花费之比为 5.1，远远高于低比例大龄未

---

① 根据中国第二次全国残疾人抽样调查领导小组、国家统计局最新公布的调查数据，截至 2006 年 4 月 1 日，中国各类残疾人总数达 8296 万人，残疾人占全国总人口的比例为 6.34%。

表 4-7　婚姻花费

单位：万元

	总体	地域			大龄未婚男性比例	
		东部	中部	西部	低比例	高比例
样本	(364)	(46)	(149)	(169)	(256)	(98)
男性婚姻花费	9.51	11.25	11.54	7.40	10.01	8.41
女性婚姻花费	2.72	2.27	4.03	1.72	3.16	1.65
婚姻花费比*	3.5	4.9	2.9	4.3	3.2	5.1

＊婚姻花费比是指男性婚姻花费和女性婚姻花费之比。

婚男性村庄。这反映了婚姻挤压两个方面的特征：一方面，大龄未婚男性比例高的地区，往往也是经济水平较差的地区，因此婚姻绝对花费相对低；另一方面，在婚姻挤压背景下，婚姻花费是适婚男性在婚姻市场上重要的竞争资源，因此村庄男性婚姻挤压程度越高，表明婚姻市场上男性竞争越激烈，从而导致男性婚姻花费水平偏离女性花费水平越大（即男女婚姻花费差异越大）。

4.5.2　外来媳妇

表 4-8 显示了 2006～2008 年来自其他贫困县或者省份的外来媳妇信息。半数以上的村庄（共计 218）存在着有来自其他贫困地区的外来媳妇现象，介绍人收取的费用常常在 1000～5000 元之间且东部村庄里介绍人往往可以获得较高的报酬：在一半以上的东部村庄，介绍人（40.7% +11.1% = 51.8%）通常可以获得 1000 元以上的报酬；而在 60% 以上的中、西部村庄，介绍人的报酬通常在 1000 元以下。这种差异可能主要是由经济发展的地区差异造成的：东部地区较高的经济水平使得婚姻介绍人可以获得较高的报酬，这同东部地区较大数量的外来媳妇是吻合的。与低比例大龄未婚男性村庄相比，在高比例大龄未婚男性村庄里，婚姻介绍人往往可以获得较高的经济报酬。半数以上的高比例大龄未婚男性村庄，婚姻介绍人通常可以获取 1000 元以上的报酬；不要报酬的比例也明显低。这表明村庄可婚女性短缺越严重，村民对女性资源的需求越强烈，越愿意支付更多的报酬给婚姻介绍人，以争取结婚的机会。

表 4 – 8　2006～2008 年来自其他县的外来媳妇信息

	总体	地域			大龄未婚男性比例	
		东部	中部	西部	低比例	高比例
样本量	(364)	(46)	(149)	(169)	(256)	(98)
村外来媳妇数量	24.2	35.4	21.5	23.8	26.3	18.4
来自贫困地区的外来媳妇						
是否有来自贫困地区的外来新娘	(364)	(46)	(149)	(169)	(256)	(98)
是	59.9	54.4	63.1	58.6	56.7	63.9
婚姻介绍人收益（%）*	(218)	(25)	(94)	(99)	(145)	(63)
0 元	23.7	22.2	19.5	27.3	25.0	17.7
0～1000 元	39.7	25.9	41.4	41.8	43.6	32.3
1000～5000 元	30.4	40.7	29.9	28.2	26.9	40.4
5000 元以上	5.2	11.1	9.2	2.7	4.4	9.7
	(218)	(25)	(94)	(99)	(145)	(63)
发生过外来媳妇逃跑的村庄比例（%）	39.7	35.7	38.2	42.0	39.6	39.7
	(86)**	(9)	(36)	(41)	(57)	(25)
平均案例数	2.9	1.3	2.6	3.6	2.7	3.4

注："婚姻介绍人收益"和"发生过外来媳妇逃跑的村庄比例"的样本量为存在来自贫困地区外来媳妇的村庄数量；"平均案例数"的样本量为发生过外来媳妇逃跑的村庄的数量。

　　值得关注的是，"外来媳妇逃跑或失踪现象"并不罕见。2006～2008 年，近 40% 的村庄发生过外来媳妇逃跑或失踪现象；在这些发生过"外来媳妇逃跑或失踪"案例的村庄，平均每个村庄有 2.9 例，其中有着较少外来媳妇的西部村庄和高光棍风险村庄，"外来媳妇逃跑或失踪"案例反而较多。较高的外来媳妇逃跑或失踪比例，可能反映了在女性缺失和婚姻挤压背景下，远距离婚姻虽然部分缓解了本地村庄的男性婚姻压力，但这种婚姻稳定性较差，并可能涉及违法行为。一方面，部分外来媳妇可能被家人或者犯罪分子强迫，以一定的价格"卖"给当前的丈夫，因此婚后她们会寻求机会逃跑。另一方面，部分农村男性在本地婚姻市场上难以适时婚配，刺激了其对外来可婚女性资源的需求；这种需求极有可能为骗婚者或者团伙所利用，部分女性在其团伙的掩护下，以婚姻为幌子，骗人钱财后逃跑（表 4 - 9 提供了骗婚信息）。总之，在性别失衡背景下，正常的婚姻市场秩序面临着商品化、无序化的风险；而且越是在经济贫困、婚姻挤压严重的地区，非法婚姻发生的可能性越大。

4.5.3　骗婚

表 4 - 9 揭示了 2006 ~ 2008 年村庄里大龄未婚男性被骗婚的情况。27.8% 的被调查村庄发生过大龄未婚男性被骗婚的案例，东、中、西部村庄发生比率接近。但 34.4% 的高比例大龄未婚男性村庄里发生过骗婚案件，明显高于低比例大龄未婚男性村庄。这表明大龄未婚男性对婚姻的向往和追求往往使得他们成为被骗婚的高风险人群，越是在婚姻挤压程度严重的村庄，骗婚案件发生的概率越高。被骗婚的大龄未婚男性和家庭，往往遭受巨大的经济损失。在绝大多数（87.7%）发生过骗婚案例的村庄，男性被骗婚的金额往往在 3000 元以上；其中在 26.8% 的村庄里，被骗金额通常高达 10000 元以上，相当于村庄个人人均年收入的两倍多。就地区分布来看，多数中、东部农村大龄未婚男性被骗婚金额往往 5000 元以上，高于西部农村。

表 4 - 9　2006 ~ 2008 年村庄大龄未婚男性被骗婚信息

	总体	地域			大龄未婚男性比例	
		东部	中部	西部	低比例	高比例
遭受骗婚比例(%)	27.8	28.3	27.4	28.0	25.0	34.4
样本量	(101)	(13)	(41)	(47)	(64)	(33)
被骗金额(%)						
3000 元以下	12.4	7.7	13.5	12.8	14.0	15.1
3000 ~ 5000 元	28.9	30.8	10.8	42.6	29.7	21.2
5000 ~ 10000 元	32.0	30.8	37.8	27.7	26.6	42.4
10000 元以上	26.8	30.8	37.8	17.0	29.7	21.2

4.6　大龄未婚男性和社区安全

4.6.1　对大龄未婚男性及其家庭的影响

表 4 - 10 揭示了单身身份对大龄未婚男性个人和家人生活的影响。在近

一半的村庄里（48.2%），大龄未婚男性遭受着非常严重或者有点严重的歧视。其中在婚姻挤压较严重的西部农村和高比例大龄未婚男性村庄，男性遭受歧视的比例略高于其他村庄。这表明，在有着普婚文化的中国农村，大龄未婚男性往往遭受歧视，承受着心理压力。

表 4 – 10 单身对大龄未婚男性及其家庭的影响

	总体	地域			大龄未婚男性比例	
		东部	中部	西部	低比例	高比例
样本量	(364)	(46)	(149)	(169)	(252)	(97)
个人是否受歧视状况(%)						
非常严重	7.5	8.7	4.1	10.1	7.2	7.9
有点严重	40.7	39.1	38.4	43.2	40.1	43.3
很少或没有	51.8	52.2	57.5	46.7	52.0	49.5
对家庭的影响(%)						
没有影响	9.1	10.9	11.4	6.5	10.8	6.2
对家庭成员心理影响	73.4	67.4	67.1	80.5	70.5	81.4
对家庭成员关系影响	53.8	41.3	48.3	62.1	51.8	59.8
对家庭经济影响	47.0	41.3	48.3	47.3	45.4	54.6
家庭成员在村没有地位	22.3	28.3	16.8	25.4	19.1	28.9

大龄未婚男性所在家庭也常常受到影响。仅有 9.1% 的村干部认为，大龄未婚男性的存在并没有对他们的家庭产生任何影响。大龄未婚男性对家庭的影响首先表现在家庭成员心理方面（73.4%）。这可能是由于父母在子女婚姻中扮演的重要角色决定的。在中国农村，传统的观点认为为儿子娶媳妇是父母的责任，否则他们可能面临无人养老或去世后无人祭拜的风险（Wolf, 1974；Wolf and Huang, 1980；Gates, 1996）。因此儿子如果不能适时婚配，父母往往认为自己没尽到责任，并因此而操心、忧虑和自责。

在约半数的村庄，大龄未婚男性的存在也对其家庭成员关系和家庭经济造成影响。虽然本次调查数据未能提供具体的原因，但根据韦艳和靳小怡（2008）对河南 YC 县的调查研究，婚姻的缺失使得大龄未婚男性往往难以与他人（包括自己的兄弟姐妹）较好相处；其父母往往会通过攒钱或借钱盖新房的方式以增加他们结婚的机会，这可能增加了家庭的经济负担，并可能在家庭资源分配上损害了其他子女的利益。另外，也有研究表明婚姻的缺乏使得部分大龄未婚男性表现出生活态度消极、过度消费和工作没有积极性的特征（莫丽霞，2005；刘中一，2005a）。

由此可见，在具有普婚文化的中国，大龄未婚男性及其家庭是重要的弱势群体。不能适时婚配是整个家庭的大事和耻辱，不仅使得大龄未婚男性不能完成从儿子到丈夫和父亲社会角色的转换，而且他们及家庭遭受来自周围的歧视，他们家庭的经济和心理也受到负面影响。

4.6.2 大龄未婚男性的行为

在调查中，我们也请村干部评价"村里多数的大龄未婚男性的行为与已婚者是否相同"。调查结果显示，几乎半数的村庄（49.3%），多数大龄未婚男性行为举止异于已婚男性，其中婚姻挤压较严重的西部农村和高比例大龄未婚男性村庄，大龄未婚男性行为"异于"已婚男性的比例较高（见表4-11）。由于本次村庄调查数据旨在探讨性别失衡和婚姻挤压对村庄安全的影响，我们未能获得直接反映已婚男性行为特征的数据。我们将根据"村里多数大龄未婚男性行为是否异于已婚男性"将被调查村庄分为"多数大龄未婚男性行为异于已婚男性"的村庄和"多数大龄未婚男性行为无异于已婚男性"的村庄，通过与已婚男性群体相比，间接测量大龄未婚男性的行为特征和对社区安全的影响。与此同时，我们采取村庄分布和村庄大龄未婚男性比例两个维度来测量不同婚姻挤压程度下大龄未婚男性的行为特征。

表4-11 大龄未婚男性与已婚男性行为举止差异

	总体	地域			大龄未婚男性比例	
		东部	中部	西部	低比例	高比例
样本量	(364)	(46)	(149)	(169)	(252)	(97)
与已婚人群不同(%)	49.3	43.5	48.3	51.8	48.2	52.1

调查中我们分别列举了一些正面和负面的个体行为，请村干部根据村里多数大龄未婚男性的实际情况进行评价；并请村干部回答在 2006~2008 年，村里是否发生过有大龄未婚男性参加的群体性治安或犯罪事件，包括聚众闹事、聚众斗殴、合伙偷窃和合伙抢劫（见表 4-12）。分析结果显示较高比例的村干部认为本村大龄未婚男性表现出容易发脾气、终日游荡和赌博的行为特征（分别为 31.8%、45.6% 和 35.6%）；少数村庄的村干部还指出本村大多数大龄未婚男性表现出骚扰女性、与已婚妇女私通或商业性行为等非常态性行为（分别为 5.0%、4.7% 和 6.7%）。与个体失范行为相比，发生过群体安全事件的村庄比例较少，即分别有 7.8%、10.6%、8.4% 的村庄发生过聚众斗殴、聚众闹事、合伙偷窃的群体案件。

表 4-12　村庄多数大龄未婚男性的行为特征

单位：个，%

	总体	大龄未婚男性行为		地域			大龄未婚男性比例	
		同于已婚男性	异于已婚男性	东部	中部	西部	低比例	高比例
样本	(364)	(181)	(176)	(46)	(149)	(169)	(252)	(97)
积极行为								
助人为乐	40.4	45.3	36.4	45.7	38.8	40.5	40.1	41.2
勤俭节约	52.5	55.8	50.3	60.9	52.4	50.3	49.0	61.9
孝顺父母	62.2	69.6	56.0	65.2	65.3	58.7	59.8	71.1
消极行为								
吵架、乱发脾气	31.8	16.0	48.0	23.9	28.6	36.7	28.9	38.1
终日游荡	45.6	33.1	58.2	43.5	43.5	47.9	45.8	45.4
赌博	35.6	23.8	48.6	37.0	29.3	40.8	34.0	38.1
骚扰妇女	5.0	1.1	9.1	2.2	4.8	6.0	4.0	7.2
与已婚妇女私通	4.7	1.7	8.0	4.4	6.1	3.6	2.8	10.3
商业性行为	6.7	2.8	10.9	4.4	7.5	6.6	5.6	8.2
群体失范行为								
聚众斗殴	7.8	6.0	9.6	6.5	8.2	7.7	7.5	9.3
聚众闹事	10.6	5.5	15.8	6.5	9.6	12.5	9.4	10.3
合伙偷窃	8.4	6.6	10.2	8.7	6.2	10.2	8.6	6.2

表4-12也显示在"多数大龄未婚男性行为异于已婚男性"的村庄和婚姻挤压较严重的村庄（西部村庄和大龄未婚男性高风险村庄），大龄未婚男性正向积极行为（包括乐于助人、勤俭节约和孝顺父母）的比例明显低于其他村庄；但其负向消极的行为（包括乱发脾气、终日游荡、赌博、骚扰妇女、与已婚妇女私通和商业性行为）却明显高于其他村庄。村庄大龄未婚男性参与群体事件的分布也显示了相同的特征，即"大龄未婚男性行为异于已婚男性"的村庄和婚姻挤压较严重的村庄发生过大龄未婚男性参与群体事件的村庄比例显著高于其他村庄。这表明在婚姻挤压背景下，与正常婚配男性相比，大龄未婚男性发生负面的失范行为的可能性较高；参与群体安全事件的风险也更大。随着婚姻挤压程度的加重，大龄未婚男性发生失范个体和群体行为的可能性进一步加大。已有研究认为大龄未婚男性会对社会安全产生影响的假设是成立的。

4.6.3 对社区安全的影响

本次调查中我们请村干部回答了大龄未婚男性对社区发展和安全的影响，并对影响的严重程度进行了评价（见表4-13）。只有37.1%的被调查村庄表示村里大龄未婚男性的存在并未对社区产生影响。43.7%的村庄认为，大龄未婚男性的存在加重了社区的养老负担，这可能反映了在以家庭养老为主要养老模式的中国农村，大龄未婚男性由于在经济上处于弱势，难以有足够的经济能力支持父母的养老；对老年大龄未婚男性而言，家庭的缺失使得他们难以得到来自配偶和子女的支持和照顾，而他们自身的经济弱势也使得他们难以有足够的储蓄支持自身的养老（Das Gupta et al.，2010）。在部分村庄里，大龄未婚男性的存在使得村庄社区经济发展、社区风气和社会治安受到影响，这可能反映了非常态婚姻行为，以及大龄未婚男性的失范行为和群体行为等增加了社区的治安和稳定风险。

表4-13的分析结果显示，虽然绝大多数村干部表示问题不严重或者不存在（78.2%），但同时也有6.3%的村干部表示村庄里这一问题比较或者非常严重，15.5%的村庄认为问题有点严重。这表明性别失衡和婚姻挤压的

后果在当前中国农村只是初步体现，带来的问题并不算严重，因此政府和社会有机会采取积极的应对措施，防止问题的进一步恶化。但如果积极有效的治理措施难以及时到位，村庄安全将面临严峻的挑战。

表4-13 大龄未婚男性对社区的影响

单位：个，%

	总体	大龄未婚男性行为		地域			大龄未婚男性比例	
		同于已婚男性	异于已婚男性	东部	中部	西部	低比例	高比例
样本量	(364)	(181)	(176)	(46)	(149)	(169)	(252)	(97)
有哪些影响								
没有影响	37.1	46.7	27.1	39.1	42.3	32.0	40.9	30.9
社区养老负担	43.7	38.5	49.7	39.1	40.9	47.3	36.5	60.8
社会风气	25.8	18.7	33.3	26.1	20.1	30.8	26.6	22.7
社区经济发展	23.6	18.1	29.4	2.17	18.8	28.4	22.2	26.8
社区治安	19.8	14.8	24.9	17.4	16.1	23.7	19.0	18.6
影响的程度								
不存在	23.2	29.7	16.4	20.0	23.6	23.7	27.6	14.4
不严重	55.0	49.5	60.5	71.1	58.8	47.3	53.9	53.6
有点严重	15.5	17.0	14.1	8.9	12.8	19.5	14.1	20.6
比较/非常严重	6.3	3.8	9.1	0.0	4.8	9.5	4.3	11.3

4.7 小结

本文采用2009年的百村调查数据，在社区层面上初步探讨了中国农村的性别失衡、婚姻挤压及其对社区秩序和发展、婚姻市场安全的影响。通过研究发现，在当前农村，男孩偏好和性别失衡已经成为常见的现象，广泛存在于农村地区；作为反映性别结构的两个重要指标，不管是东部、中部还是西部村庄，出生性别比和总人口性别比都显著高于正常水平。性别失衡的婚姻挤压后果也已经出现，较高比例的农村地区存在着不同程度的男性成婚困难问题，部分男性无法按时成婚。与此同时，受经济发展水平和人口流动地区差异的影响，出生性别比较低的中、西部农村，尤其是西部农村，村庄人口性别失衡和婚姻挤压程度反而更严重。由于在经济发展水平上处于劣势，欠发达的西部落后农村地区不但要承担本地区性别歧视和性别选择的后果，还要部分承担其他发达地区性别失衡的后果。

来自村庄的发现初步证实了性别失衡、婚姻挤压和社区安全之间的关系：性别结构失衡和婚姻挤压的确会给婚姻、经济和社区治安带来负面影响，威胁社区发展和安全。性别失衡和婚姻挤压越严重，社区安全受到的影响越大。婚姻挤压背景下，对女性可婚资源的旺盛需求，使得女性本身日益被商品化，男性婚姻花费过高，婚姻买卖和婚姻诈骗行为难以制止，婚姻市场的正常秩序遭到破坏。同时，大龄未婚男性的存在，也带来村庄失范个体和群体行为的增加，使已有婚姻不稳定加剧，经济发展受损，社区风气和治安环境面临恶化的风险，社区安全受到挑战。

我们发现，片面强调被迫失婚男性对社区秩序和安全的破坏作用是有失公平的。大龄未婚男性是连接性别失衡、婚姻挤压和社区安全关系的桥梁和重要的利益相关者。首先，他们是社会弱势群体，是性别失衡和婚姻挤压的直接受害者；婚姻的缺乏使得他们和他们的家庭承受着来自周围的歧视和压力；他们对婚姻的渴望也往往被骗婚者所利用，遭受巨大的经济损失。其次，他们的行为确实给社区安全带来负面影响。与已婚男性相比，他们实施失范的个体和群体行为的可能性增大，这将给社区治安带来消极的影响。他们对婚姻和性的需求，也使得村庄婚外情、骚扰女性事件发生的概率加大，危害已有家庭稳定和女性的安全；他们寻求商业性服务，也可能带来性传染疾病在农村传播的巨大风险。

本书的发现给我们以重要警示：性别失衡和婚姻挤压在部分农村地区已经开始初步显现。未来随着更多的"80后""90后"甚至"00后"逐步步入婚姻市场，婚姻挤压在今后较长一段时间将持续存在，挤压的程度也会更为严重。因此在积极治理性别失衡的同时，政府和社会必须及时采取有效的措施和公共政策，如规范农村婚姻市场秩序，严厉打击买卖婚姻、婚姻诈骗等非法婚姻行为，进一步完善农村社会养老体系，加强对农村残缺家庭的扶持等，应对和预防性别失衡社会后果的发生。

　　受数据可获取性的限制，本文主要揭示了性别失衡对婚姻市场安全和以大龄未婚男性为主体的人群对社区安全和发展的影响；较少或者尚未涉及性别失衡的人口安全、健康安全和经济安全后果。这需要在未来的研究中得到进一步关注。另外，由于抽样方面存在的误差，本文的研究发现并不能反映和代表全国水平，但它所提供的重要发现值得引起政府和社会的关注，也期待未来的研究者进行进一步的深入研究。

第二篇
当代中国农村男性的婚姻
市场地位和婚姻策略

本篇从微观层次研究农村男性在婚姻市场中的地位和婚姻策略问题。以下为本篇的研究思路和结构安排：

首先，对西方经典婚姻理论及其应用研究进行回顾和评述，指出已有研究提供的理论支持和不足，进而明确本书的研究空间。

其次，在婚姻寻找理论分析框架的基础上，纳入对中国婚姻挤压和婚姻实践的考量，对经典的婚姻寻找理论分析框架进行丰富和中国化，构建包括村庄层次和个人、家庭层次因素的、从婚姻市场地位到婚姻策略的婚姻挤压下农村男性在婚姻市场地位和策略的分析框架，并提出本书的假设。

最后，利用微观调查数据，建立分层统计模型，对分析框架中包括的关系进行验证。个人婚姻市场地位和婚姻策略的影响因素以及二者之间的关系，是本书的核心内容。

本篇使用的数据来自西安交通大学人口与发展研究所于 2007 年在河南 Y 区农村实施的"质性调查数据"和 2009～2010 年期间在 28 个省份的农村地区实施的"百村系列"调查数据。"质性调查数据"用于支持婚姻挤压下农村男性婚姻市场地位和婚姻策略的分析框架的构建，百村调查数据则用于验证该分析框架。

5 国内外研究发现

当前国内外关于婚姻挤压的研究主要包括宏观和微观两个层面的研究。宏观层面的研究是对婚姻挤压本身的研究，主要包括对女性缺失和男性婚姻挤压规模、分布和趋势的研究（Banister，2004；Poston 和 Glover，2005；姜全保等，2010；李树茁等，2006；倪晓锋，2008；潘金洪，2007）。微观层面的研究，则是将婚姻市场上的供需特征作为重要的变量，探讨婚姻挤压下的婚姻行为和偏好。本书将进行微观层面的研究，探索婚姻挤压下农村男性在婚姻市场中的地位和应对策略。

近几十年来，欧美国家的学者就婚姻缔结和家庭形成进行了深入的研究，形成了丰富的理论体系，并在一些国家的婚姻和家庭研究中得到应用和发展（Lichter et al.，1995；Lichter et al.，1992；Lloyd 和 South，1996；South 和 Lloyd，1992b；South，1991）。本文的主要目的在于总结和回顾已有研究，并在此基础上指出已有研究的不足，确定本书的研究方向。首先，作为本书的理论基础，本文系统回顾和比较了西方经典的婚姻理论。其次，分析总结了经典的婚姻理论在欧美和中国的应用领域和相应研究。再次，评述西方和国内有关婚姻缔结和婚姻策略影响因素的相关研究。最后，就已有研究的现状进行评述，指出本书的研究空间，确定本书的研究内容和方向。

5.1 婚姻研究的相关理论

婚姻交换理论、性别失衡理论、可婚配男性假设和婚姻寻找理论是择偶和婚姻研究的主要理论。其中婚姻交换理论是社会交换理论在婚姻和家庭领域的应用，而性别失衡理论、可婚配男性假设和婚姻寻找理论都属于婚姻市场理论的体系，强调婚姻市场供需结构对择偶和婚姻行为的影响。

5.1.1 婚姻交换理论

婚姻交换理论是社会交换理论在婚姻和家庭领域的应用。社会交换理论是基于经济理性的假设提出的，其基本观点为：社会关系的实质是社会交换，遵循着等价交换的原则，人们行为的过程是以公平交换的形式出现（Homans，1958）；人们在社会交往中往往追求收益的最大化或者是成本的最小化，以获得最有益的产出（Cropanzano 和 Mitchell，2005；McDonald，1981）。该理论很快成为社会行为的理论分析框架，被广泛应用于养老支持、社会权力、网络、组织公正和领导等领域。

20 世纪 60 ~ 70 年代，学术界就交换理论能否应用于婚姻领域展开讨论，一些学者（如 Richer，1968；Edwards，1969；Broderick，1971）提出交换理论可以用于家庭和婚姻领域，其中 Edwards（1969）进一步提出了交换理论应用于择偶和婚姻行为的分析框架。在该分析框架里，Edwards 首先提出三个假设，1）人们倾向于寻找可以给自身带来最大收益的人为配偶；2）具有等同资源的异性结为夫妻的方式有利于彼此收益最大化；3）拥有等同资源的人往往拥有相似的特征。他认为如果上述三个假设均成立，那么婚姻的实质就是夫妻双方一系列特征的同类匹配。自此之后，婚姻交换理论逐步形成，并广泛用于解释一系列的婚姻和家庭现象，尤其用于解释择偶、恋爱或家庭关系的形成。

婚姻交换理论是社会交换理论在择偶和婚姻领域的应用，也是择偶和婚姻缔结研究领域影响最为深远的理论。该理论将婚姻的缔结视为一种等价交换，强调个人自身特征和资源同自身择偶偏好之间的匹配关系，认为在婚姻市场上，人们的择偶遵循着等价交换的原则，婚姻的形成对双方当事人而言是一种公平的交换，夫妻双方分别评估个人自身特征和资源，并审视潜在配偶的资源和特征，最终达成关于双方带进婚姻的资源和特征的价格的协议，并力图在这场交易中实现自身收益的最大化（Edwards，1969；South，1991）。这些可以交换的资源既包括物质资源，也包括感情、兴趣、性格、相貌等非物质因素（Fu，2006）。

基于"公平交换"原则，婚姻交换理论内在的包含两种假设，即平等身份交换（Equal status exchange）假设和身份-阶层假设（Status-caste exchange），这两种假设分别用来解释同质婚和异质婚现象（Edwards，1969；Fu，2008；Rosenfeld，2005；Schoen 和 Wooldredge，1989）。平等身份交换假设认为，为了使得自身所拥有的市场价值得到最大的回报，人们倾向于与处于同一社会阶层和文化背景的人结婚，即那些拥有较多资源和较好属性的人（包括经济特征和非经济特征），往往倾向于寻找同样拥有多资源或较好条件的异性为伴侣；反之，那些资源较少或条件较差的个人，也往往选择条件较差的人为配偶（Blau et al.，1984；Edwards，1969；Schoen 和 Wooldredge，1989）。该假设揭示了夫妻间在人口和社会特征方面表现出的对等性（Fu，2006；Grossbard-Shechtman 和 Amuedo-Dorantes，2005；Grossbard-Shechtman 和 Fu，2002），并常应用于解释夫妻之间的匹配，尤其是年龄和经济的匹配。夫妻双方特征一致或相似的婚姻称为同质婚，或同类匹配，这是婚姻交换的主要表现形式。

身份-阶层交换假设用来解释夫妻双方特征不相似的婚姻匹配形式，认为当夫妻双方在某方面的特征不相似，则通过"交换"弥补之间的不平衡（Davis，1941；Kalmijn，1993；Merton，1941；Qian，1997；Schoen 和 Wooldredge，1989）。当某方面特征处于劣势的个人想同该方面特征处于优势的异性结婚时，就需要支付额外的费用，以弥补拥有某方面优势特征的人同自己结婚所带来的收益的损失，并最终达到平等交换和双方收益的最大化。该假设用于解释夫妻特征不匹配的婚姻：通过交换，弥补夫妻之间在某方面特征的"不平衡"（Grossbard-Shechtman，1993；Grossbard-Shechtman 和 Fu，2002；Schoen 和 Wooldredge，1989）。该假设最初用来解释跨种族婚姻，尤其用于揭示美国非洲裔黑人和白人之间的婚姻，认为这种跨种族的婚姻主要表现为经济地位较高的黑人男性和经济地位较差的白人女性之间的婚配，这种婚配形式的本质是接受良好教育的非洲裔男性用他们的优越的教育地位作为交易筹码，与白人女性的种族优势进行交换，以提高自己的社会阶层（Cropanzano 和 Mitchell，2005；Davis，1941；Fu，2008；Merton，1941）。当前这一假设也常常用来解释跨国或跨地区的远距离婚姻迁移，如越南、菲律宾等较落后国家的女性外嫁到日本、韩国、中国台湾等较发达的国家和地区，以及中国中西部农村女性嫁到东部农村，均被认为是女性婚姻资源和男性地理优势的交换（Davin，2007；Celikaksoy et al.，2006；Fan 和 Li，2002；Tsay，2004；Wang 和 Chang，2002）。

近些年来，学术界对婚姻交换理论的观点展开了争论（Fu 和 Heaton，2000；Rosenfeld，2005；Rosenfeld 和 Kim，2005）。争论集中体现在对身份－阶层交换假设是否成立的质疑。大量的实证研究发现越来越多的跨种族婚姻表现为夫妻教育水平同质性（Bernard，1966；Heer，1974；Monahan，1976；Porterfield，1978；Rosenfeld，2005）。Gullickson（2006）认为，在过去的半个世纪里，人们同相同或相似教育背景的人结婚的偏好越来越强烈，即使在跨种族婚姻中也是如此。Cropanzano 和 Mitchell（2005）认为即使身份－阶层交换假设可以用来解释种族高度隔离背景下的跨种族婚姻，当前随着社会同化和种族间社会融合不断增强，该假设不再是分析跨种族婚姻的有用框架。总之，随着身份－阶层交换假设一再受到批判，越来越多的学者认为交换理论的本质就是平等身份交换假设。

5.1.2　婚姻市场理论

20 世纪 70 年代以来，美国面临结婚率下降和非婚生育率大幅提高的现象，并引发女性和儿童贫困率上升、单亲家庭增加等一系列社会问题（Crowder 和 Tolnay，2000；Lichter et al.，1991）。面对这一社会现象，传统的婚姻交换理论难以给予有力的解释，一些学者开始寻找其他解释，包括女性独立性假设、政府补贴和婚姻市场理论等（Crowder 和 Tolnay，2000；Lloyd，2006；Raymo 和 Iwasawa，2005），其中婚姻市场理论受到最多的关注。婚姻市场理论认为，婚姻交换理论是基于婚姻市场均衡的假设提出的，因此它只考虑婚姻市场中参与者的个人资源和特征对其婚姻行为的影响；但事实上，婚姻市场并不总是处于均衡状态（Gelissen，2004；Lichter et al.，1995）。当婚姻市场处于不均衡状态时，个人的择偶决策不但受到个人特征的影响，同时也受到婚姻市场特征的限制（Kalmijn 和 Flap，2001）。

婚姻市场理论主要包括性别失衡理论（Imbalanced sex ratio theory）、可婚配男性空间假设（Male marriageable poolhypothesis）和婚姻寻找理论（Marital-search theory）（Lloyd，2006）。这三个理论都考虑婚姻市场特征的影响，认为潜在可婚配对象的数量和社会经济状况影响到个人的择偶行为和态度（Lichter et al.，1991；Lichter et al.，1992；Lloyd 和 South，1996；Schoen 和 Weinick，1993；South 和 Lloyd，1992b），但各理论的具体观点并不相同。

1）性别失衡理论

性别失衡理论由 Guttentag 和 Secord（1983）在其著作 *Too many women：The sex ratio question* 中提出的。该理论首先假设男性和女性对待组建家庭的目标和结婚的态度并不相同：女性总是期望与另一半建立忠诚牢固的、安全的婚姻关系，这一偏好不受婚姻市场环境因素的影响；而男性则偏好同另一半建立自由、不受约束的关系，因此他们对婚姻缔结的态度受婚姻市场中性别比例的影响。

基于这一假设，该理论认为婚姻市场供需关系通过影响女性和男性在婚姻市场中的话语权，进而影响人们的结婚行为和结婚率。当婚姻市场中女性短缺时，女性在与男性的择偶博弈中占据主动；男性更倾向于选择结婚，以维持与伴侣之间稳定和忠诚的关系。当婚姻市场中男性短缺时，男性面临较多的结交异性的机会，这就满足了他们"性自由"的偏好，因此他们缺乏结婚的动机，更愿意与异性建立自由的、不受法律约束的关系。据此该理论认为女性短缺的婚姻市场有利于提高男性的结婚动机，从而提高结婚率；而男性短缺的婚姻市场则降低了男性的结婚动机和结婚率。

总之，根据该理论观点，可婚配男性数量的短缺是 20 世纪 70 年代以来美国结婚率下降、离婚率增高、非婚生育上升的重要原因（Guttentag 和 Secord，1983；Lloyd 和 South，1996；Sampson，1995；South 和 Lloyd，1992a；Tucker 和 Mitchell-Kernan，1995）。该理论的最大贡献在于强调个人的结婚行为受到婚姻市场环境因素的影响，突破了先前研究均建立在婚姻市场均衡假设的基础上（Guzzo，2006）。但该理论关于所有男性偏好自由的非婚姻关系而所有女性都是想要结婚的假设备受质疑，这也限制了该理论的应用和发展。

2）可婚配男性假设

可婚配男性假设由 Wilson 提出（Wilson，1987）。与性别失衡理论相比，该理论较少关注婚姻市场上潜在可婚配对象数量，而将注意力放在了潜在配偶的质量上，提出潜在可婚配对象的质量，而非数量，影响到个人婚姻的缔结。具有充分就业、高收入、高教育程度等特征的高"质量"的潜在可婚配对象的短缺会降低过剩一方从婚姻中得到的经济收益，因此过剩一方的结婚动机下降。

该理论是针对美国女性结婚率下降的现象所提出的，认为女性结婚率的下降，并不是因为婚姻市场中男性绝对数量的短缺，而是由经济状况较好的男性的供给不足造成的。由于女性往往希望同社会经济地位略高于自己的男性结婚，当拥有较好社会经济特征的男性短缺时，女性从婚姻中得到的收益降低，这就降低了她们结婚的动机，并影响到结婚率。20 世纪 70 年代以来，伴随着女性经济独立性的增强和美国经济的不景气，男性，尤其是黑人男性，遭受失业和收入下降的冲击，大量的男性难以为婚姻、家庭和孩子抚养提供充足的经济支持，婚姻市场上高"质量"的可婚配男性处于短缺中。女性往往不情愿同这种社会经济地位低的男性结成长期的、合法的婚姻关系。这就极大地减少了女性婚姻机会，从而带来女性结婚率的下降（Lichter et al.，1991；O'hare，1988；Wilson，1987）。由于受教育程度低的男性受到的经济冲击最为严重，而婚姻的缔结基本上遵循着"同类匹配"的原则，因此社会底层女性的结婚率最低（Guzzo，2006；McLaughlin 和 Lichter，1997）。

该理论的最大贡献在于突破了之前婚姻市场理论只关注婚姻市场中潜在配偶的数量特征，强调婚姻市场中潜在配偶经济质量的影响，认为人们的择偶和结婚动机不是简单地取决于可婚配的异性的数量，而是取决于具有经济吸引力的异性的数量。

3）婚姻寻找理论

婚姻寻找理论的代表人物主要是 Becker 和 Oppenheimer（Becker，1981；Oppenheimer，1988）。两人分别基于理性选择理论（Rational choice theory）和工作寻找理论（Job search theory）提出了婚姻寻找理论。虽然理论基础不同，但他们的基本观点是一致的，即强调婚姻市场特征（包括量和质的特征）对婚姻缔结的影响，如结婚动机、结婚机会和结婚率等。

婚姻寻找理论认为，由于人们通常希望同与自己社会经济地位、文化背景等特征匹配的人结婚，因此当婚姻市场中具有相同或类似特征的潜在配偶供给短缺时，人们在婚姻市场中的择偶机会下降，缔结"同质婚"的可能性也降低。在这种情况下，对于过剩一方而言，由于个人难以改变婚姻市场供需状况，因此只能改变自己的行为和偏好，包括以下两类策略：一类是降低择偶标准，扩大潜在配偶的选择空间，这是增加结婚机会的重要选择。正如在劳动市场上，当就业机会短缺时，劳动力会降低期望的最低工资，接受收入较低的职位，以增加就业机会一样；婚姻市场中过剩的一方也会降低择偶标准，同社会经济地位较低的异性结婚（Lichter et al.，1995；South 和 Lloyd，1992b；South，1991）。另一类是对于不愿意改变择偶偏好的个人而言，只能通过延长择偶时间，以找到与自己匹配的配偶，或者保持不婚。因此当婚姻市场中潜在可婚对象短缺时，那些不愿意改变择偶标准的人，往往推迟结婚年龄，或者单身（Lichter et al.，1995；Lichter et al.，1991；Oppenheimer，1988）。

婚姻寻找理论同时也吸收了婚姻交换理论的重要观点，在承认"同类匹配"是人们期望的婚姻匹配模式的前提下，指出这种期望往往受到婚姻市场特征的影响而难以实现。与性别失衡理论和可婚配男性假设相比，婚姻寻找理论同时强调婚姻市场数量和质量特征，且适用于对男性和女性的分析。它认为人们总是在特定的婚姻市场中择偶，由于婚姻市场状况是客观存在的，人们不能迅速改变它，只能调整自己的行为。婚姻市场对个人婚姻的影响机制对男性和女性都是一样的，即当合适的可婚配对象供给充足时，个人结婚的可能性较高；而当潜在可婚配对象供给短缺时，个人同理想的婚配对象结婚的可能性降低，他们可能做出降低择偶期望，或推迟结婚、保持单身的决策。婚姻市场以这样的方式起到推动或阻碍婚姻决策的作用（Guzzo，2006）。

5.1.3　对西方经典婚姻理论的评述

婚姻交换理论和婚姻市场理论是当前婚姻和家庭研究的重要理论，其前提假设是一致的，即将经济理性选择的假设应用到婚姻和家庭领域，假设人们在进行配偶的选择时是理性的，但其具体内容和强调点并不相同。婚姻交换理论假设个人处于均衡的婚姻市场中，因此只强调个人自身资源和特征对婚姻行为的影响，而不考虑个人所处婚姻市场的限制。而婚姻市场理论则重在强调婚姻市场不均衡状态下人们的择偶和婚姻行为。因此婚姻交换理论和婚姻寻找理论的最大差异在于是否强调婚姻市场因素的影响。在实证研究中，如果婚姻市场特征并未发生作用，就说明婚姻市场理论的假设是不成立的，婚姻交换理论具有普适性；如果婚姻市场特征发挥了作用，则说明婚姻市场理论的假设是成立的，在研究婚姻缔结相关问题时，婚姻市场特征因素不能被忽视（Gelissen，2004；South，1991）。

虽然各主要的婚姻市场理论均强调婚姻市场环境对择偶和婚姻缔结的影响，且主要用于解释欧美国家结婚率下降现象，但其基本观点并不完全相同。性别失衡理论强调婚姻市场"数量"特征的影响，关注婚姻市场中男性的数量供给特征对男性结婚行为和结婚率的影响。它假设女性的结婚动机是不变的，在婚姻市场中处于较被动的角色，她们的结婚机会取决于男性对不同数量特征的婚姻市场的反应。

可婚配男性假设则强调婚姻市场"质量"特征的影响，认为婚姻市场中具有某一经济特征的可婚配男性影响女性的结婚动机和行为。与性别失衡理论相比，它强调女性的婚姻决策和行为是主动发生的，直接受到婚姻市场供需关系的影响。

与性别失衡理论和可婚配男性假设相比，婚姻寻找理论同时强调婚姻市场的"数量"和"质量"特征。与此同时，该理论也吸收了婚姻交换理论的观点，承认个人特征和拥有资源对其配偶选择和婚姻缔结的影响，认为在任何婚姻市场状况下，个人自身的特征都会影响到他们能吸引到的配偶的质量（Harknett，2008；Kalmijn 和 Flap，2001）。因此与婚姻交换理论和其他主要婚姻市场理论相比，婚姻寻找理论的内涵更为丰富，其他各理论的核心要素和观点几乎在婚姻寻找理论中都有所体现。

5.2 经典婚姻理论的应用

婚姻交换理论和婚姻市场理论被广泛地应用于实证研究中。应用性研究主要集中在结婚机会、夫妻匹配和择偶偏好等方面，其中夫妻匹配和择偶偏好均属于婚姻策略的范畴（赫剑梅，2008；李德，2008），只是研究对象和研究方法不同，夫妻匹配体现了已经发生的实际婚姻策略，而择偶偏好则反映了未来可能发生的潜在婚姻策略。

5.2.1 结婚机会

1）国外研究

国外关于婚姻市场地位的研究主要集中在对结婚机会或结婚概率的研究上。20 世纪 70 年代以来，美国社会面临结婚率持续走低和非婚生育水平快速升高问题（Blau et al.，2000；Lichter et al.，1991），越来越多的学者开始探讨结婚率下降的原因。他们发现如果按照传统的研究方法仅考虑个人层次的因素，则无法解释这一新的社会现象。一些学者（Becker，1981；

Oppenheimer，1988）提出将经济理性和成本－效益分析的理念纳入婚姻家庭的研究中，考虑环境因素对婚姻行为的影响。如贝克尔在其劳动市场状况－婚姻决策的分析框架中提出，有利于男性的劳动市场、有利于女性的婚姻市场和不利于女性的劳动市场，将增加结婚的发生率（Becker，1981；Grossbard-Shechtman，1993）。可婚男性供给对结婚率的重要性在其他一些研究中也被提及（Darity 和 Myers，1995；Wilson，1987）。

在这一理念的指导下，越来越多的学者考察了婚姻市场因素对个人结婚概率的影响，这些研究多数是从女性的视角出发的。South 探讨了潜在配偶的数量和质量特征对美国结婚率、离婚率和非婚生育率的影响，发现有利的婚姻市场状况有利于提高人们的结婚水平和离婚水平，并降低非婚生育水平（South 和 Lloyd，1992a；South 和 Lloyd，1992b）。Pollet 和 Nettle 采用美国1910 年普查数据，分析了社会经济地位对男性婚姻状况的影响程度受到性别结构的制约：随着性别比的上升，社会经济地位对男性结婚可能性的影响进一步增强，社会经济地位低的男性失婚的风险则升高（Pollet 和 Nettle，2008）。

Lichter 是较早采用定量数据，验证婚姻市场状况对女性结婚率影响的学者，他发现女性的结婚行为不仅受个人自身特征的影响，也受当地人口结构和经济水平的影响。在黑人男性失业率高的城市，由于经济状况较好的适婚黑人男性供给不足，黑人女性的结婚动机较弱，并导致结婚率降低，该研究支持了 Wilson 的"可婚配男性假设"（Lichter et al. , 1991）。在另一篇文章中，他采用美国青年纵向调查数据，揭示了 18～28 岁美国年轻女性的初婚时间和结婚概率，发现种族特征是影响女性结婚机会的重要因素，黑人女性的单身概率大于白人女性，这一差异随着年龄的增长进一步拉大。在控制住其他变量后，黑人女性的结婚概率只有白人女性的 50%～60%，当地婚姻市场上潜在配偶的可得性是黑人女性初婚年龄推迟或单身的重要原因（Lichter et al. , 1992）。

Crowder 和 Tolnay（2000）从跨种族婚姻的角度解释了黑人女性结婚率下降的原因。本书认为之前研究多关注当地婚姻市场的性别比和经济状况较好男性的供给对黑人女性结婚行为的影响，而跨种族婚姻的作用却被忽视或低估。研究发现，经济状况较好的黑人男性更可能实施种族外婚姻，这进一步加剧了黑人女性，尤其是受教育水平较高、经济状况较好黑人女性可选择配偶的短缺。因此美国黑人男性的跨种族婚姻客观上减少了黑人女性的结婚机会，并影响了她们的择偶行为。

McLaughlin 和 Lichter（1997）从贫困的视角，探讨了贫困对女性结婚概率的影响，弥补了贫困女性初婚概率研究的空白。作者发现经济状况是影响美国黑人女性结婚概率的重要因素：非贫困黑人女性结婚的概率大于贫困女性，贫困女性中职业女性的结婚概率大于无业女性。相较于之前研究发现黑人女性和贫困的白人女性结婚机会的种族差异，作者进一步发现，这种差异只存在于非贫困黑人女性和非贫困白人女性之间，而贫困的黑人女性和贫困的白人女性的结婚机会不存在种族差异。

South（1996）采用事件史分析方法，探索了影响美国年轻男性初婚概率的因素，发现白人男性的结婚概率高于黑人男性，且初婚概率的种族差异随着年龄的增长而放大。对白人男性而言，当地婚姻市场上的女性的可得性对白人男性初婚概率有显著影响，当女性数量较多时，男性结婚的概率较高。本书对男性婚姻行为的研究支持了婚姻寻找理论，并驳斥了性别失衡理论，是第一篇从男性婚姻行为角度解释美国结婚率下降的研究，拓展了婚姻市场理论的应用范围。

Guzzo（2006）探索了婚姻市场特征对结婚和同居行为的影响。作者提出随着美国同居比例的上升，对婚姻行为的研究必须考虑同居因素。针对同居是否是婚姻的替代形式这一问题，作者探索了婚姻市场对同居和结婚行为的影响，发现随着性别比的增加，女性结婚的可能性增加，而同居或单身的可能性减少，说明同居并没有成为婚姻的替代策略。该研究第一次将婚姻市场理论应用于同居关系的研究，拓展了婚姻市场理论的应用领域。

总之，当前国外关于结婚可能性主要集中在对美国等西方发达国家的研究上，研究者重视探讨性别结构和婚姻市场环境因素对个人婚姻缔结的影响。这些研究主要以女性为研究对象，并强调种族差异的影响。其中对种族因素的研究主要是从黑人男性就业机会和跨种族婚姻两个角度进行的。多数研究发现婚姻市场的供给状况，尤其是具有经济吸引力的男性的供给短缺，往往影响到女性的结婚愿景；在不同种族中则表现为具有经济吸引力的黑人男性的供给的短缺降低了黑人女性的结婚动机（Blau et al.，2000；Lichter et al.，1991；South 和 Lloyd，1992b）。还有一些研究认为受教育程度高、经济地位好的黑人男性更倾向于婚娶白人女性，这进一步减少了黑人女性合适配偶的供给，因此不利于黑人女性结婚率的提高（Crowder 和 Tolnay，2000b；Gullickson，2006）。

2）国内研究

2000 年以来，伴随着婚姻挤压的出现，一些学者将目光投向农村婚姻挤压和大龄未婚男性。研究表明，由于经济发展的城乡差异和地区差异，女性往往通过婚姻嫁到经济状况好的地区。对中国跨省婚姻的研究发现，婚姻迁移表现出以女性迁移为主，从西部贫困农村地区向东部经济较发达农村地区迁移的趋势；四川、云南、贵州和广西等是主要的劳动人口迁移省份，同时也是主要的女性婚姻迁移省份和女性资源最缺乏的省份（Davin，2007；杨筑，2008）。以云南为例，虽然该省一直保持着较低的出生性别比水平，但由于女性外嫁，该省总人口性别失衡和女性缺失正在日趋严重（Bossen，2007）。总之，东部地区出生性别比高于西部，但西部的总人口性别比反而更高，这反映了由于经济发展的地区差异，东部地区吸引了大量的适婚女性人口流入，而西部农村地区留住和吸引女性的能力较差（Das Gupta et al.，2010；Jin et al.，2012）。因此婚姻挤压的后果往往由农村男性承担，尤其是经济落后的农村地区（Das Gupta et al.，2010；陈友华，2004；靳小怡等，2010）。另外，一项对安徽省某县调查数据的研究发现，与平原地区的男性相比，山村男性面临较大的失婚风险（刘利鸽和靳小怡，2011）。

也有研究探索了农村女性外出打工与农村男性结婚率下降的关系。如Meng（2009）认为由于男性外出流动往往是暂时性的，而女性则可能是永久性的，因此女性外出打工可能带来村庄可婚配女性的缺乏，从而导致了"新娘荒"现象。他提出外出打工女性规模每增加 10%，则男性结婚机会下降5%，其中留守在村庄里的男性的结婚概率，受到女性外迁的影响更大。另外，少数民族男性面临着更严峻的婚姻挤压。马健雄对云南拉祜族村庄女性外嫁现象的研究发现，由于汉族人口中大规模的男性过剩，少数民族村庄里大量女性外嫁到山东、河南等地农村，造成当地村庄里可婚女性的短缺和男性成婚困难（马健雄，2004）。不过也有研究者，如风笑天等，关注外出打工男性的婚恋问题，认为作为城市边缘人，他们也面临着恋爱和结婚的障碍（马健雄，2004）。

总之，国内关于婚姻挤压和过剩男性初婚机会的研究刚刚起步，已有的研究主要强调经济发展和人口流动趋势的地域差异对农村男性结婚机会的影响。

5.2.2 夫妻匹配

对夫妻匹配特征的研究，往往关注夫妻的经济匹配方式（如教育、职业和收入等）和年龄匹配特征（Gelissen，2004；易翠枝和赵小仕，2007）。根据夫妻双方在某方面特征的差异大小和方向，夫妻匹配方式被分为同质婚和异质婚，其中异质婚包括向上婚和向下婚两种。以教育匹配为例，同质婚是指夫妻双方受教育水平相当的婚姻；异质婚是指夫妻双方受教育水平有较大的差异，其中教育向上婚是指配偶的受教育程度高于个人，教育向下婚则是指配偶的受教育程度低于个人（Lichter et al.，1995）。

1）国外研究

夫妻教育匹配方式和年龄匹配方式的研究多以婚姻交换理论为指导，强调"平等身份交换"假设。绝大多数的婚姻表现出"同质婚"的特征；在此基础上，匹配方式存在着性别差异，即男性更关注女性的身体特征，选择比自己年轻的女性；而女性更关注男性的经济状况，选择受教育水平高于自己、经济状况好于自己的男性（Cropanzano 和 Mitchell，2005；Greitemeyer，2007；Hou 和 Myles，2008）。

在对美国、加拿大等发达国家夫妻教育匹配的研究中，多数研究发现在过去的几十年，伴随着女性受教育水平的快速提高，夫妻的教育一致性趋势得到进一步强化（Hou 和 Myles，2008；Kalmijn，1991a；Kalmijn，1991b；Qian，1998；Schoen 和 Cheng，2006）。对包括印度、菲律宾、南非等 9 个发展中国家夫妻匹配方式的研究发现，半数以上的夫妻受教育水平是一致的，其中在印度，夫妻受教育水平一致的比例高达 70%（Esteve 和 McCaa，2008）。但也有少数研究发现教育的同质性表现出略微下降的趋势（Raymo 和 Xie，2000）。采用挪威 1980 年普查数据，Birkelund 和 Heldal（2003）通过对 1900~1949 年出生队列已婚人口的夫妻双方受教育水平的分析，也发现夫妻间受教育程度的同类匹配程度呈现出下降的趋势：在 20 世纪初期，双方教育水平相当（这与当时大家基本上都是接受义务教育有关）；而随着工业化的进展，异性婚姻中男性更容易娶受教育程度相对比自己低的女性。

Wheeler 和 Gunte（1987）采用佛罗里达州某县 1985 年的结婚登记数据，分析了夫妻的年龄匹配方式，发现夫妻年龄匹配方式总体上表现出传统的男大女小模式，各年龄段的男性通常倾向于同年轻的女性结婚；不过这种年龄匹配模式正在松动，女性同比自己年轻的男性结婚的比例明显上升，而同年长于自己的男性结婚的比例正在下降。Buunk 等（2001）对 20~60 岁人口择偶的年龄偏好的研究发现，任何年龄段的女性都希望与同年龄段的男性建立亲密关系，而男性更倾向于比自己年轻的女性建立亲密关系。

跨种族婚姻也是夫妻匹配研究的热点。该领域的研究集中于验证婚姻交换理论的两个假设。多数研究认为，种族内部的婚姻往往遵守"平等身份交换"的假设，而跨种族婚姻则多体现"身份－阶层交换"假设，如对具有较高教育水平的黑人男性和社会经济状况较差的白人女性之间的夫妻匹配方式的研究（Bankston 和 Henry，1999；Qian，1997；Qian，1999）。Kalmijn（1993）发现，受教育水平高的黑人男性和受教育水平低的白人女性更可能实施跨种族婚姻，这表明黑人和白人之间的婚姻的实质是教育优势和身份优势之间的交换。Fu（2001）发现在择偶过程中，与白人相比，非洲裔黑人处于较劣势的阶层，因此非洲裔内部和白人内部的婚姻均表现为夫妻受教育水平对等的特征，但白人与非洲裔之间的跨种族婚姻则表现出白人受教育水平低于黑人配偶的特征。

也有不少学者认为"身份－阶层交换"假设是不成立的，多数种族内婚姻和跨种族婚姻都表现出夫妻教育同质性的特征（Bernard，1966；Heer，1974；Monahan，1976；Porterfield，1978；Rosenfeld，2005）。Fernandez 等（2005）指出，近些年来随着美国人口受教育水平的提高，在跨种族和种族内婚姻中，"等价交换"模式都得到强化。Cropanzano 和 Mitchell（2005）进一步指出，在种族隔离和种族歧视普遍存在时期，"身份－阶层交换假设"能够解释跨种族婚姻的缔结，但在社会同化日益增强的当代美国，该假设不再是分析跨种族婚姻的有用框架，因此婚姻交换理论的两个假设中，实际上只有一个假设是成立的，即"平等交换假设"。

2）国内研究

国内一些学者，也从教育、职业和年龄方面分析了夫妻间的匹配特征。李煜、张翼和陈巧等以教育和职业为衡量指标，比较了改革前后中国婚姻匹配的变化趋势，发现改革开放后夫妻教育同质性和职业同质性表现出较为明显的增强趋势（陈巧，2010；李煜，2009；张翼，2003）。陈巧（2010）认为随着改革开放的深入，社会阶层分化日趋严重是内婚制得以加强的重要原因。张翼（2003）分别以教育和职业作为个人所属的社会阶层测量指标，通过对夫妻职业和教育匹配特征的考察，发现自 1949 年至今，阶层内婚制在我国一直占据主导地位；尤其是改革开放以后，由于收入差距的扩大和社会阶层的多元化，阶层内婚制现象更为突出，绝大多数人同相同阶层或相近阶层的异性结婚。李煜和陆新超（2008）采用 2006 年度全国综合社会调查数据，分析了初婚夫妻在户口、职业、教育和收入方面的匹配特征，发现夫妻的自致性匹配和先赋性匹配在改革开放后都呈现出匹配程度日渐上升的特征。

在前期研究的基础上，李煜采用 2000 年人口普查数据，分析了 1940 年以来夫妻教育匹配特征的变化趋势，发现夫妻双方的教育匹配程度自 20 世纪 80 年代后迅速上升，并在 90 年代保持在较高的水平上，即夫妻双方受教育程度往往相同，或男性比女性高出一个层次，而跨越教育层级的夫妻匹配则很少（李煜，2008）。Esteve 和 McCaa（2008）对包括中国在内的 9 个发展中国家 1970~2005 年的婚姻缔结和夫妻教育匹配特征进行了研究，发现在中国，半数以上的夫妻受教育程度等同，说明教育同质婚占据主导地位。

夫妻之间的年龄匹配模式也受到关注。周炜丹采用 2000 年普查数据，分析了中国夫妻的年龄匹配模式，发现男性和女性的初婚平均年龄分别是 23.5 岁和 21.4 岁，平均年龄差为 2.1 岁；婚姻类型、初婚年龄和受教育程度影响到夫妻年龄差，再婚夫妻年龄差大于初婚夫妻，夫妻年龄差随男性结婚年龄增加而扩大，随女性结婚年龄增加而缩小；随着教育水平的提高，夫妻年龄差呈现减少的趋势（周炜丹，2009）。刘娟和赵国昌（2009）利用 2005 年度全国综合社会调查数据，揭示了 20 世纪 20~70 年代男女平均初婚年龄的变化，发现在过去的几十年，我国男性和女性的初婚年龄都有所上升，且表现出男高女低的趋势。李志宏（2004）采用 1995 年普查数据，分析了北京市夫妻年龄差异，发现男性的年龄往往高于或等于妻子；年龄匹配模式受婚姻状况的影响，再婚起到拉大夫妻年龄差异的作用。

一些学者从婚姻迁移的角度分析了夫妻匹配方式，如林明鲜和申顺芬分析了延边朝鲜族女性与韩国男性的跨国婚姻，发现这类婚姻反映了夫妻间的资源交换，即朝鲜族女性以其年轻的年龄优势，通过婚姻获得优越的居住环境（林明鲜和申顺芬，2006）。Fan 和 Li 对广东省某县的女性婚姻迁移人口的研究也发现，外来媳妇的教育水平高于丈夫，反映了丈夫以其理想的地理优势弥补了其教育的不足（Fan 和 Li，2002）。王金玲对浙江省异地联姻特点的研究发现，外来媳妇多来自较贫困地区；与本地夫妻相比，异地联姻表现出妻子受教育程度高于丈夫、夫妻年龄差扩大的特征（王金玲，1992）。Fan 和 Huang（1998）从迁入地的角度探讨了中国农村的女性婚姻迁移现象，发现婚姻迁移的实质是一种"资源交换"：婚姻对女性，尤其是农村女性而言，是其改变经济地位、追求富裕生活的主要途径；由于经济发展水平的地区差异，部分农村女性愿意远离家乡，嫁到经济发达的地区。他们的丈夫往往是那些年龄大、经济状况差，或者存在身体或心理的缺陷，在当地婚姻市场结婚机会受限的男性。因此对女性而言，婚姻迁移是她们改变经济状况的经济策略，而对于男性而言，则是获得结婚机会的婚姻应对策略。

　　总之，婚姻匹配的研究发现，绝大多数的婚姻表现出教育、职业和年龄同类匹配的特征。在此基础上，男性更关注女性的身体特征，而女性更关注男性的经济状况。在国内婚姻迁移中，夫妻的匹配方式显示了女性用自己的身体或经济属性与丈夫较好的地理居住位置的交换。

5.2.3　择偶偏好

　　依据数据来源的类型，国内和国外对择偶偏好的研究往往采用择偶偏好问卷数据或征婚广告数据进行分析。前者的数据来源于专项问卷调查，研究者通过编制择偶偏好的题项，列举一系列择偶中可能被关注的特征，并请被调查者对各特征的重要性进行评估或排序，以获得定量数据。后者数据则来自报纸或杂志中的征婚广告。

　　1）国外研究

　　采用择偶偏好专项调查数据的研究比较丰富。Hill 于 1949 年提出的包括 18 个项目的择偶偏好列表产生了较大的影响力，在其后的几十年被不少学者应用（Buss，1989；Stone et al.，2007）。一些研究者试图从诸多择偶偏好的选项中获得具有普遍意义的指标，如通过对诸多择偶偏好选项进行因子分析，Buss 和 Barnes（1986）识别了择偶偏好的维度，包括友好－周到、容易相处－适应性强等。Fletcher 等（1999）则发现只有三个维度可以解释择偶偏好的差异，即热情－可信赖、有活力－吸引力、身份－资源。Shackelford 等（2005）采用 Hill 提出的择偶偏好列表，并通过对不同国家的数据进行因子分析，发现了具有普适性的指标：爱情－资源、依赖和安全稳定－长相和健康、教育－对家庭的渴望、善于社交－宗教信仰。Buss 等（2001）分析了 1939～1996 年美国人择偶偏好的变化，发现随着时间的变化，男性和女性在择偶时对潜在配偶身体吸引力、财政状况和感情的关注呈现上升的趋势。

　　采用征婚广告资料，分别考察征婚者的个人特征和其对未来配偶的要求，也是择偶偏好的重要研究方向。对网络择偶或征婚广告的分析发现，女性往往会提供自身生理或身体方面的信息，并期望寻求有经济能力或经济潜能的男性；而男性则往往报告自身的经济能力，而寻求具有外形吸引力的女性（Elder，1969；Schoen 和 Wooldredge，1989；Shackelford et al.，2005）。Otta 等（1999）通过对巴西某报纸刊出的 3000 个征婚广告的分析，发现 20 岁以上的男性通常同比自己年轻的女性结婚。de Sousa 等（2002）通过对巴西某报纸发布的征婚广告内容的分析，发现个人择偶策略的年龄和性别差异，即随着年龄的增长，女性对未来配偶的要求降低；而年龄较大的男性对未来配偶的要求反而更高，这表明年龄的增长是制约女性在婚姻市场中地位和婚姻策略的重要因素。Greitemeyer（2007）对传统的择偶偏好的性别差异提出挑战，他采用实验的方法，向被实验者提供可供选择异性照片的同时，并告知这些异性的教育、职业和收入特征，然后请被实验者回答自己中意的女性。研究结果发现：男性和女性都关注未来配偶的社会经济状况，但他们的关注点存在着性别差异：女性倾向于选择社会经济地位高的男性，而男性则倾向于选择社会经济地位中等或低于自己的女性。

少数学者揭示了婚姻市场特征对个人择偶偏好的影响。South（1991）采用美国家庭全国调查数据，列举了一系列潜在配偶的特征，如比自己年轻/年老 5 岁、有过婚史、带有孩子、没有稳定工作、收入比自己低/高、受教育水平比自己低/高等，探讨个人的择偶偏好及其影响因素，并发现受教育程度高的男性保持着较高的择偶标准，往往不愿意同条件较差，如有孩子、没有稳定工作、长相较差的女性结婚，这与交换理论的观点是一致的。那些年龄较大仍然保持单身的男性，更愿意扩大择偶范围，如愿意接受年龄差异较大的女性，这与婚姻市场理论的观点是一致的。Stone 等（2007）对来自 36 个国家的 17~30 岁的男性和女性的择偶偏好进行了分析，发现性别结构对个人择偶偏好的影响，男性的择偶偏好与性别比例存在显著的负相关关系，即在性别比较高的社会，男性更容易降低择偶标准。

2）国内研究

国内研究主要以青年人口为研究对象，关注择偶途径、择偶标准和择偶时间等。李煜和徐安琪（2004）通过对受访者关于 29 项择偶标准报告的分析，发现男性更期待同能为自己提供生活照顾和性格顺从的女性结为伴侣，而女性更关注男性的经济潜能。田晓虹（2001）考察了中国转型期择偶模式的变化，发现择偶空间不断扩大，择偶标准从重视政治和家庭背景向重视物质和心理需求转移，交往方式更注重爱情和浪漫。叶妍和叶文振（2005）分析了厦门流动人口的择偶时间、择偶标准、择偶途径，发现流动人口的择偶偏好表现出重视感情因素、个人品质、生理条件和家庭条件的特征，且自由恋爱正在成为理想的恋爱方式。徐安琪（2004）对择偶方式的研究发现，自己认识正在成为主要的择偶方式，通过亲缘关系认识恋人的比例下降，而通过业缘关系认识的比例上升。胡双喜和易婷婷（2008）对农村流动人口的择偶方式的分析发现，流动人口的择偶对象以老乡为主，择偶方式以自由恋爱为主，但由于经济状况和交往范围的限制，他们面临着择偶面较窄的困境。也有较少研究，如王朝净（2009）关注了婚姻市场特征对择偶偏好的影响，发现在婚姻挤压下，传统的门当户对现象发生了变化，较多男性能接受"老夫少妻"现象，而女性择偶标准也进一步提高。

征婚广告也是国内择偶偏好研究的重要资料来源。Zhou 等（1997）分析了 1984～1995 年 3790 份征婚广告所列举的征婚者个人特征和理想伴侣特征，发现征婚者在对自身条件的描述中，主要强调自己的年龄、身高、相貌、受教育水平、魅力及职业；其中男性更注重描述自己的教育背景，而女性更注重对自己相貌、年龄等魅力特征的描述。李银河（1989）通过对 300个全国范围征婚广告的分析，比较了征婚者自身情况和对配偶特征的要求，发现择偶标准按重要性排序，依次为年龄、身高、教育、性格、职业、婚姻状况、容貌和健康状况。阎云翔通过田野调查的方法，介绍了中国北方某村庄择偶观念的演变，发现改革开放前，家庭政治成分好、忠厚老实的男性更容易受到女性青睐；20 世纪 90 年代后，老实的男性不再是受欢迎的择偶对象，女性更看重男性的家庭经济、个人经济能力以及长相（Yan，2002）。

国内择偶偏好的研究也强调性别差异，女性更愿意寻找年龄较大，但有经济保障的男性，而男性更有可能寻找年轻貌美，但经济保障略差的女性（李煜和徐安琪，2004）。乐国安等（2005）对天津和美国波士顿两个城市的征婚广告进行比较分析，发现两地男性都表现出更关注配偶的相貌和身材等身体吸引特征，而女性更关注配偶的教育和经济能力。通过对厦门初婚者择偶偏好的性别差异的研究，邱幼云（2009）发现男性更看重女性的身体吸引力，而女性更看重男性的教育和物质条件。叶超（2011）对华东师范大学学生择偶偏好的研究发现，男性更看重与身体吸引力有关的特质，如外貌、身材、声音等；而女性更看重与社会经济地位有关的特质，如受教育水平、收入水平、社会地位等。张萍（1989）分析了城镇大龄未婚男性择偶标准的性别差异，发现大龄男性期望寻找年轻漂亮、受教育水平和职业低于自己的女性为妻，而大龄女性期望寻找年龄较大、受教育水平和职业高于自己的男性为配偶；这种择偶标准的性别差异，使得事业有成的高学历女性和经济状况差的低学历男性成为城镇的剩男剩女。

总之，就数据来源、研究内容和指导理论来看，国内外对择偶偏好的研究表现出较强的一致性，即研究数据主要来自专门的择偶偏好问卷调查和征婚广告，研究内容集中在强调个人的择偶标准和性别差异；研究多以婚姻交换理论和择偶的性别差异假设为指导，较少有研究关注婚姻市场不均衡情境下个人择偶偏好的。

5.3 结婚机会与择偶偏好的影响因素研究

婚姻交换理论假设婚姻市场供需平衡，认为个人的婚姻行为和择偶偏好仅受到个人层次因素的影响。而婚姻市场理论，包括婚姻寻找模型、性别失衡理论和可婚配男性假设，则侧重考虑婚姻市场不均衡下的择偶和婚姻缔结，因此更重视考虑当地婚姻市场因素的影响，包括潜在配偶数量可得性和潜在男性配偶的人力资本特征（Lloyd，2006）。结合婚姻市场理论和婚姻交换理论以及相关应用性，本文认为影响婚姻行为和择偶偏好的因素包括个人层次（如个人经济、个人非经济和家庭因素）和婚姻市场层次的因素。

5.3.1 个人经济因素

婚姻交换理论和婚姻寻找理论都强调个人经济前景的影响。婚姻交换理论强调择偶偏好中的性别差异，即在择偶中存在着明显的性别差异，其中女性往往看重男性的经济状况和经济前景，即女性看重男性的社会经济地位，并倾向于选择年龄比自己大、经济状况好于自己的男性；而男性更看重女性的年龄、相貌特征等（Greitemeyer，2007；Shackelford et al.，2005）。婚姻寻找理论则强调了经济前景与家庭缔结之间的关系。如 Becker（1981）分析了经济状况与初婚时间的关系，认为那些经济预期好的男性将会早婚；反之，则晚婚甚至不结婚。Oppenheimer（1988）持类似的观点，认为男性婚姻的缔结往往同其职业状况有关，当人们对未来收入和经济状况充满了不确定性或悲观时，很可能会推迟结婚。

从实证研究来看，经济状况在婚姻缔结和婚后家庭生活中发挥的重要作用，决定了在择偶和婚姻缔结中，经济状况往往被认为是最重要的决定因素。在传统家庭分工中，男性往往被视为家庭的主要经济支持者，因此经济状况对男性婚姻缔结的作用更为重要，拥有较高社会经济地位的男性由于有能力承担养家的任务，而被视为是理想的婚姻对象（Lloyd，2006）。那些没有固定工作、收入低、受教育程度低的人往往在婚姻市场处于不利地位（Dykstra，2004；South，1991）。South（1991）提出具有较高经济地位的男性在婚姻市场上往往处于优势地位，面临更多可供选择的潜在配偶；反之，那些经济地位较差的男性则往往处于劣势地位，有较少的择偶空间，在女性短缺的环境下，他们更可能选择单身、推迟婚姻或降低择偶标准等应对策略。Pollet 和 Nettle（2008b）进一步提出，在性别比偏高和男性过剩的时候，男性之间为争夺有限的结婚机会而展开激烈的竞争，婚姻市场呈现出有利于女性的趋势，因此社会经济特征对男性婚姻缔结成功的影响明显增强，其中拥有较高社会经济特征的男性将获得更多的婚姻机会。

也有学者认为经济地位不但对男性重要，对女性择偶和婚姻的缔结也同样重要。他们发现虽然女性更关注男性的经济特征，但男性也十分看重配偶的职业稳定性。在男性缺乏的地区，男性有更多的选择配偶的权利，而受教育程度高和职业阶层高的女性往往在择偶和婚姻缔结中更具有优势（Lichter et al.，1992；Oppenheimer，1988）。Gustafsson 和 Worku（2006）等采用普查数据，对南美洲单亲母亲结婚决策的分析也发现，非洲裔黑人女性和白人女性中，受教育程度较高的女性结婚的可能性较高。

经济特征对增加男性结婚机会的积极作用在一些实证研究中已经得到验证（Greitemeyer，2007；Pollet 和 Nettle，2008）。而教育、职业和收入常常作为社会经济状况的测量指标（Barham et al.，2009；Fu，2006）。教育被认为能可靠地反映个人社会经济状况和经济潜能（Fu，2006），而职业则是个人收入的直接反映（Sassler 和 Goldscheider，2004）。McLaughlin 和 Lichter（1997）通过对处于不同经济状况女性的婚姻行为的研究发现，对经济状况较好的女性而言，她们一般不愿意降低择偶标准，其是否结婚的决策取决于具有高教育水平和高收入特征的男性可得性；经济贫困的女性则往往愿意降低择偶标准，以拓展潜在配偶的选择范围。South 和 Lloyd（1992）发现夫妻在教育和职业方面的同质性程度不断增强，这表明具有经济优势的人更不愿意同经济状况差的异性结婚，这一结论对男性和女性都同样适用。

在关于社会经济地位对跨种族择偶和离婚的研究中，Fu（2006）采用教育和职业阶层作为测量个人社会经济地位的指标，发现社会经济地位高的人在择偶和离婚时拥有更大的主动权。另外，受教育水平高的男性由于面临较多的择偶机会，因此他们的择偶标准往往较高，结婚的可能性也较大。Esteve 和 McCaa（2008）对包括中国在内的 9 个发展中国家夫妻匹配的研究也发现，对男性和女性而言，受教育水平高的人往往推迟初婚年龄。Kye（2008）对韩国人口初婚年龄的研究发现，对受教育程度不同的人而言，从毕业离校到初婚之间的时间间隔没有明显差异，这表明受教育年限的增加起到推迟个人初婚时间的作用。Brien 等（1994）对马来西亚的研究也发现，教育和在校读书身份起到推迟结婚年龄和初次怀孕时间的作用。

国内为数不多的相关质性研究也发现，在婚姻市场供需不平衡的背景下，个人特征状况往往决定其在婚姻市场中的地位，婚姻市场中处于劣势的男性常常表现出较差的经济资源和个人特征，如较差的经济状况、偏低的受教育水平、偏大的年龄、内向和不善言谈的性格等（彭远春，2004；叶文振和林擎国，1998；张春汉，2005）。

5.3.2 个人非经济特征

国外对个人非经济特征的研究多数只关注年龄因素，而其他特征较少引起关注。年龄对婚姻缔结的影响往往是双向的。总体上来看，随着年龄的增加，越来越多的人进入到婚姻状态，结婚率表现出升高的趋势；但对单身人口而言，随着年龄的增加，他们面临的择偶空间越来越小，结婚的可能性也越来越小。South（1991）发现，那些较高年龄仍未结婚的男性结婚机会降低，他们更愿意降低择偶标准，如接受和自己年龄差异较大的女性。Wheeler 和 Gunter（1987）发现传统的"男大女小"的婚龄梯度现象正在改变，女性与比自己小的男性成婚的比例在明显上升，而与比自己年长的男性成婚的比例在下降；随着其结婚次数的增加，女性选择比自己年轻的男性结婚的比例也在增加。

在中国，个人非经济特征对婚姻机会的影响被较多强调。那些年龄大、身体残疾、性格内向、不善言谈的男性被认为在婚姻市场上难以受到青睐（彭远春，2004；叶文振和林擎国，1998；张春汉，2005）。对跨省婚姻的研究也发现，外来媳妇的丈夫往往是那些贫困、年龄大或身体残疾，在当地婚姻市场上难以找到配偶的男性（Davin，2005b；Tsay，2004）。就年龄而言，中国农村至今保持着较早结婚的传统，2005 年全国男性和女性的平均初婚年龄分别为 23.5 岁和 25.9 岁（Davin，2005b；Tsay，2004），其中农村人口的平均年龄低于城市人口。Das Gupta 等（2010）指出，在中国绝大多数的人在 30 岁前结婚。Meng（2009）发现 34 岁后仍未结婚的人口的比例不足 10%。一项对中部农村男性初婚风险的研究发现，农村男性适婚年龄主要集中在 22 ~ 27 岁，随着年龄的增长，农村男性的成婚概率急剧下降，至 32 岁仍未结婚的男性，其结婚概率几乎为 0（刘利鸽和靳小怡，2011）。对婚姻迁移的研究也发现，婚娶外来媳妇的往往是那些过了适婚年龄仍然不能婚配的男性，如一项对中国台湾外来媳妇的研究发现，婚娶东南亚新娘的台湾男性，往往是那些个人条件较差、难以婚娶本地媳妇的男性；他们多数过了适婚年龄，往往 40 岁以后才能结婚（Tsay，2004）。

就身体健康状况而言，身体残疾的男性在择偶时面临较大困难。在中国，由于婚龄人口中男性的过剩，残疾男性比残疾女性在婚姻市场中的地位更为弱势，残疾男性的结婚率不但低于身体健全的男性，也低于残疾女性（Kohrman，1999）。一项对全国300多个村庄的调查结果显示，28岁以上的大龄未婚男性中，身体残疾的比例为20.1%，这一比例远远高于全国残疾人口比例①。这表明与身体健康的男性相比，残疾男性面临更高的被迫失婚风险。在一项对安徽某县农村调查数据的分析也发现了身体残疾和婚姻身份之间的强烈相关关系，即在控制其他变量的前提下，残疾男性成婚的可能性只有非残疾男性的20%左右（刘利鸽和靳小怡，2011）。

性格在择偶中也起到重要作用。Xia和Zhou（2003）对北方某村庄的田野调查发现，改革开放后，浪漫和情感交流为村庄的年轻女性所看重，那些性格外向、能说会道的男性更容易受到女性的青睐，而性格内向、不善于表达自己情感的男性在婚姻市场上容易遭受困难。闫云翔介绍了中国北方某村庄择偶观念的演变，发现改革开放前，忠厚老实的男性在择偶中很受欢迎，但改革开放后，尤其是20世纪90年代后，女性不再青睐老实的男性，他们被认为经济能力差，难以适应社会（Yan，2002）。彭远春（2004）、莫丽霞（2005）等对贫困大龄未婚青年的研究也有类似的结论。

5.3.3　家庭特征

在国外关于个人择偶和结婚的研究中，家庭因素的影响较少被提及，只有少数研究强调父母受教育水平和父母离异的影响。Lichter等（1992）对非洲裔美国人初婚年龄的研究发现，母亲受教育水平对子女的婚姻起到推迟作用，母亲受教育水平高，则子女结婚时间晚。Avery等（1992）的研究则发现，生活在单亲家庭的子女，更倾向于推迟初婚年龄。在一项对拉美裔年轻女性初婚时间影响因素的研究中，作者发现父母受教育水平和父母离异对

---

① 根据中国第二次全国残疾人抽样调查领导小组、国家统计局公布的最新调查数据，截至2006年4月1日，中国各类残疾人总数达8296万人，残疾人占全国总人口的比例为6.34%。

年轻女性初婚年龄有显著影响：父母受教育年限每增加一年，孩子早婚的可能性减少1%；14岁前与父母共同生活在完整家庭的孩子，早婚的概率降低10%，但兄弟姐妹数量对结婚没有显著的影响（Lloyd，2006）。

但在中国农村，父母在子女择偶和婚姻的缔结中起到重要作用。子女成婚不仅是双方当事人自己的事情，更是家庭的大事。中国自古以来有成家立业的说法，成家往往在立业的前面；尤其对农村年轻男性而言，他们婚前很难有足够的积蓄支付日益攀升的男性婚姻花费。农村传统的家庭养子防老模式也使得父母理所应当地担当起为子女结婚操劳的责任。综合以上因素，中国农村婚姻缔结的花费往往由父母支付，子女结婚花费也是家庭重要的支出项目。

在农村，婚姻花费主要是由男方承担的。近20多年来，随着农村男性家庭婚姻花费日益增长，多数家庭即使省吃俭用也难以独立承担昂贵的费用，多数家庭需要举债才能完婚（Min和Eades，1995；Wei和Zhang，2011）。另外，儿子结婚往往意味着家庭财产的分割和再分配，因此多子的家庭往往面临着"多子分家"的压力，多数家庭往往没有能力承担所有儿子的结婚，因此多子的家庭男性结婚的可能性要小得多（陈友华，2004）。对国内大龄未婚男性的质性研究也发现，家境贫困、兄弟数量多的家庭往往难以支付高额的结婚花费（刘中一，2005a；彭远春，2004；张春汉，2005）。

5.3.4　婚姻市场特征

国外关于婚姻市场特征影响的研究往往强调婚姻市场数量特征和质量特征。数量特征常常通过婚龄人口性别比、单身人口性别比等测量，而质量特征往往通过反映潜在配偶经济状况的变量测量，如就业率、贫困率、平均年收入和平均职业阶层等（Guzzo，2006；Crowder和Tolnay，2000）。

研究发现，婚姻市场数量和质量特征对结婚机会有重要影响。Grossbard-Shechtman和Amuedo-Dorantes（2005）分析了美国20世纪60年代的女性婚姻挤压现象，发现20世纪40年代出生队列的女性过剩，导致了

60 年代婚姻市场上男性的短缺，因此婚龄女性面临婚姻挤压，大量女性超过结婚年龄仍然单身。Guzzo（2006）将 1995 年全国家庭增长调查数据和劳动力市场数据相匹配，发现当地性别比对结婚率有积极的影响，即性别比越高，则人们越倾向于结婚，而不是同居或单身；但男性就业比例对女性结婚行为并没有显著的影响。Oppenheimer（1988）对女性结婚年龄的研究发现，女性婚姻的推迟与潜在男性配偶的就业前景有关，而与女性自身的经济资源关系不密切。Lichter 等（1995）验证了婚姻市场男性供给数量对女性教育和职业匹配的影响，发现有利于女性的婚姻市场（如男性比例较高）增加了女性同社会经济地位较高的男性结婚的可能性；也增加了女性拒绝同社会经济地位较低的男性结婚的可能性。Stone 等（2007）对来自 36 个国家的 17～30 岁的男性和女性的择偶偏好进行了分析，发现男性的择偶偏好与性别结构存在显著的负相关关系，即在性别比较高的社会，男性更容易降低择偶标准。

　　少数研究探讨了婚姻市场状况与婚姻策略的关系。针对同初次结婚相比，再婚夫妻的匹配模式是更趋于同质性还是异质性这一问题，Gelissen（2004）采用荷兰 1998 年离婚调查数据，分析了离异后再婚人口的夫妻教育、阶层和年龄匹配特征，发现男性再婚时更容易找到教育与自己匹配的配偶；而与初婚相比，男性和女性再婚时夫妻年龄同质性的可能性降低。Lichter 等（1995）探讨了女性的婚姻策略如何反映个人择偶偏好和婚姻市场限制的影响。他通过对年轻女性婚姻状况和丈夫教育和职业特征的分析，发现婚姻市场上可婚配男性供给状况不仅降低了女性结婚的可能性，还影响到她们的夫妻匹配形式：男性过剩的婚姻市场对女性而言是有利的，增加了女性同经济状况较好的男性结婚的概率；更多的女性宁愿选择单身，也不愿意接受经济状况差于自己的男性为伴侣；但女性的择偶标准并不会因为婚姻市场的男性短缺而降低。在对婚前有生育行为女性的研究中，Harknett（2008）采用收入、职业、教育以及夫妻在上述三个特征的差值，来测量丈夫的经济状况，发现女性所在婚姻市场特征对其匹配的丈夫的经济特征没有显著的影响。

　　婚姻挤压对非洲裔美国女性婚姻的和非婚生育的影响引起较多关注。研究普遍认为，黑人男性，尤其是受过良好教育和有良好职业阶层的黑人男性的短缺，使得黑人女性的结婚率极速下降，更多的受过良好教育的黑人女性保持单身（Muwakkil, 2006）。Gustafsson 和 Worku（2006）对南美洲的研究发现，当婚姻市场有利于女性时，则女性结婚概率以及同经济地位较高的男性结婚的可能性均增加；由于婚姻市场中男性数量的短缺，非洲裔黑人女性结婚的概率远远低于白人女性。Lichter、Oppenheimer 等通过适婚人口性别比、男性失业率、男性人均收入等变量测量了婚姻市场特征对黑人和白人女性婚姻行为影响的差异，发现女性的结婚动机很大程度上受到年轻男性经济环境的影响（Lichter et al. , 1991；Oppenheimer, 1988）。

　　一些研究也探讨了婚姻市场特征对跨种族婚姻行为的影响。Chiswick 和 Houseworth（2011）发现性别比对跨种族婚姻有积极的促进作用，即在种族内缔结婚姻可能性越小，越有可能跨越种族的界限。Crowder 和 Tolnay（2006）研究发现，黑人男性的跨种族婚姻对黑人女性的结婚动机和结婚决策发挥着不可低估的作用。由于具有经济优势，受教育程度高、收入水平高、职业阶层高的黑人男性更倾向于婚娶白人女性，因此黑人女性可选择的潜在配偶中，具有经济优势的黑人男性数量减少，而经济贫困的黑人男性的比例增大，这就使得她们在婚姻市场中处于不利地位，获得理想配偶的可能性降低。

　　国内较少有分析婚姻挤压下适婚人口的结婚机会或婚姻策略。如刘利鸽和靳小怡（2011）对安徽省某县调查数据的研究发现，与平原地区的男性相比，经济欠发达的山区村庄男性面临更严重的女性缺失，男性失婚风险进一步增大。施丽萍（2010）发现婚姻市场对高学历女性择偶观念有重要影响：低龄的高学历女性倾向"男高女低"的婚配模式，而大龄高学历女性由于面对婚姻挤压，不得不逐渐降低择偶标准和择偶意愿。

5.4　小结

　　首先，本章介绍了婚姻和家庭领域的经典理论，发现婚姻交换理论和婚姻市场理论是婚姻和家庭研究的主要理论。婚姻交换理论与婚姻市场理论都强调经济理性的假设，两类理论的最大区别在于是否关注婚姻市场特征的影响。主要的婚姻市场理论，包括性别失衡理论、可婚配男性假设和婚姻寻找理论，均强调婚姻市场因素的影响，但前提假设和主要观点并不相同。

其次，综述了经典婚姻理论在国内外研究中的应用。经典婚姻理论的应用主要集中在两个方面：一是对个人在婚姻市场中的地位的研究，当前的研究集中在对个人结婚机会的研究，主要以婚姻市场理论为指导。二是对婚姻策略的研究，包括已婚者的夫妻匹配方式和未婚者择偶偏好的研究。该领域的研究目前多以婚姻交换理论为指导，也有少数研究以婚姻市场理论为指导，揭示婚姻市场不均衡下人们的择偶偏好。

最后，本章对婚姻市场地位和婚姻策略的影响因素的研究进行了讨论，发现国外研究对个人经济因素给予较多的关注，个人社会经济地位被认为是影响个人婚姻缔结的主要因素，而非经济因素的重要性较少被提及。在国内研究中，个人非经济因素和家庭因素引起了较多的关注。在欧美对婚姻家庭的研究中，越来越多的学者关注当地婚姻市场数量和质量特征的影响，而这一因素在国内研究中往往被忽视。

通过对国内外理论和应用研究现状的分析，我们明确了本书的指导理论，发现了本书的研究空间。首先，确定了本书的指导理论。婚姻市场理论自产生至今，已经有30年的历史，该理论强调婚姻市场状况的影响，这使得其适合于作为中国农村婚姻挤压环境下择偶和婚姻研究的指导理论。但由于婚姻市场理论起源和主要应用于美国等西方国家，鉴于中美文化和社会发展的巨大差异，必须在考虑中国农村婚姻情景的前提下对该分析框架进行修正。其次，确定了本书的关注点。当前国内对婚姻家庭的研究多以婚姻交换理论为指导，主要关注一般人群的婚姻匹配行为和择偶偏好，而对婚姻挤压背景下农村男性的婚姻行为和观念的关注较少。因此本书在已有研究的基础上，从婚姻挤压这一视角，探讨婚姻挤压下过剩一方的择偶和婚配。最后，明确了本书的研究内容。虽然婚姻市场理论内在地强调婚姻市场不均衡对个人在婚姻市场中地位和婚姻策略的影响，以及婚姻市场中的地位对婚姻策略的影响，但已有应用性研究集中于关注婚姻市场特征对个人结婚机会的影响，或对婚姻市场均衡下的婚姻策略进行研究，较少有研究将对婚姻策略的分析纳入到婚姻市场不均衡的情境下。因此本书将同时考虑婚姻市场地位和婚姻策略及前者对后者的影响，以弥补相关研究的不足。

6 数据与方法

6.1 数据

本书的研究目的在于以婚姻寻找理论为指导，揭示婚姻挤压背景下中国农村男性的婚姻市场地位和策略。本书所使用的数据主要来自西安交通大学人口与发展研究所实施的两次调查，即第 7 章的"探索性研究"部分采用了2007 年在河南省 Y 区实施的"性别平等促进下前瞻性政策探索"质性访谈调查，实证分析部分（第 8 章至第 10 章）的数据来自"百村系列调查"数据。

首先，适合中国国情的婚姻寻找理论分析框架的构建需要质性资料的补充。从理论研究来看，婚姻寻找理论自 20 世纪 80 年代后期以来得到迅速发展和完善，并广泛应用于欧美国家，成为婚姻市场供需不均衡情况下婚姻和家庭研究的重要指导理论；但在中国婚姻和家庭的研究领域中，婚姻寻找理论仍然是一个陌生的概念，几乎没有将该理论引入或应用该理论的研究。因此，作为将婚姻寻找理论应用于对中国社会、经济、文化和人口变迁情境下婚姻研究的首次尝试，我们必须对原有的理论和分析框架进行修正，加入能反映中国社会、经济和文化特征的因素。与此同时，从婚姻挤压下农村婚恋行为的研究现状来看，由于 20 世纪 80 年代以来出生队列的过剩男性刚刚跨入婚育年龄，婚姻挤压问题自 2000 年以来才逐渐引起关注，国内相关研究处于探索阶段，研究成果并不丰富，因此适应中国情景的婚姻寻找理论分析框架的构建是一个探索性的过程，既需要借鉴已有的研究，同时也需要质性分析进行必要的补充，以提供更丰富的原始材料，丰富和弥补已有研究的不足。因此，本书采用河南省 Y 区"性别平等促进下前瞻性政策探索"质性访谈数据，丰富婚姻寻找理论的分析框架，使修正后的框架能更好地反映中国社会经济和文化情境。

其次，对婚姻挤压下农村男性的婚姻市场地位和婚姻策略的研究，需要抽样调查数据的支持。国内婚姻挤压的研究现状表明，宏观层面上对婚姻挤压现状和发展趋势的研究较为成熟，但微观层面上的相关研究则刚刚起步，已有的研究多以质性分析或案例分析为主。但是由于大规模问卷调查数据实施的难度较大，定量数据的获取存在困难，相关定量研究也较少。针对这一研究现状，本书将采用 2010 年寒假实施的"百村个人问卷调查"数据，弥补当前定量研究的不足，揭示婚姻挤压和社会转型期中国农村男性的婚姻策略。

6.1.1 河南 Y 区质性访谈调查

1）调查目标和内容

"性别平等促进下前瞻性政策探索"质性访谈调查的目的在于通过对农村大龄未婚男性及其家人、所在村庄村民和村干部的个人深度访谈和小组访谈，搜集质性访谈数据，了解中国农村大龄未婚男性的生活福利、失婚原因、择偶经历、婚姻观念和社会融合状况，并探讨农村大龄未婚男性的存在给社会治安和社会发展带来的现实和潜在的社会影响。

本次调查的调查方式包括个人深度访谈和小组访谈，调查工具为半结构化的访谈提纲。访谈内容包括个人基本信息、经济状况、婚育观念、社会支持状况、心理与生理状况，村民对大龄未婚男性的态度等。

2）调查地

Y 区位于河南省中南部，共由 9 个乡镇组成。该区农村地区的人口性别结构和经济发展水平，决定了在该区农村进行探索性研究的必要性和可行性。从人口性别构成来看，Y 区出生人口性别结构和未婚人口结构都表现出男多女少的特征，2000 年人口普查数据显示，该区出生人口性别比高达

147，远远高于正常水平；该区所在市 30 岁以上男性的未婚比例为 5%，其中 30~49 岁、50~59 岁、60~64 岁年龄段的男性未婚比例分别为 4%、8.5%、10.0%，而同年龄段女性未婚比例均为 0.2%。从地理位置和经济发展水平来看，Y 区农村能较好地反映当前中国内地农村的基本情况：Y 区地处中原，经济以农业、食品加工业为主，2006 年该区农村人均年收入为 4100 元，在全国农村居中等水平。

3）调查抽样和实施

本次调查采用多层抽样的方式，即依据村庄大龄未婚男性的数量和村庄经济发展水平，从 9 个乡镇中抽取 3 个乡镇，并从每个乡镇中抽取大龄未婚男性较多的 1 个村庄为调查点。调查对象以大龄未婚男性为主，并以大龄未婚男性家庭成员、村庄已婚男性、未婚女性、已婚女性和社区管理人员为补充。在调查实施中，我们对大龄未婚男性及其家人进行个人深度访谈，对已婚男性、未婚女性和已婚女性分别进行个访和组访，对社区管理人员进行组访。本次调查共对 44 人进行了个人深度访谈，并进行组访 9 次（合计参与人数 79 人），调查对象类型和数量分布见表 6-1。

表 6-1　河南 Y 区质性调查统计

调查方式	调查对象类型	调查人数
个访	大龄未婚男性	22 人
	大龄未婚男性家庭成员	12 人
	已婚男性	4 人
	未婚女性	2 人
	已婚女性	4 人
组访	已婚男性	3 组（28 人）
	女性（含未婚和已婚女性）	3 组（38 人）
	社区管理人员	3 组（13 人）

注：本数据来自 2007 年河南省 Y 区实施的"性别平等促进下前瞻性政策探索"质性访谈调查。

调查员较高的素质、被调查人员的高配合程度和当地政府部门的支持，保证了本次调查的顺利实施和较高的数据质量。调查员由西安交通大学人口与发展研究所课题组的教师和研究生担任，按照 2 人一组的方式进行组合，分别承担访问和记录的任务。在调查中，除个别大龄未婚男性外，绝大部分被访对象自愿接受了调查，并表现出较高的配合程度。本次调查的组织和实施也得到了当地政府的支持。

6.1.2　百村系列调查

随着 20 世纪 80 年代以来出生队列的过剩男性当前刚刚进入婚姻和生育年龄，2000 年以来中国婚姻市场男性过剩和婚姻挤压才逐渐引起政府、社会和学者的关注。因此该领域的定量数据，尤其是中观社区层次和微观个人层次的定量数据十分缺乏，这也成为限制该领域研究的重要因素。为了弥补中、微观层面上数据的空白，并揭示当前中国农村婚姻市场的现状和后果，西安交通大学人口与发展研究所在前期研究的基础上，实施了"百村系列调查"。"百村系列调查"包括两个阶段的调查，即 2009 年暑期实施的"百村社区调查"和 2010 年寒假实施的"百村个人调查"，共回收 365 份村庄基本情况问卷和 1867 份个人问卷。

1）调查目的

在社会转型期的中国，经济发展、人口结构和人口迁移都表现出明显的地域差异。东部地区较高的经济发展水平、较多的就业机会，西部地区较低的经济发展水平，分别形成巨大的拉力和推力，促进了农村流动人口自西向东、自内陆向沿海地区的迁移。有研究预测，受经济发展水平和人口迁移地区差异的影响，婚姻挤压的后果将主要由西部贫困地区的男性承担（Das Gupta et al.，2010；陈友华，2004）。为了考察地域特征对男性婚姻机会和婚姻策略的影响，我们对来自全国 20 多个省份的村庄先后进行了两次调查，即"百村系列调查"，以揭示中国婚姻挤压现象和后果及其地区间的差异。

"百村系列调查"包括两个阶段和两个层次的调查，即"百村社区调查"和"百村个人调查"。"社区调查"是社区层次的调查，其目的在于通过获取村庄层次的信息，弥补当前研究中观层次数据的缺乏，揭示当前中国农村社会、经济、人口特征和婚姻挤压现状，并为随后进行的"百村个人调查"提供选点、抽样框等。而"百村个人调查"是个人层次的调查，其目的是在前期"百村社区调查"基础上，以参与"百村社区调查"的村庄为抽样框，重新进行被调查村庄和被调查个人的抽样，以进一步探讨婚姻挤压背景下中国农村人口的经济、婚姻、养老、社会支持和社会融合状况。

2）调查对象和内容

"百村社区调查"的调查对象是村长或其他村干部。通过被调查村庄的村长或其他村干部填写"村庄基本情况问卷"和"大龄未婚男性情况登记表"的方式，获取村庄层次的数据。"村庄基本情况问卷"内容包括村庄社会经济、人口、婚姻、大龄未婚男性和社区治安信息等，了解当前农村的婚姻挤压现状和后果；"大龄未婚男性情况登记表"则是请村干部在调查员的帮助下，对本行政村内所有 28 岁以上的未结婚的男性进行登记，登记内容包括姓名、年龄、身体是否残疾等。前者的目的在于通过搜集社区层次的村庄信息，了解当前中国农村的婚姻挤压现状及其后果；后者的目的在于了解村庄婚姻挤压程度和被挤压男性的特征，并为稍后进行的"百村个人调查"提供抽样框。

"百村个人调查"的目的在于揭示婚姻挤压下农村人口的生活、婚姻、生育、养老和社会融合状况。调查对象为 16 岁以上、非在校学生的农村人口（以男性人口为主），并按照年龄、性别和婚姻状况，分别调查大龄未婚男性（28 岁及以上）、已婚男性、已婚女性、小龄未婚男性、未婚女性五类群体。调查方式以个人问卷调查为主，并以个人深度访谈为补充。问卷内容包括个人基本信息、婚姻生育和养老、社会支持和融合、日常行为和态度等信息。

3）调查员和调查地的确定

两次调查都通过招募生源地为农村的大学生为调查员的方式，利用暑假或寒假回乡的机会实施调查。招募大学生为调查员具有许多优势。首先，就生源地来看，学生的生源地分布广泛，且多数大学生会利用暑假或寒假时间返乡，这使得我们可以在时间和成本限制的情况下，使调查尽可能覆盖更多的地区和村庄。以每个大学生仅对自己所在村庄进行调查来计算，我们抽取的调查员的数量，即等同于被调查村庄的数量。其次，较高的受教育水平，使得调查员有足够的能力理解和表达问卷内容，而学生身份也决定了与其他人群相比，他们更加认真、严谨和可靠，更能够保证较好的数据质量。最后，调查员来自农村，其家人至今仍然生活在村庄，因此他们对村庄有足够的了解，对村干部和村民更为熟识，这使得他们更容易获得当地人的信任，获取可靠的数据。

我们通过在四所大学（三所陕西的大学和一所山西的大学，分别称为高校 A ~ 高校 D）各一个院系招募来自农村的大学生为调查员的方法，实施了我们的调查。较高比例的农村学生和较好的合作关系是我们选择这四所高校的重要原因。四所高校的学生生源地各有特色，高校 A 和高校 B 面向全国招生，因此其生源地覆盖较多的省份；高校 C 和高校 D 主要在陕西省内招生，因此其生源分别主要来自陕西和山西。

我们按照以下原则招募调查员：首先，他们必须来自农村，拥有农村户口，其家庭成员至今仍生活在农村。其次，他们必须是大学一年级和大学二年级的学生。因为这个年级的学生刚刚开始大学生涯，学习任务相对轻松，也没有找工作、考研等压力，寒、暑假回乡的可能性更大，因此能够提高问卷的回收率和问卷质量。再次，一个行政村只接受一名志愿者。最后，尽量控制陕西和山西学生的比例。由于四所学校分别位于陕西省和山西省，这两个省份的生源比例远远高于其他省份，因此，我们在接受报名时尽量对陕西和山西的学生进行控制，保证这两个省份的学生不能超过 50%。

在以上四个原则的基础上，我们采用自愿报名的方式，对志愿者进行登记，并在考虑地域分布的前提下，对志愿者进行抽样。因此被抽取的志愿者生源地所在的村庄，即是本次系列调查的调查地。

4）抽样方式

"百村社区调查"的抽样方式。"百村社区调查"采用非概率方便抽样的方式。我们根据四所高校自愿报名参与调查的学生登记情况，形成学生志愿者信息库。该信息库提供了学生志愿者的姓名、班级、生源地所在省份、县市和村庄等信息，作为本次调查的抽样框。我们采取了一系列措施对志愿者进行了筛选。首先，通过来自农村、年级为大一或大二、一个行政村只有一个志愿者的限制，剔除部分不符合要求的志愿者。其次，对不同的高校采用不同的抽样策略。高校 A 和高校 B 的生源地涵盖较多的省份，因此在这两个高校的抽样以非陕西籍和非山西籍学生为主。高校 C 和高校 D 的生源以省内生源为主，因此在这两个高校的抽样分别以陕西生源和山西生源为主。本地调查共抽取 421 位志愿者。

"百村个人调查"的抽样方式。问卷调查的调查对象以男性为主，女性为辅，采用简单的多阶抽样和配额抽样：一是被调查村庄的抽取是从"百村社区调查"的 364 个村庄中抽取本次调查的村庄。由于百村社区调查中村庄的抽取是有偏向的，较多村庄来自陕西和山西。为了克服这一问题，使得抽样能尽可能覆盖较多省份，本次抽样采取非等比例抽样的方式，即增加对非陕西和山西村庄的抽中概率，以使得各个省份被抽取的村庄尽可能分布均匀。按照这一原则，从"百村社区调查"中接受调查的来自 28 个省份的 364 个村庄中抽取了来自 27 个省份的 149 个村庄（村庄分布情况见表 6－2 和表 6－3）。二是调查对象的选取采用配额抽样，即按照性别、婚姻状况和年龄，分别抽取未婚男性、已婚男性、未婚女性和已婚女性，其中各类调查对象都按照 27 岁以下、28～49 岁和 50 岁以上三个年龄层分别抽样。大龄未婚男性的抽取，以"百村社区调查"获取的"大龄未婚男性"为抽样框，进行随机抽样。由于其他被调查对象抽样框难以获得抽样框，因此对其他调查对象的抽取在控制年龄、数量的原则上，采取配额抽样，即每个村庄内部，各个年龄段已婚男性数量的抽取及年龄段分布与未婚男性保持一致。由于女性并非本次调查的主要目的，因此在每个村庄只分别抽取 1 个未婚女性和 1 个已婚女性。

5）调查质量控制

两次调查的质量控制措施是相同的，包括调查前控制、调查中控制和调查后控制（见图 6－1），以确保数据的质量。具体措施包括：

（1）调查前的培训和现场模拟调查。在调查前，课题组的成员（教师或博士生）分别到四所高校对调查员进行了现场培训和现场模拟调查。在

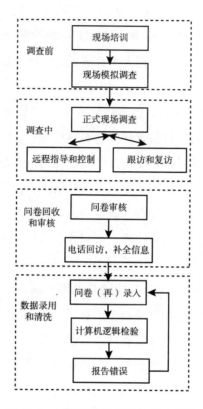

图6-1 调查和数据质量控制流程图

现场培训会上，调查指导员首先分别对调查问卷、问卷填写规则、问卷中的关键词、调查执行程序、提问方式和提问技巧等进行了详细的讲解；其次，通过对调查员提问进行解答的方式，加深调查员对调查的了解，解决他们的疑惑；最后，组织现场模拟调查，先由两个调查指导员模拟和示范调查过程，然后请调查员上台模拟调查过程，并给予指导、点评，以强调调查注意事项和技巧。

（2）调查的实施和质量控制。在调查的过程中，每两位调查指导员（由教师或博士生担任）负责指导和监督一个学校的所有调查员。在调查期间，调查指导员通过电话、短信的方式，询问调查进度，回答调查中遇到的问题。

另外，在"百村个人调查"期间，增加了"随机复访和跟访"环节（见图 6-1）。即从 149 个村庄中，随机抽取 20 个村庄，由西安交通大学人口与发展研究所的部分教师、博士生和硕士生到现场进行跟踪和指导，以检查调查实施情况，并发现调查中存在的问题。

（3）问卷的回收与审核。问卷的回收和审核暑期和寒假过后在四所高校同时进行。审核的内容包括审核问卷的填写方式、问卷编码、问卷的完整程度、问题之间逻辑关系是否矛盾以及问题答案是否合理。如果发现问卷中关键变量有漏答现象，请调查员电话询问被调查者，尽量补齐信息，否则将其视为不合格问卷；如果问卷存在其他问题，请调查员进行解释和说明，如果解释合理，则将其归为合格问卷，否则为不合格问卷。

（4）数据录入和清洗。首先，利用 Epidata 软件构建数据库，并通过 CHK 文件的编写进行初次的逻辑检验及范围控制，包括对需要跳问的问题设置了自动向下跳问，超出题项给予的选项，或超出正常范围值的信息将无法输入。其次，通过编制计算机程序，对录入的每一份问卷中的问题之间的逻辑一致性进行检验。对于有逻辑问题的记录，寻找原始问卷进行核对，根据问卷内容进行修改。例如，村总人口应该为该村男性与女性之和；村外出打工人数不可能超过村总人口等。

6）调查结果

"百村社区调查"共得到来自中国大陆 28 个省份（北京、广东和西藏除外）365 份有效问卷，问卷回收率为 86.7%。未回收问卷的主要原因在于部分学生改变了暑期计划，没有回乡；或者难以访问到村干部。对问卷的检验，剔除一份不合格问卷，最后留下 364 份有效问卷。较高比例的调查员来自陕西和山西，导致调查抽样存在一定偏差，即来自山西和陕西的村庄比例较高。364 份有效问卷中，分别有 94 个和 105 个样本来自山西和陕西，占样本总量的 54.7%。其他村庄省份的分布基本上是均匀的（被调查村庄省份分布情况见表 6-2）。虽然抽样存在一定的偏差，但由于调查涵盖省份较广，调查数据仍具有一定的代表性，能够初步揭示性别失衡背景下中国农村婚姻挤压的基本特征。

表 6 – 2　"百村社区调查"样本基本信息

东部		中部		西部	
省　份	村庄数	省　份	村庄数	省　份	村庄数
福　建	5	安　徽	11	甘　肃	11
海　南	2	山　西	94	重　庆	3
河　北	7	湖　北	7	宁　夏	4
江　苏	5	湖　南	10	青　海	7
辽　宁	2	江　西	8	陕　西	105
山　东	15	黑龙江	4	四　川	12
上　海	1	吉　林	5	新　疆	3
天　津	6	河　南	10	云　南	6
浙　江	3			贵　州	10
				内蒙古	1
				广　西	7
小　计	46	小　计	149	小　计	169

　　百村个人调查共抽取来自 27 个省份的 149 个村庄，其中包括 10 个东部省份的 37 个村庄，9 个中部省份的 56 个村庄和 8 个西部省份的 56 个村庄（见表 6 – 3）。本次调查共收集有效问卷 1867 份，各类调查对象的数量和地域分布如表 6 – 4 所示。需要强调的是，东部的样本数量之所以较小，是由较低比例的生源和较小规模的大龄未婚男性决定的：东部生源相对较小，因此被抽取的东部村庄数量也较少；东部村庄大龄未婚男性的规模小于西部和中部村庄，在实施配额抽样的情况下，东部村庄被抽取的已婚男性和小龄未婚男性的规模也较小。

表 6 – 3　"百村个人调查"实际抽取村庄数量

东部		中部		西部	
省　份	村庄数	省　份	村庄数	省　份	村庄数
福　建	4	安　徽	6	甘　肃	8
海　南	1	山　西	20	重　庆	2
河　北	5	湖　北	1	宁　夏	3
江　苏	3	湖　南	10	青　海	4
辽　宁	2	江　西	3	陕　西	20

续表

东部		中部		西部	
省 份	村庄数	省 份	村庄数	省 份	村庄数
山 东	8	内蒙古	1	四 川	10
上 海	1	黑龙江	3	云 南	4
天 津	4	吉 林	3	贵 州	5
浙 江	2	河 南	9		
广 西	7				
10省市	37	9 省市	56	8 省市	56

注：缺失省市：北京、广东、西藏、新疆。内蒙古大龄男性样本为零。
数据来源：本表数据来自"百村个人调查"。

表6-4　"百村个人调查"被调查对象分布

被调查对象类型	合计	东部	中部	西部
大龄未婚男性	780	104	308	368
已婚男性	616	93	249	274
小龄未婚男性	200	24	100	76
已婚女性	136	24	51	61
未婚女性	135	22	51	62
合 计	1867	267	759	841

6.2　研究方法

本书将管理学、社会学和统计学的研究方法相结合，采用文献分析法和质性研究方法构建农村男性婚姻市场地位和婚姻策略的分析框架，并采用统计分析方法验证该分析框架。

婚姻寻找理论的分析框架不但强调个人自身因素的作用，也强调社区层次，即个人所处婚姻市场因素对婚恋行为和观念的影响。本书所需男性样本来自27个省份的127个村庄。这就造成同村庄（即同组）的男性样本在社区层次的变量是一致的，而不同的村庄样本在社区层次的变量存在差异。这不满足传统的线性模型的线性、正态分布、方差齐性和独立性的基本假设。在这种情况下如果采用传统的统计模型，则难以对同一村庄男性样本的某些社区层次的变量加以控制，加大了误差项。在这种情况下，采用多层模型，有助于考察村庄层次变量的组间差异（张雷等，2003）。因此，本书主要采用分层统计模型进行分析，既满足了婚姻寻找理论的要求，也避免了由于忽略多水平层次结构可能带来的严重后果。

从数据的样本量来看，多层线性模型对样本量有以下要求：1）样本量至少为30；2）变量数和样本量之间的比例不能小于1：10（张雷等，2003）。本书所使用的数据满足上述要求，因此有采用多层统计模型的方法上的必要性和技术上的可行性。本书将主要采用分层统计模型，更准确地说是随机截距模型，具体的研究内容和研究方法对应如下：对男性在婚姻市场地位影响因素的研究分别采用 Cox 比例风险模型[①]和分层 Multi-logistic 随机截距模型；对已婚男性婚姻策略的研究分别采用分层线性随机截距模型、分层有序 Logistic 随机截距模型和分层 Binary-logistic 随机截距模型；对未婚男性婚姻策略的研究采用分层有序 Logistic 随机截距模型（见图6-2）。以上分析通过 Mplus 软件实现。

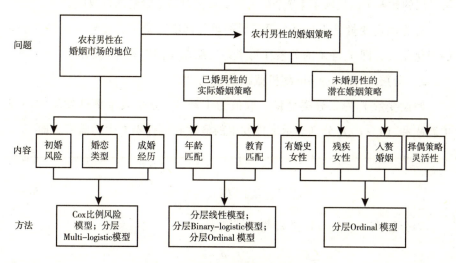

图6-2 研究内容及所对应统计方法

---

① Cox 比例风险模型是没有截距的，即不包括截距项。因此分层 Cox 截距模型是没有意义的，本书采用 Cox 比例风险模型进行分析。

各模型的基本形式如以下公式所示：

1）分层线性随机截距模型

分层线性随机截距模型的建构如下：

第一层： $\qquad Y_{ij} = \beta_{0j} + \beta_{1j}X_{ij} + \gamma_{ij}$ $\qquad$ (6 – 1)

第二层： $\qquad \beta_{0j} = \gamma_{00} + \gamma_{01}W_j + \mu_{0j}$ $\qquad$ (6 – 2)

下标 = 1，2，…，n_j，代表第一层的单位；

下标 j = 1，2，…，J，代表第二层的单位；

r_{ij} 是方程（6 – 1）的残差项或随机误差项。

β_{0j} 为随机变量，表示当 X 取值为 0 时，第 j 个第二层的单位在基准水平时 Y 的平均估计值，包括固定部分（$\gamma_{00} + \gamma_{01} + W_j$）和随机部分 μ_{0j}。其中 γ_{00} 为 β_{0j} 平均截距，其取值在第二层的单位之间是恒定不变的；β_{0j} 的取值受到第二层的变量 W_j 的影响，系数为 γ_{01}。μ_{0j} 是 β_{0j} 的随机部分，即随机变量或潜变量，表示第 j 个第二层单位的 Y 的平均估计值 β_{0j} 与总均值 $\gamma_{00} + \gamma_{01}W_j$ 的离差，即为第二层的残差项，反映了第 j 个第二层的单位对因变量的随机效应。

β_{1j} 为固定变量，表示每个第二层的单位间因变量 Y 的变异与解释变量 X 的变化无关，即 Y 与 X 的关系在每个第二层单位间都是相同的。

2）分层 Binary-logistic 随机截距模型

假设变量 Y_{ij} 为二分类变量，取值为 1 和 0，分别表示事件发生和不发生。P_{ij} 和（$1 - P_{ij}$）分别表示事件发生的概率和事件不发生的概率，即

$$P_{ij} = P(Y_{ij} = 1) \qquad (6 – 3)$$

$$1 - P_{ij} = P(Y_{ij} = 0) \qquad (6 – 4)$$

则分层 Binary-logistic 随机截距模型为：

第一层： $\qquad Logit(P_{ij}) = ln\dfrac{P_{ij}}{1 - P_{ij}} = \beta_{0j} + \beta_{ij}X_{ij}$ $\qquad$ (6 – 5)

第二层： $\qquad \beta_{0j} = \gamma_{00} + \gamma_{01}W_{0j} + \mu_{0j}$ $\qquad$ (6 – 6)

下标 = 1，2，…，n_j，代表第一层的单位；

下标 j = 1, 2, …, J, 代表第二层的单位。

第一层是一个 Binary-logistic 回归模型。$Logit$ 表示 (P_{ij}) 和 $(1 - P_{ij})$ 的对数发生比。β_{0j} 为随机变量, 受第二层变量的影响。β_{0j}、β_{1j}、γ_{00}、γ_{01}、μ_{0j} 的取值和意义同公式 (6-1) 和公式 (6-2)。

3) 分层 Multi-logistic 随机截距模型

假设变量 Y_{ij} 为含有 n 个类别的无序分类变量, n 个分类分别用 1, 2, …, k, …, n 表示, P_k 和 P_n 分别表示因变量取值为 k 和 n 的概率, 即

$$P_k = P(Y_{ij} = k) \tag{6-7}$$

$$P_n = P(Y_{ij} = n) \tag{6-8}$$

则无序多分类变量的分层随机截距模型为:

第一层:
$$Logit(P_k) = ln\frac{P_k}{P_n} = \beta_{0jk} + \beta_{1jk}X_{ij} \tag{6-9}$$

第二层:
$$\beta_{0jk} = \gamma_{00} + \gamma_{01}W_{0j} + \mu_{0j} \tag{6-10}$$

下标 = 1, 2, …, n_j, 代表第一层的单位;

下标 j = 1, 2, …, J, 代表第二层的单位。

第一层是一个 Multi-logistic 回归模型。β_{0jk} 为随机变量, 受第二层变量的影响。β_{0jk}、β_{1jk}、γ_{00}、γ_{01}、μ_{0j} 的取值和意义同公式 (6-1) 和公式 (6-2) 中 β_{0j}、β_{1j}、γ_{00}、γ_{01}、μ_{0j}。

4) 分层有序 Logistic 随机截距模型

假设变量 Y_{ij} 为含有 n 个等级的有序变量, n 个等级分别用 1, 2, …, m 表示。

等级为 m 的概率记为 $P(Y_{ij} = m \mid X)$, 则 $P(Y_{ij} \leq m \mid X)$ 为等级小于或等于 m 的累积概率; $P(Y_{ij} > m \mid X)$ 为等级大于 m 的累积概率。

则有序因变量的分层随机截距模型为:

第一层: $$Logit[P(Y_{ij} \leq m \mid X)] = ln\frac{P(Y_{ij} \leq m \mid X)}{1 - P(Y_{ij} \leq m \mid X)} = \beta_{0j} + \beta_{ij}X_{ij} \tag{6-11}$$

第二层：
$$\beta_{0j} = \gamma_{00} + \gamma_{01}W_j + \mu_{0j} \qquad (6-12)$$

下标 = 1，2，…，n_j，代表第一层的单位；

下标 j = 1，2，…，J，代表第二层的单位。

第一层实际上是一个 Ordinal-logistic 回归模型，且无须考虑因变量在第一层的方差成分（即随机项）。β_{0j}、β_{1j}、γ_{00}、γ_{01}、μ_{0j} 的取值和意义同公式（6-1）和公式（6-2）。

5）Cox 比例风险模型

Cox 比例风险模型的基本形式如公式（6-13）所示：

$$ln\frac{h(t)}{h_0(t)} = \beta X \qquad (6-13)$$

$ln\dfrac{h\,(t)}{h_0\,(t)}$：表示风险率之比，即风险比。其中 $h\,(t)$ 为风险率，表示在时刻 t 保持原来状态（如未婚、已婚、生存等），但 t 时刻后瞬间改变状态（如结婚、离异、死亡）的概率；h 为基准风险，是指在不考虑任何协变量 X 之前风险函数的起点或基准。由于基准风险 h 没有指定，因此 Cox 比例风险模型是没有截距的，即不包括截距项。基于此，对 Cox 比例风险模型而言，其分层随机截距模型是没有意义的。因此本书采用 Cox 比例风险模型进行分析。

6.3 样本的选取

根据本书的研究目的，我们只将男性样本纳入分析，其他样本则被剔除。在婚姻市场中，虽然多数婚姻在 30 岁之前或 40 岁之前发生，但 50 岁仍然被认为是初婚年龄的上限，50 岁以后仍未结婚的男性往往被认为是终身不婚（Dykstra，2004）。另外，在过去的半个世纪，尤其是 20 世纪 80 年代早期以来，随着改革开放的深入，我国的社会、经济和文化发生了巨大的变化，50 岁以下人口和 50 岁以上人口在教育、职业和其他特征方面可能存在巨大的差异。基于这个原因，本书只考虑 50 岁以下的男性样本。虽然近些年来中国农村地区平均初婚年龄有推迟的趋势，但 18 岁仍然是农村所认可的成年，多数男性 18 岁之后逐步进入适婚年龄，因此在本书中，只有年龄在 18～50 岁的男性样本纳入分析中。各类调查数据的具体使用情况如下：

质性数据的选取。为了构建性别失衡下婚姻寻找理论的分析框架，探索遭受婚姻挤压男性的婚姻观念和行为，本书对质性访谈资料的应用（见第 7 章），只选择了 50 岁以下的男性样本（包括大龄未婚男性和已婚男性），以及 50 岁以下大龄未婚男性的家人样本。共有 16 个大龄未婚男性、7 个大龄未婚男性的家人和 3 个已婚男性样本纳入本书分析中。

百村系列调查数据的选取。本书实证分析部分（第 8 章至第 10 章）采用百村系列调查数据，其中以百村个人调查数据为主。依据婚姻寻找理论，个人所处当地婚姻市场是影响个人婚姻行为和观念的重要因素，因此在分析中有必要纳入村庄层次的因素。由于村庄层次的信息主要集中在百村社区调查，因此我们采用"村庄编码"变量，将两次调查数据合并和匹配，生成新的同时包括村庄信息和被访者个人信息的数据库。由于本书的研究目的在于探讨农村适婚男性的婚姻观念和行为，因此在数据处理过程中，我们删除了女性样本和年龄不符合研究要求的男性样本，只保留了 18～50 岁的男性样本，合计为 1144 个，包括 417 个已婚男性和 727 个未婚男性；在此基础上将个人样本和村庄样本匹配，并剔除了村庄和个人层次变量中存在缺失值的样本，最终只有 1044 个有效样本纳入分析，包括来自 127 个村庄的 380 个已婚男性和 664 个未婚男性。

7 农村男性婚姻市场地位和
婚姻策略分析框架

本章的主要目的在于将中国农村婚姻的实际情况和经典的婚姻理论相结合，构建适合中国婚姻挤压情境的关于农村男性婚姻市场地位和婚姻策略的分析框架。本章首先通过对四个经典婚姻理论的基本观点和应用情境的比较，确定婚姻寻找理论是适合中国农村男性择偶和婚姻缔结的经典理论。其次，在阐述经典婚姻寻找理论分析框架的基础上，根据中国农村婚姻的实际情境，指出该分析框架用于中国农村男性择偶和婚姻分析的不足。最后，采用扎根理论分析方法对质性材料进行探索性分析，在此基础上丰富和细化婚姻寻找理论分析框架，提出中国农村婚姻挤压情境下的分析框架。

7.1 适用于中国婚姻挤压情境的婚姻理论

婚姻交换理论和婚姻市场理论是择偶和婚姻缔结研究的主要理论，其中婚姻市场理论主要包括三个派别，即性别失衡理论、可婚配男性假设理论和婚姻寻找理论。各理论都不同程度地应用于婚姻和家庭研究，在欧美国家其应用尤为广泛（Fu，2008；Guzzo，2006；Lichter et al.，1992；Lichter，1997；South，1996）；其中婚姻交换理论的影响最为深远。

在中国的婚姻研究中，一些学者（甘琳琳，2007；韩婷婷，2010；施丽萍，2010）引入了婚姻交换理论，试图用"等价交换"原则解释中国的夫妻匹配方式或择偶偏好。但很少有研究介绍婚姻市场理论，或将其用于分析婚姻挤压情境下中国农村地区男性的择偶和婚姻缔结。那么在普婚文化和男性婚姻挤压并存的农村地区，哪个或哪些理论更适合解释农村男性的婚姻行为和偏好呢？本章通过对婚姻交换理论和三个不同派别的婚姻市场理论的基本观点和应用情境的分析，确定适用于中国农村婚姻现象的合适理论。

7.1.1 婚姻交换理论的局限性

婚姻交换理论自20世纪60年代末形成以来，在各国婚姻和家庭的研究中得到应用，是形成时间最早、应用范围最广、影响最为深远的婚姻家庭理论。该理论所倡导的择偶所遵循的经济理性和等价交换原则在多个国家（包括中国）的实证研究中都得到验证（陈巧，2010；甘琳琳，2007；韩婷婷，2010；施丽萍，2010）。但该理论所倡导的经济理性和等价交换原则成立的前提条件是婚姻市场均衡，即假设个人所处的婚姻市场处于供需均衡状态。在这一前提下，该理论重点强调婚姻的本质是双方之间物质资源和非物质资源的公平、等价交换，而不考虑婚姻市场供给的限制。

但中国农村适婚人口所处的婚姻市场环境并非是均衡的。一方面，长期偏高的出生人口性别比水平已经影响到我国的人口性别结构，并造成总人口性别结构和婚龄人口性别结构高于正常水平，适婚男性过剩现象并不罕见，且继续呈现上升的势头。另一方面，经济发展水平和人口迁移趋势存在着明显的地域差异，打破了婚龄人口的地区平衡，具体表现为伴随着劳动人口自西向东迁移，大量的女性通过远距离婚姻迁移的方式，实现了自西向东、自山区向平原、自平原向沿海地区农村的空间转移，突破了人口的原有分布模式，使得西部贫困地区的男性处于更为不利的婚姻市场环境。总之，当前中国农村婚姻市场的供需特征表现为男性供给总体过剩且地区间分布不平衡，因此对农村男性婚姻缔结的研究不能忽视婚姻市场因素；婚姻交换理论由于只关注个人层次因素的影响，而忽略婚姻市场层次因素的影响，因此不适合作为本书的指导理论。

7.1.2 性别失衡理论的局限性

作为婚姻市场理论的重要分支，性别失衡理论强调婚姻市场中供需关系对男性婚姻动机和行为的影响，但其关于男性婚姻动机的假设一直存在较大的争议。该理论假设女性对婚姻有着强烈的偏好，这一偏好并不受婚姻市场供需状况的影响。与女性不同，男性本质上对婚姻是排斥的，他们更偏好自由的非婚姻关系，而不愿意与女性建立忠诚、稳定的婚姻关系。因此男性的结婚动机取决于婚姻市场供需结构的影响。当婚姻市场表现出女性过剩的状况时，他们面临更多的择偶机会，因此缺乏结婚的动机，更愿意与女性保持非婚姻的两性关系；当婚姻市场表现出男性过剩状况时，男性为了竞争有限的可婚女性资源，表现出较强的结婚动机（Guttentag 和 Secord，1983；Guzzo，2006；Lloyd 和 South，1996）。

根据该理论，婚姻市场中男性的短缺更容易造成结婚率下降，而男性的过剩反而有利于结婚率的提高。这显然与我国的婚姻实践是不相符的。一方面，历次人口普查数据显示，中国是一个拥有普婚文化的国家，结婚率一直处于较高水平。2002 年的一项调查显示，截至 35 岁，中国男性和女性的结婚率都高于 90%，其中女性的结婚率高于男性（Meng，2009）；这一比例不仅远远高于欧美等面临结婚率下降的国家，也高于印度、巴西等发展中国家（Esteve 和 McCaa，2008）。这表明中国仍然是一个盛行普婚文化的国家，几乎所有的人都是期望缔结婚姻的；这种对婚姻的强烈偏好并不是由婚姻市场供求关系决定的。另一方面，过剩男性的存在不但不利于男性结婚率的提高，反而可能降低男性的结婚率。虽然陈友华提出在当前轻度婚姻挤压的中国，过剩男性的存在不会对男性的总体结婚率造成太大的影响（陈友华，2004）；但很显然，未来随着婚姻挤压程度的加重，男性结婚率可能会进一步降低。因此性别失衡理论关于男性结婚动机和男性结婚率随婚姻市场状况变化的假设在中国农村男性婚姻挤压的情境下是不成立的，性别失衡理论不是指导中国农村男性择偶和婚姻研究的合适理论。

7.1.3 可婚配男性假设理论的局限性

可婚配男性假设理论最初是针对美国黑人女性，尤其是经济状况较好的黑人女性结婚动机下降而提出的，侧重强调可婚配男性"质量"对女性婚姻行为的影响（Guzzo，2006；South 和 Lloyd，1992b）。该理论认为女性结婚率的下降并不是由婚姻市场中男性过少造成的，更精确地说，是具备某些社会经济特征的可婚配男性过少造成的。在实证研究中，该理论通常应用于解释女性婚姻行为，尤其是社会经济地位较好的女性的婚姻行为。该理论的适用情景与中国男性婚姻挤压主要由农村底层男性承担的现状是不相符的。在当前中国农村，婚姻挤压首先表现在"数量"特征上，是由婚姻市场中女性绝对数量的短缺所造成的男性过剩，其实质是底层男性的婚姻挤压。一些质性研究勾画了农村大龄未婚男性的形象：他们往往处于社会底层，贫困、没有接受过良好教育、缺乏经济潜能、不会讨好女性等（吕峻涛，2006；彭远春，2004；申端锋，2006）。因此可婚配男性假设理论也不适用于解释中国农村底层男性的择偶和婚姻情况。

7.1.4 婚姻寻找理论的优越性

以上分析表明，婚姻交换理论、性别失衡理论和可婚配男性假设理论都因其观点和适用情景的局限性，不适用于解释中国农村男性的择偶和婚姻。与上述三个理论相比，婚姻寻找理论则具有无可比拟的优越性。

首先，婚姻寻找理论强调婚姻市场因素的作用。该理论认为人们总是在特定的婚姻市场中寻找配偶；当婚姻市场供需结构不均衡时，人们难以在短期内改变婚姻市场，只能调整自己的行为和偏好以适应婚姻市场环境（Crowder 和 Tolnay，2000；Lloyd，2006）。该理论对婚姻市场因素的关注，使其适用于我国农村婚姻挤压的情境。

其次，婚姻寻找理论同时强调婚姻市场"质"和"量"的影响，认为婚姻市场供需不平衡既表现在"量"的不平衡，也表现在"质"的不平衡上（Lichter et al.，1991b；Wilson，1987）。这与中国农村婚姻市场的实际情况是相符的。一方面，中国婚姻挤压的首要问题是"数量"问题，即婚姻市场中男性供给的过剩和女性的短缺；另一方面，由于经济和社会发展的不平衡，中国农村婚姻市场也面临着"质量"问题，集中表现在经济发展和人口迁移的地区不平衡上。

最后，婚姻寻找理论也强调个人因素的影响。婚姻寻找理论继承了婚姻交换理论"等价交换"的基本思想，强调个人因素对择偶和婚姻行为的影响，认为无论婚姻市场供需结构是否均衡，个人自身特征都会影响到潜在配偶的特征（Harknett，2008；Kalmijn 和 Flap，2001）。这与国内已有研究关注失婚男性个人和家庭特征是不冲突的。

综合上述分析，婚姻寻找理论更适合解释中国农村婚姻挤压下农村男性的择偶和婚姻缔结现象。

7.2 婚姻寻找理论分析框架和中国农村婚姻问题的特殊性

7.2.1 婚姻寻找理论分析框架

婚姻寻找理论分别是基于理性选择理论和工作选择理论提出的（Becker，1981；Hutchens，1979；Oppenheimer，1988）。该理论认为，劳动市场和婚姻市场有众多的相似之处，人们在婚姻市场中的择偶过程类似于劳动市场中雇主和雇员的交易过程。所处的婚姻市场和自身特征影响个人择偶和结婚的机会，并进而影响结婚决策。婚姻寻找理论的分析框架包括以下四类要素。

（1）个人在婚姻市场中的地位

婚姻寻找理论认为，在婚姻市场不均衡条件下，短缺一方面临较多的配偶选择机会，因此处于优势地位；而过剩一方处于劣势地位，其结婚机会相应下降。对于过剩一方而言，拥有不同资源的人在婚姻市场中所处的地位不同，面临的结婚机会也不同。那些具有较好条件的人往往在婚姻市场中处于优势地位，有更多的可供选择的配偶，而那些拥有较少资源，或拥有不受婚姻市场欢迎特征的人则只有较少的配偶选择机会（Guttentag 和 Secord，1983；South，1991；Tucker 和 Taylor，1989；Wilson，1987）。

初婚概率和年龄常常用来测量个人在婚姻市场中的地位，如 Lichter 和 South 发现，随着当地婚姻市场中单身女性数量的增加，男性结婚可能性增加（Lloyd 和 South，1996）。Goldman 等（1984）发现，对女性而言，人口性别比不平衡趋势随着年龄的增长而加剧，并限制她们的结婚机会。Lichter 等（1995）采用美国 1988 年全国调查数据，发现 35～39 岁年龄段女性初婚率远远低于 25～29 岁的未婚女性，且 30 岁以后结婚的女性实现同质婚的概率大大降低。

（2）婚姻策略

婚姻寻找理论也用于解释婚姻市场不均衡条件下人们的婚姻和择偶策略。该理论认为，在婚姻市场不均衡条件下，短缺一方处于有利地位，面临更多的选择机会，因此他们可能提高择偶标准；过剩一方则可能降低择偶标准，以增加结婚机会（South 和 Lloyd，1992b）。该理论同时也强调过剩一方在婚姻市场中所处的地位对其择偶策略的影响：过剩一方中，拥有资源不同使其在婚姻市场中所处的地位也不同。那些拥有较多资源的人，在婚姻市场中处于较优势地位，即使在婚姻挤压下仍然面临较多的择偶机会，因此他们并没有降低择偶标准的动机；而那些在婚姻市场中处于较劣势地位的人更可能降低择偶标准，以扩大择偶范围和增加结婚机会（Pollet 和 Nettle，2008；South，1991）。

婚姻策略的实证研究表现在两个方面。一是通过对实际的婚姻行为，如夫妻的经济和年龄特征的差异来测量，如 Oppenheimer（1988）等发现，当潜在配偶数量有限时，夫妻之间实现同类匹配的同质婚的可能性降低；Bergstrom（1997）的研究发现，与传统社会中的年龄差相比，当前夫妻年龄差表现出缩小的趋势。二是通过潜在的婚姻行为，即择偶偏好测量。这方面的研究通常通过反映择偶偏好的题项，或对征婚广告中所陈述的自身特征和潜在对象的期望特征来测量，目前并没有形成统一的、广泛使用的测量指标。

(3) 当地婚姻市场特征

婚姻寻找理论假设人们由于种族、年龄、背景、地理等的差异，总是在特定的婚姻市场环境中寻找配偶；在特定的婚姻市场，男性和女性的供需结构并不总是平衡的 (Lichter et al., 1992)。婚姻市场供需不平衡表现在"量"和"质"两个方面。"量"的不平衡是指两性双方在规模和数量上存在显著差异，即传统意义上的婚姻挤压；"质"的不平衡则是指在某一社会阶层内部两性之间规模上存在的差异 (Lichter et al., 1991; Wilson, 1987)。

如同劳动力市场供需不平衡影响个人的工作机会和最低的工资标准，婚姻市场的限制影响到个人结婚的机会和可得的配偶的"质量" (Graefe 和 Lichter, 2007; Harknett, 2008)。过剩一方在婚姻市场中处于劣势，他们的恋爱和婚配机会下降；为了争取有限的结婚机会，他们往往通过降低择偶标准的策略，以争取有限的结婚机会，否则只能延长择偶时间，或者单身。而短缺一方则面临较多的婚配机会和较多的可选择配偶，因此他们在婚姻市场中处于优势地位，可以适当地提高择偶标准 (Callister, 2006; Graefe 和 Lichter, 2007; Harknett, 2008; Lloyd, 2006)。

(4) 个人特征

婚姻寻找理论继承了婚姻交换理论的观点，强调个人特征，包括经济特征和非经济特征对婚姻行为和择偶偏好的影响。其中经济特征受到更多的关注，通常通过教育、收入和职业等测量；而非经济特征中，只有年龄因素受到关注 (Lloyd, 2006; Pollet 和 Nettle, 2008b; South, 1991; Wheeler 和 Gunter, 1987)。该理论认为，如同在劳动力供给过剩情况下，那些专业水平高的劳动者依然受雇主的青睐，他们无须降低期望工资水平一样，在婚姻市场中，过剩一方并非都处于劣势。那些具有较高经济地位和其他资源的人往往在婚姻市场中处于优势地位，有更多的可供选择的配偶，他们往往不会降低择偶标准；只有那些拥有较少资源，或拥有不受婚姻市场欢迎特征的人，面临较少的配偶选择机会，更容易被淘汰出婚姻市场，因此他们更能接受降低择偶标准（Guttentag 和 Secord，1983；South，1991；Tucker 和 Taylor，1989；Wilson，1987）。陈友华在此基础上进一步指出，婚姻挤压下的农村底层男性，根本没有什么择偶偏好，也不存在降低择偶标准问题，但他们依然是婚姻挤压后果的主要承担者（陈友华，2004）。

以上四类要素通过两组因果关系链条，构成婚姻寻找理论的分析框架（见图 7－1）。两组因果关系链条包括个人在婚姻市场中的地位的影响机制链条（即婚姻市场特征和个人特征影响个人在婚姻市场中的地位），婚姻策略的影响机制链条（即个人在婚姻市场中的地位、婚姻市场特征和个人特征影响个人的婚姻策略）。

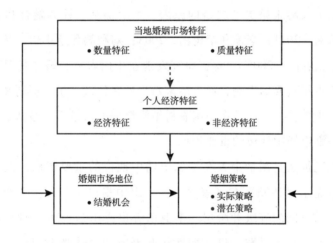

图 7－1　西方婚姻寻找理论分析框架

7.2.2　中国农村婚姻问题研究的特殊性

图 7－1 提供了西方婚姻寻找理论一般性分析框架，为婚姻市场不均衡下个人在婚姻市场中地位和婚姻策略的研究提供了有力的框架指导。但作为一般性的指导框架，该框架是基于婚姻寻找理论的理论研究和西方国家的应用研究构建的，因此缺乏对中国特定情境的分析指导能力，难以直接用来指导中国农村婚姻挤压下个人在婚姻市场中地位和婚姻策略的研究。因此有必要纳入中国农村婚姻研究的特殊情境对该框架进行修正和补充，构建反映中

国农村社会、经济和文化情境的分析框架。新构建的框架需考虑以下几个方面的问题：

（1）个人在婚姻市场中地位的多阶层性

个人在婚姻市场中地位的研究往往是从结婚机会的角度测量。中国自古以来就有"先成家后立业"的说法，在普婚文化的中国，婚姻被赋予更重要的含义，是家庭人口再生产和家族得以延续的前提。2000年以来，男性婚姻挤压在农村地区开始出现，且挤压程度自东向西、自沿海向内地逐渐加重（Das Gupta et al.，2010），大量未婚男性难以在初婚市场上适时婚配。近几年来，国内研究逐渐关注农村婚姻挤压，尤其是被迫失婚男性问题。一些研究揭示了大龄未婚男性失婚的原因、生活福利、社会融合和养老（靳小怡和郭秋菊，2011；李艳和李树苗，2008；刘利鸽和靳小怡，2011；彭远春，2004；张春汉，2005）。这些研究发现在中国农村，婚姻状况对男性的生活福利产生了重要的影响，而大龄未婚男性在经济、生活福利和社会支持等方面均处于劣势。因此，在中国农村婚姻挤压的情景下，婚姻状况仍是测量个人在婚姻市场中地位的重要指标。

婚姻状况虽然是测量个人在婚姻市场中地位的重要指标，但绝不是唯一指标。贝克尔（2005）在《家庭论》一书中提出，个人在婚姻市场中的地位可以分为不同的等级和阶层。李卫东等也提出当前国内研究对婚姻挤压承受者范围的界定过窄，仅从婚姻状况界定是否遭受婚姻挤压，难以涵盖所有遭受婚姻挤压的人群；他认为随着单身男性步入婚姻市场，部分男性遭遇婚姻挤压，而大龄未婚男性仅是遭遇婚姻挤压人群中的重要组成部分（李卫东和胡莹，2012）。因此，如果将婚姻状况作为测量个人在婚姻市场中地位的唯一指标，则难以反映婚姻缔结过程的动态性和个人在婚姻市场中地位的多阶层性。我们有必要进一步拓展个人在婚姻市场中地位的测量指标。

（2）潜在婚姻策略的测量

在婚姻策略的研究中，国内外关于实际婚姻策略，即夫妻匹配的研究比较成熟，并形成被广泛认可的指标，如教育和年龄（Birkelund 和 Heldal，

2003；Bankston 和 Henry，1999；Qian，1997；Qian，1999）。只是较少有研究从婚姻挤压角度探讨婚姻市场特征对夫妻匹配方式的影响。

关于潜在婚姻策略（即择偶偏好）的研究虽然也比较丰富，但测量指标非常多元，至今尚未形成被广泛接受的指标体系。另外已有的研究致力于揭示适婚人口的择偶偏好特征和性别差异，较少考虑婚姻市场环境的影响。因此在构建本书分析框架的同时，有必要构建适用于中国农村婚姻挤压情境的过剩男性人口择偶偏好的测量指标。

（3）婚姻市场特征的测量

国外关于婚姻市场"数量"特征的测量主要关注人口性别结构，如适婚人口性别比等。关于"质量"特征的测量主要关注男性的就业和经济环境，如就业率、贫困率等（Guzzo，2006；Crowder 和 Tolnay，2000b）。而对中国农村婚姻市场特征的测量则需要关注经济发展地区差异和人口劳动迁移特征。

20 世纪 80 年代中期以来，大规模的农村劳动人口进入城市务工，并为社会经济发展和城市化进程做出重大贡献。当前中国农村流动人口表现出规模大、年轻化的趋势，新生代农民工正在替代第一代农民工，成为农民工的主体。根据国家统计局提供的数字，2011 年我国农民工总量为 2.53 亿人，其中外出农民工为 1.59 亿人（证券时报网，2012）。国家统计局于 2010 年9 月进行的新生代农民工专项调查数据显示，新生代农民工为 8487 万人，占外出农民工总数的 58.4%，已经成为外出农民工的主体（国家统计局住户调查办公室，2011）。这表明，大规模的农民工处于婚恋年龄，迁移可能对其择偶和婚姻产生直接的影响。

就农村人口的收入来源来看，外出务工收入已经成为农民收入的主要来源，是农民增收的主要途径，因此也是反映村庄整体收入水平的重要指标（柳建平和张永丽，2009；凌杨，2009）。有研究表明，农民工群体中男性的数量整体上多于女性，攒钱结婚是他们外出打工的重要目的；与留守在农村的男性相比，外出务工的男性在教育、能力、经济等方面都占据优势（den Boer 和 Hudson，2011）。基于以上分析，在构建适用中国农村情景的男性在婚姻市场中地位和婚姻策略的分析框架时，必须考虑流动迁移因素的影响。

经济发展水平和婚姻迁移方向的地区差异，是转型期中国区域发展不平衡的重要表现形式。首先，就经济发展水平来看，东部沿海地区经济较发达，并提供了较多的就业机会，吸引了大量的农村劳动力从西部和中部农村迁入东部城市（Wong et al.，2007）；而西部地区经济较为落后，是贫困人口的主要聚居地。其次，受经济发展区域差异的影响，农村女性跨省婚姻迁移也表现出从西部农村到中、东部农村迁移的特征（Davin，2007；Fan，1999）。四川、云南、贵州和广西等主要的劳动人口迁移省份，同时也是主要的女性婚姻迁移省份和女性资源最缺乏的省份，婚姻迁入省份则主要集中在江苏、广州、浙江、北京等东部经济发达地区（Davin，2007；Das Gupta et al.，2010；杨筑，2008）。因此，经济发展水平和婚姻迁移方向的地区差异，改变了婚龄人口性别结构的地区分布，欠发达的西部落后农村地区面临着更为严峻的婚姻市场环境。

综合以上分析，婚姻市场特征的测量，不但应该考虑过剩男性的"数量"特征，也应该考虑人口流动和地域发展不平衡等"质量"特征。

（4）家庭因素在子女婚姻缔结中的作用

婚姻寻找理论本身并未强调家庭因素，国外相关实证研究也较少涉及家庭因素的影响，只有少量研究关注家庭完整性和父母经济状况对个人结婚动机和初婚年龄的影响（Wolfinger，2003）。但在中国农村婚姻的缔结中，家庭因素的作用是不容忽视的。

在中国农村，子女成婚不仅是双方当事人自己的事情，更是家庭的大事。农村传统的家庭养子防老模式，使得子女婚姻的缔结被视为父母理应担当的责任。在农村，婚姻花费主要是由男方承担的。尤其是近20多年来，农村男性家庭婚姻花费日益增长，而年轻的未婚男性根本没有能力承担婚姻花费。因此婚姻花费主要由父母承担，为儿子准备婚姻费用是家庭储蓄的重要目的。多数家庭即使省吃俭用也难以独立负担昂贵的费用，多数家庭需要举债才能完婚（Min 和 Eades，1995；Wei 和 Zhang，2011）。这种情境下，儿子结婚意味着家庭财产的分割和再分配，多子的家庭面临着更大的经济压力（陈友华，2004；彭远春，2004；张春汉，2005）。

7.3　探索性研究

本节采用扎根理论的质性分析方法，针对中国婚姻挤压和普婚制情境，分别从婚姻市场地位和婚姻策略及其影响因素进行探索性的研究，从而细化婚姻寻找理论分析框架各要素的测量指标。

对资料进行逐级编码是扎根理论的重要操作程序，具体包括三个级别的编码：开放式登录、关联式登录和核心式登录（Stauss 和 Corbin，1990；陈向明，2000）。开放式登录是指从大量的原始资料中发现类属概念，并对概念范畴化和类属化；关联式登录就是要发现和建立各概念类属之间的各种联系，以表现资料中各个部分之间的有机关联；核心式登录是指在以上分析基础上进一步选择统领性的"核心类属"（陈向明，2000）。由于已有的关于实际婚姻策略的研究已经形成了被广为接受的测量指标，而婚姻市场层次的因素难以从质性资料的分析中得到较好的反映，因此不再对上述内容进行探索性研究。本部分采用扎根理论的质性分析方法，通过对河南 Y 区农村男性和大龄未婚男性父母质性访谈材料进行逐级编码，丰富农村男性的婚姻市场地位、潜在择偶策略、个体和家庭层次影响因素的测量指标，修正婚姻寻找理论分析框架，使其更符合中国农村婚姻习俗和情景。

7.3.1　个人在婚姻市场中的地位和婚姻策略

（1）范畴化和类属化

表 7-1 显示了对农村男性（大龄未婚男性和已婚男性）婚恋经历和观念进行概念化和范畴化的结果。通过对农村男性访谈资料进行开放式登录，最终抽象出 6 个概念和 2 个类属。两个概念类属分别为个人在婚姻市场中的地位和潜在婚姻策略，其中"个人在婚姻市场中的地位"是

指个人在婚姻市场中所处的不同地位和阶层，反映了个人成婚机会的大小，包括"成婚困难经历"和"恋爱经历"两个概念。"潜在婚姻策略"反映了未婚男性对具备不同特征的可婚女性的接受态度，包括"婚娶有婚史女性的态度""上门女婿的态度"和"婚娶残疾女性的态度"3个概念。

表7-1 农村男性结婚机会和择偶偏好的概念化和范畴化

原始资料	概念化	范畴化
各个方面都困难吧。 那时家里穷，结婚遇到过困难，也因为结不了婚着急;结婚时都27岁了，在这儿算晚的了。 曾经谈过三次恋爱，与对象关系都不错，但到谈婚论嫁的时候对方父母就不同意了。	成婚困难经历	个人在婚姻市场中的地位
谈过三四个对象，都是介绍的。 谈过两三个，吹了。 没有恋爱过。 她是离婚了，(和我)一起生活了两年多，后来走了。 没有谈过对象，家庭经济条件不好，感到自卑似的。	恋爱经历	
俺孩娶东头(寡妇)了，在东头住了六年。 找一个差不多好的，带个女儿也行，要是带男孩，我是坚决不同意的。 不带孩子无所谓，带男孩的(女性)就不好办。 带孩子的(女性)我也愿意。 他这也是不好寻，寻的是个后婚(离过婚的)。他结婚晚，现在才有小孩。 看我这个情况，肯定是要找一个带小孩的，带个男孩，我考虑不太行。	婚娶有婚史女性的态度	潜在婚姻策略
招上门女婿也还可以考虑。但是远了不行，儿子舍不得。 在山西的时候有人想让我倒插门，那时想回来找个(媳妇)。 四儿子给人家做了倒插门，结婚时没花家里钱。	上门女婿的态度	
老大结婚是转亲，老二娶个媳妇，有点大脑不清楚的。 即使是智力残疾，只要不是很严重也可以接受。	婚娶残疾女性的态度	

数据来源：河南Y区"性别平等促进下前瞻性政策探索"质性访谈调查。

在此基础上对两个范畴化概念进行二级编码，建立各个概念之间的有机联系。发现"个人在婚姻市场中的地位"和"潜在婚姻策略"分别反映了个人在婚姻市场中"是什么"和"怎么办"的问题，即个人的结婚机会和增加结婚机会的应对策略。

（2）理论分析

1）个人在婚姻市场中的地位

当前少量研究也提出，恋爱经历和成婚困难经历可以作为个人在婚姻市场中的地位的测量指标。

首先，结婚虽然是家庭得以构建的法律和社会所认可的唯一形式，但婚姻的缔结往往经历了"男女双方认识（恋爱关系确立）结婚"的过程。恋爱是男女双方相互认识和了解，并决定迈入婚姻的重要阶段和前提。因此对婚龄人口而言，当前有交往对象的人比单身者在结婚的道路上迈出了更大的一步，他们面临着较大的结婚机会。因此婚恋状况也可以反映个人在婚姻市场的地位。如 Dykstra 在对荷兰未婚人口的研究中指出，由于结婚率的下降和同居比例的提高，终身未婚并不能较好测量个人的婚姻市场地位；而那些从没有固定伴侣（包括女朋友）的才处于劣势地位。据此作者按照是否有伴侣经历，将从未结婚的人口分为曾经有伴侣者和从没有伴侣者（Dykstra，2004）。

其次，遭遇成婚困难的男性在婚姻市场中处于明显的劣势。在男性婚姻挤压下，女性的缺乏加剧了男性之间有限可婚资源的竞争，其中部分男性必然处于劣势，他们择偶和成婚的道路充满坎坷，难以适时婚配。但这并不意味着他们失去了结婚的机会，正如陈友华所言，只有重度婚姻挤压才会影响到终身不婚率，轻度婚姻挤压虽然会对部分人适时婚配产生影响，但不会影响到终身不婚率（陈友华，2004）。婚姻挤压下婚姻缔结的过程更为复杂：一方面，婚姻市场表现出不利于男性的特征，部分男性不能顺利结婚，在成婚的过程中遭遇不同类型的困难；另一方面，成婚困难并不意味着一定终身不婚。遭遇成婚困难的男性会继续积极寻求结婚机会，其中部分男性得以婚配，跨入已婚行列。对安徽 X 县调查数据的分析结果同时发现，高达 96% 的大龄未婚男性表示自己曾经或正在遭受成婚困难，表明大龄未婚男性在婚姻市场中处于劣势地位，是婚姻挤压的最终承担者（刘利鸽和靳小怡，2011）。采用同样的数据，刘利鸽等根据是否遭遇成婚困难和新娘来源地，将安徽 X 县已婚男性分为顺利成婚者、困难成婚者和婚娶外来媳妇者，发现21～42岁的已婚男性中，分别有62%的婚娶外省媳妇男性和38%的婚娶本地媳妇男性表示曾经或正在遭受成婚困难；与顺利成婚者相比，困难成婚者和婚娶外来媳妇的男性的个人和配偶经济特征均差于顺利成婚男性（Lige Liu et al.，2013）。

2）潜在婚姻策略

少数研究提到婚姻挤压与女性再婚、婚娶残疾女性和招赘婚姻上升的关系。South（1991）提出，随着年龄的增长，未婚人口的婚姻机会下降，在婚姻市场中逐步处于劣势，因此他们也更倾向于降低择偶标准，如接受年龄差异大、有过婚史的异性为配偶。由于初婚市场上女性短缺局面难以在短期内扭转，有学者提出，转变婚姻观念，如鼓励男性婚娶离异或丧偶女性，接受招赘婚姻，一定程度上可以扩大男性的择偶空间，缓解婚姻市场的压力，因而可以成为男性应对婚姻挤压的重要婚姻策略（刘利鸽和靳小怡，2011；刘利鸽等，2009；石人炳，2005）。另外，也有研究发现在部分女性缺失严重的贫困农村地区，出现了残疾女性重回婚姻市场的状况（刘中一，2005a；彭远春，2004）；与女性残疾者相比，男性残疾者面临更大的结婚困难（郭未和解韬，2009）。

7.3.2 影响因素

（1）个体和家庭层次影响因素

表7-2显示了对农村男性（大龄未婚男性和已婚男性）在婚姻市场中地位和婚姻策略的影响因素进行概念化和范畴化的结果。通过对农村男性及其家人的访谈资料进行开放式登录，最终抽象出7个概念和3个类属。3个概念类属分别为"个人经济因素""个人非经济因素"和"家庭因素"。其中"个人经济因素"是指影响个人在婚姻市场中地位和婚姻策略的自身经济特征，包括经济状况和教育两个概念；"个人非经济因素"是指影响个人在婚姻市场中地位和婚姻策略的非经济的个人特征，包括残疾、性格和年龄3个概念；"家庭特征"是指影响个人结婚机会和择偶偏好的家庭层次的因素，包括家庭经济和兄弟数量两个概念。

表7-2 农村男性结婚机会和择偶偏好影响因素的概念化和范畴化

原始资料	概念化	范畴化
找对象最大的困难还是没钱。 (儿子)就是好花钱。他存不住钱。兜里有一块钱,他就想花两块钱。 他自己不能独立,独立性不好。	经济状况	个人经济因素
文化水平低,我给她写的信,错别字太多了,她不愿意,把东西(指订婚礼)都退给我了。 文化水平有限,说每一句话得考虑很长时间。	教育	
也有(人给介绍对象)。但是说句不中听的话,咱这病(指腿残疾)有点特殊,要不是这,也早就(结婚了)。 (村里其他大龄男性)也是家庭条件差,有的是有毛病的,身体上。 老大手有残疾,也不能干活,家里又穷,因此没有人愿意来。	残疾	个人非经济因素
(二哥按年龄)该找了。就是不太好说话,腼腆。 他(儿子)个性有点跟女孩似的,有点内向,不好说话。 他不跟女方说话,不好说话,不爱说话。 性格问题,不愿意主动和异性接触。	性格	
岁数大了,搁农村就是这样。 女的是少,不好找,像我这岁数找年纪小的也不好找。 不过不好找,我年龄已经那个了(意思是大了)。 以前弟兄多,条件差,后来年龄大了,年龄大了不好寻(媳妇)了。 相对象是20多岁的事,现在都40多岁了。 一过30岁订不下婚,就不再订了。 毕竟岁数大了,女方不愿意。我这个人别人不愿意,我也不愿意勉强别人。 30岁以上再娶小姑娘(未婚女性)已经不可能了。	年龄	
嗯,弟兄多。 我是最小的,我兄弟六个。 他弟兄多,盖不起房子,你说盖个房吧,得轮着来,结了婚的都出去了,都盖起来年龄大了。 以前弟兄多,条件差,没有人愿意嫁过来。	兄弟数量	
孩也不憨,要不是这样老的跟着(指父亲有病),他也不会寻不下。 都是嫌家庭条件太差。 想啥办法,我也没钱,想啥办法让他结婚呀? 没什么能耐,没啥本事,家庭比人家差一点。 没钱没有办法(结婚),又不能抢不能偷。 对,家里(经济)搞不上去,你想(结婚)也是空想,对吧? 那时候(找对象时)经济条件肯定不是太好了。 有钱了就有媳妇了。 当时家里穷,没办法,父母也想给找(媳妇)。	家庭经济	家庭因素

数据来源:河南Y区"性别平等促进下前瞻性政策探索"质性访谈调查。

（2）当地婚姻市场特征

由于质性资料来自河南农村，对访谈资料的分析发现，较少有资料反映当地婚姻市场因素的影响。因此我们通过对已有研究的总结，探索能够反映当地婚姻市场数量特征和质量特征的合适指标。

数量特征。虽然婚龄单身人口性别比是衡量当地婚姻市场供需数量关系的较通用指标，但是受人口流动因素的影响，大量的适婚男性和女性外出务工，其中部分女性的迁移可能是单向、永久的，他们可能通过婚姻离开家乡；而男性的迁移则多数是暂时的，在父系制下，他们将最终回到村庄（Davin，2007）。因此获得准确的婚龄单身人口性别比数据的难度较大，需要合适的替代指标。当前婚姻挤压突出的表现在部分过剩男性超过适婚年龄仍然难以婚配，因此村庄大龄未婚男性的规模能较好地反映婚姻市场上供需数量关系。

质量特征。大规模的农村劳动人口外出务工、经济发展和婚姻迁移的地域差异，是当前农村主要的人口和社会经济特征。人口流动和地域分布的因素，可以较好地反映村庄婚姻市场上的质量特征。就人口流动来看，外出务工收入已经成为农民收入的主要来源，也是反映村庄整体收入水平的重要指标（柳建平和张永丽，2009；凌杨，2009）。因此外出务工人口规模可以在一定程度上反映村庄经济状况和对适婚女性人口的吸引力，而外出务工人口的性别结构则重点反映村庄男性家庭的经济实力。就地域特征来看，经济发展水平和婚姻迁移方向存在着显著的地域差异，西部农村经济较为落后，是贫困人口的主要聚居地，也是女性跨省婚姻的主要迁出地，而东部农村经济较发达，是女性婚姻迁移的主要迁入地（Davin，2007；Fan，1999）。

基于以上分析，本书同时考虑了当地婚姻市场的数量和质量特征。大龄未婚男性的相对规模用来测量"数量"特征，反映村庄婚姻挤压的程度。外出务工和地域特征用来测量"质量"特征，反映村庄的整体经济状况和对适婚女性人口的吸引能力。

7.4　婚姻挤压下中国农村男性婚姻
市场理论分析框架

通过上述分析，我们对图7-1所示的婚姻寻找理论一般性分析框架中各要素的测量指标进行修正和丰富，分别从结婚概率、婚恋经历和成婚困难经历角度测量个人在婚姻市场中的地位，从教育和年龄匹配测量已婚男性的婚姻策略，从婚娶有婚史女性态度、婚娶残疾女性的态度、入赘婚姻的态度和择偶策略的灵活性①四个方面测量未婚男性的婚姻策略。据此形成适合中国农村婚姻挤压和普婚文化情境的农村男性婚姻市场地位和婚姻策略分析框架（见图7-2）。在该分析框架中，各组成要素包括因变量、自变量、自变量对因变量的影响机制和因变量之间的关系。

因变量。因变量包括个人在婚姻市场中的地位和婚姻策略两类，个人在婚姻市场中的地位分别从初婚风险、婚恋经历和成婚困难经历三个指标进行测量，婚姻策略分别从已婚男性婚姻策略和未婚男性婚姻策略来测量，其中已婚男性的婚姻策略分别从夫妻年龄匹配和夫妻教育匹配来测量，未婚男性的婚姻策略从婚娶有婚史女性态度、婚娶残疾女性的态度、入赘婚姻的态度和择偶策略的灵活性来测量。

自变量。自变量包括个人层次的变量、家庭特征层次的变量和当地婚姻市场特征层次的变量，其中个人层次的变量分为个人经济特征和个人非经济特征两类。个人经济特征通过教育、职业和外出务工经历三个变量测量，个人非经济特征通过性格、残疾和出生队列（或年龄）三个变量测量。家庭特征层次的变量通过父母经济状况、家里兄弟数量和姐妹数量三个变量测量，当地婚姻市场特征层次的变量则分别从村每百户大龄未婚男性数量、村每户平均外出务工人口数量、村外出务工人口性别比和村庄所属地域四个变量测量。

---

① 婚姻策略灵活性的测量指标根据婚娶有婚史女性态度、婚娶残疾女性的态度和做上门女婿形成，即由被访者对三类策略方式的态度决定，被访者对以上三类策略接受的数量越多，表示其更倾向于实施灵活的婚姻策略。

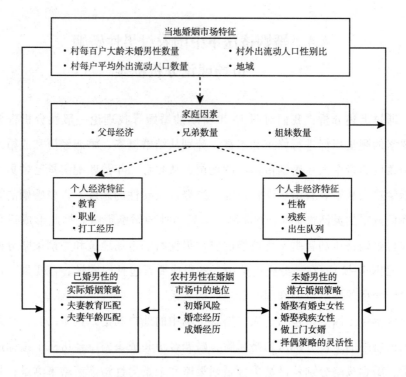

图 7 - 2　中国婚姻挤压情境下农村男性在婚姻市场中的地位和婚姻策略分析框架

影响机制。新的分析框架将探讨个人层次的变量、家庭特征层次的变量和当地婚姻市场特征层次的变量对个人在婚姻市场中所处地位和个人婚姻测量的影响，而自变量之间的关系不作考虑。个人在婚姻市场中的地位对婚姻策略的影响也是分析框架的重要组成。

上述分析和图 7 - 2 显示，本书分析框架内在地包含 7 个核心概念类属和 14 个主要的因果关系链条。7 个核心概念类属分别是：1）当地婚姻市场特征；2）家庭特征；3）个人经济特征；4）个人非经济特征；5）男性在婚姻市场中的地位；6）已婚男性的婚姻策略；7）未婚男性的婚姻策略。14 个因果链条分别以核心概念类属 1 至核心概念类属 4 为"因"，以核心概念类属 5 至核心概念类属 7 为"果"，并强调核心概念类属 5 对核心概念类属 6 和核心概念类属 7 的影响，具体包括：

（1）个人经济因素对农村男性的婚姻市场地位有显著的影响；

（2）个人非经济因素对农村男性的婚姻市场地位有显著的影响；

（3）家庭因素对农村男性的婚姻市场地位有显著的影响；

（4）个人所处婚姻市场状况对农村男性在婚姻市场中的地位有显著的影响；

（5）个人经济因素对农村已婚男性的婚姻策略有显著的影响；

（6）个人非经济因素对农村已婚男性的婚姻策略有显著的影响；

（7）家庭因素对农村已婚男性的婚姻策略有显著的影响；

（8）个人所处婚姻市场状况对农村已婚男性的婚姻策略有显著的影响；

（9）个人在婚姻市场中的地位对农村已婚男性的婚姻策略有显著的影响；

（10）个人经济因素对农村未婚男性的婚姻策略有显著的影响；

（11）个人非经济因素对农村未婚男性的婚姻策略有显著的影响；

（12）家庭因素对农村未婚男性的婚姻策略有显著的影响；

（13）个人所处婚姻市场的状况对农村未婚男性的婚姻策略有显著的影响；

（14）个人在婚姻市场中的地位对农村未婚男性的婚姻策略有显著的影响。

需要强调的是，个人所处婚姻市场状况的影响是西方经典婚姻寻找理论的重要关注点，反映个人所处的婚姻市场特征，包括质量和数量供需不平衡对个人在婚姻市场中地位和择偶策略的影响。但在当前国内婚姻挤压的研究中，该因素尚未引起关注，或尚未得到验证。另外，个人在婚姻市场中所处的地位对个人婚姻策略的影响也是西方经典婚姻寻找理论的重要观点，但是在已有的研究中，该观点尚未通过定量的方法得到验证。个人和家庭因素的影响在国内研究中曾被一些学者不同程度地关注。因此本书在关注各因果链条的同时，尤其关注西方经典婚姻寻找理论所强调的但在国内研究中被忽视的两类因素，即个人所处婚姻市场状况和个人在婚姻市场中所处地位的影响。

对该分析框架进行提炼，可以发现本篇的研究问题、研究内容和研究目标如图7-3所示。

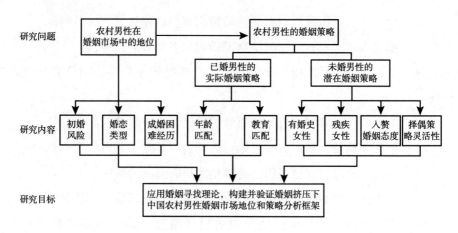

图 7 - 3　研究问题和内容

图 7 - 3 显示，对农村男性婚姻策略的研究按照婚姻状况，分别从已婚男性的实际婚姻策略和未婚男性的潜在婚姻策略两个方面研究。对农村男性在婚姻市场中的地位分别从初婚风险、婚恋类型和成婚困难经历三个方面考察；对已婚男性的实际婚姻策略的研究从年龄匹配和教育匹配两个方面考察；对未婚男性的潜在婚姻策略的研究则从婚娶有婚史女性、婚娶残疾女性、入赘婚姻态度和择偶策略的灵活性四个方面来考察。

7.5　小结

本章在对经典婚姻理论综述的基础上，总结了婚姻寻找理论的分析框架；并结合中国婚姻挤压、普婚文化和人口迁移等实际情境，对婚姻寻找理论的分析框架进行修正和补充，使其进一步丰富和中国化，从而形成了中国婚姻挤压情境下婚姻市场理论分析框架。在该框架的基础上，本章进一步提出农村男性在婚姻市场地位和婚姻策略分析框架的 7 个核心概念类属和 14 个因果链条，为接下来三章的定量研究和实证验证做准备。

8 农村男性在婚姻市场中的地位

在第 7 章，我们将婚姻寻找理论分析框架和中国情境相结合，提出了中国婚姻挤压背景下农村男性婚姻市场地位和策略整体分析框架。本章和接下来的第 9 章和第 10 章将就整体分析框架中的各个部分分别进行定量分析，以理清各个部分的现状、影响因素和机制。本章分析农村男性在婚姻市场中的地位及其影响因素。

8.1　研究设计

8.1.1　研究目标

在第 7 章整体分析框架的构建中我们已经说明，之前关于婚姻挤压下男性在婚姻市场中地位的研究只强调婚姻状况指标，强调大龄被迫失婚男性在婚姻市场中处于劣势，是婚姻挤压的最终承担者；而忽视了个人在婚姻市场中所处的地位是复杂和多阶层的。本章丰富了农村男性在婚姻市场中地位的测量指标，从初婚概率、恋爱状况和成婚困难经历三个维度揭示婚姻挤压下农村男性在婚姻市场中地位的多层次性。与此同时，本章根据中国婚姻挤压下农村男性婚姻市场地位和策略分析框架所提供的影响因素，主要回答以下四个问题：

1) 农村男性在婚姻市场中所处的地位表现出什么样的阶层特征?

2) 个人经济和非经济特征、家庭特征如何影响个人在婚姻市场中的地位?

3) 当地婚姻市场状况如何影响个人在婚姻市场中的地位?

4) 影响农村男性在婚姻市场中不同地位的因素有何差异?

8.1.2 数据

本章所用的分析数据来自西安交通大学人口与发展研究所组织的百村系列调查数据。在农村地区,18 岁是社会所认可的成人的标志,多数男性在18 岁以后逐步进入婚姻市场;50 岁通常被认为是婚育年龄的上限。基于此,在男性初婚风险的分析中,我们只考虑 18～50 岁年龄段的男性样本。在百村系列调查数据中,18～50 岁的男性样本共计 1144 个,分别来自 27 个省份的 149 个村庄。剔除存在缺失值的样本,共有来自 128 个村庄的 1044 个男性样本纳入分析。

调查数据的初步分析结果显示,50 岁以下农村男性的平均初婚年龄为22.9 岁,这表明 23 岁左右的男性正处于适婚年龄,是婚姻市场的重要参与者。对 23 岁以下的未婚男性而言,我们不能确定他们是否开始择偶,因此也难以确定当前没有固定女朋友的单身状态,究竟是主动选择还是被动选择的结果。为了尽量排除分析的不确定性,在对男性成婚困难经历和婚恋状态的分析中,我们仅考虑 23～50 岁的农村男性样本。

8.1.3 变量设置

1) 因变量

初婚风险。初婚风险的因变量包括单身状态持续时间和婚姻类型。在调查中,我们请被调查者回答了出生时间、婚姻状况和初婚时间。对已婚男性而言,单身状态持续时间等同于其初婚年龄;对未婚男性而言,由于在调查期间他们尚未结婚,我们不知道未来他们能否结婚以及何时结婚,这就形成了所谓的"截尾"数据,其单身状态持续时间等于其年龄。婚姻类型是二分类变量，即初婚和未婚，而其他婚姻状态，如离异、丧偶和再婚在本书中不做考虑，因此婚姻状况为离异、丧偶或再婚的男性样本被删除。共有1044个样本纳入分析。

婚恋状态。婚恋状态是指男性样本的婚姻或恋爱状态。在调查问卷中，我们请未婚男性填报了"当前是否有女朋友"，选项包括"是"和"否"。婚姻状态和恋爱状态结合起来，生成新的变量，即婚恋状态，选项包括"未婚但有女朋友"、"未婚且没有女朋友"和"已婚"三类，分别赋值为1、2、3，以"已婚"为参照项。共有963个样本纳入分析。

成婚困难经历。在问卷调查中，我们请男性被调查者回答"你是否觉得自己曾经或正在遭遇成婚困难"，选项包括"是"和"否"。为了获取更丰富的信息，如果被调查者回答"是"，我们请其进一步列举遭遇困难的原因，包括：1）父母健康状况；2）父母及家庭在村里的声望；3）兄弟数量；4）个人和家庭经济状况；5）个人长相、身高、性格、年龄等；6）个人健康状况；7）家乡交通经济情况；8）留在家乡的同年龄适婚异性情况。婚姻状况和是否遭遇成婚困难结合起来，生成新的分类变量，即成婚困难经历，取值包括未遭遇成婚困难的已婚男性、遭遇成婚困难的已婚男性、未遭受成婚困难的未婚男性和遭遇成婚困难的未婚男性四类。在普婚文化下，几乎所有人最终都会结婚，而那些表示未遭遇成婚困难的未婚男性，我们难以判断其是不是主动推迟成婚，或将来是否会遭遇成婚困难。因此，在成婚困难经历的分析中，我们删除"未遭遇成婚困难的未婚男性"样本，仅将以下三类男性纳入分析：遭遇过成婚困难但已婚、遭遇过成婚困难且未婚和未遭遇过成婚困难且已婚（即顺利结婚），分别赋值为1、2、3，以"顺利结婚"为参照项。共有831个样本纳入分析。

表8-1显示了因变量的描述统计结果。

2）自变量

自变量由个人经济、个人非经济、家庭和当地婚姻市场特征等层次的变量组成。

表 8 - 1 　未婚男性在婚姻市场所处地位的描述统计

变量	频数/均值	频率(%)/标准差
初婚风险	(1044)	
婚姻状况		
未婚	664	63.51
已婚	380	36.49
未婚持续时间	39.291	0.414
婚恋状况	(963)	
未婚但有女朋友	104	10.80
未婚且无女朋友	490	50.88
已婚	369	38.42
成婚困难经历	(831)	
遭遇过成婚困难但已婚	100	10.38
遭遇过成婚困难且未婚	462	47.93
顺利结婚	269	27.93

（1）个人经济特征。个人经济特征包括教育、职业和外出务工经历。在问卷调查中，受教育程度的选项包括不识字或很少识字、小学、初中、高中（含中专、技校）和大专及以上共 5 类。随着九年义务教育在农村逐步普及，初中教育水平在农村地区较为普遍，而受教育程度为小学及以下，或高中及以上分别为受教育程度较低者和受教育程度较高者，据此本书在分析中将个人受教育程度分为小学及以下、初中、高中及以上，以"高中及以上"为参照项；职业分为农业体力劳动者、非农业体力劳动者和非体力劳动者，非农业体力劳动者包括打工者、司机、工匠、司机、个体户等，非体力劳动者包括私营企业主、村或乡镇干部、教师、医生、企业白领等；以"非体力劳动者"为参照项。由于 18～50 岁男性的平均初婚年龄为 23 岁，为了考察外出流动务工经历对个人婚姻市场地位的影响，我们根据被调查者外出务工经历和初次打工年龄，生成变量"23 岁之前外出务工"，取值包括"是"和"否"，以"是"为参照项。

（2）个人非经济特征。个人非经济特征包括残疾状况、性格和出生队列（或单身持续时间）。残疾状况为二分类变量，取值为"是"和"否"，以"否"为参照项；性格取值包括外向、一般和内向，以"外向"为参照项。出生队列是分析年龄分布的指标，出生队列的划分参考了女性失踪的比例和婚姻挤压现象的趋势。失踪女性在我国长期存在，但规模和发展趋势有明显的时代特征。20世纪60年代以后，失踪女性比例总体上可以划分为三个时期：1960～1969年为低水平波动期；1970年以来失踪女性比例处于持续上升时期，但在整个1970～1979年，上升趋势十分缓慢；1980年以来，伴随着严格的计划生育政策的实施和出生率的下降，失踪女性比例迅速上升，1980年以来出生队列的男性面临的婚姻市场挤压形势也逐步趋于严峻（李树茁等，2006）。本书对出生队列的划分与失踪女性比例的时期特征一致，即分为1980～1992年（或1980～1987年）[①]、1970～1979年和1960～1969年三类，以"1980～1992年"（或"1980～1987年"）出生队列为参照项。

（3）家庭特征。家庭特征包括父母经济状况、兄弟数量和姐妹数量。问卷调查中请被调查者填写了20多岁时父母的经济状况，取值包括高于平均水平、平均水平和低于平均水平。在农村地区，子女成婚的花费主要由父母承担。近20多年来，随着农村男性家庭婚姻花费日益增长，不少家庭为了儿子的婚事，不得不提前储蓄或者借钱；贫困的家庭往往难以支付婚姻花费，因此面临较少的结婚机会（刘中一，2005a；彭远春，2004；张春汉，2005）。据此本书将"高于平均水平"和"平均水平"赋值为0，表示父母经济状况"平均水平及以上"，将"低于平均水平"赋值为1，在分析中以"平均水平及以上"为参照项，以考察适婚年龄父母较差的经济状况对男性婚姻市场地位和婚姻策略的影响。兄弟数量和姐妹数量作为连续变量，直接纳入分析。

（4）当地婚姻市场特征。当地婚姻市场特征主要从人口、迁移和村庄地域分布等方面来测量。当地婚姻市场特征的数据信息来自2009年暑假进行的"百村社区调查"数据。本次调查提供了被调查村庄总户数、28岁及以上大龄未婚男性的数量、男性外出务工人口数量、女性外出务工人口数量

---

① 初婚风险影响因素的分析取18～50岁样本为研究对象，因此出生队列的参照项为1980～1992年；婚恋状况和成婚困难经历的研究取23～50岁样本为研究对象，因此出生队列的参照项为1980～1987年。

和村庄所属省份等信息，据此计算了村庄每百户大龄未婚男性数量，即
（28 岁及以上大龄未婚男性数量/总户数）×100；每户平均外出务工人口数
量，即（男性外出务工人口数量＋女性外出务工人口数量）/总户数；外出
务工人口性别比，即男性外出务工人口数量/女性外出务工人口数量。在分
析中，村庄每百户大龄未婚男性数量、每户平均外出务工人口数量和外出务
工人口性别比作为连续变量，直接纳入分析模型。根据地域分布和经济发展
水平，我国内地省份分为东、中、西部。东部包括辽宁、河北、北京、天
津、山东、江苏、浙江、上海、福建、广东和海南 11 个省份，中部包括黑
龙江、吉林、陕西、河南、湖北、江西、安徽和湖南 8 个省份，其他 12 个
省份属于西部（Gu et al.，2007）。据此，我们根据被调查村庄所属省份，
将其分为东部、中部和西部村庄，以东部村庄为参照项。

　　表 8-2 分别显示了 18～50 岁和 23～50 岁男性样本自变量的定义和描
述统计结果。

8.1.4　研究方法

　　根据本章的研究目标和内容，我们分别运用 Cox 比例风险模型和分层
Multi-Logistic 随机截距模型进行分析。在初婚风险的分析中，由于我们不知
道未婚男性未来能否结婚以及何时结婚，即存在"截尾"数据，而事件史
分析方法可以较好地处理此类数据，因此，本书对农村男性初婚风险的分析
采用 Cox 比例风险模型（见 8.3.1）。在婚恋状况和成婚困难经历的分析中，
由于因变量均为三分类变量，因此均采用分层 Multi-Logistic 随机截距模型
（见 8.3.2 和 8.3.3）。以上分析主要通过 Stata 软件和 Mplus 软件实现。

　　1）Cox 比例风险模型

　　Cox 比例风险模型如公式 8-1 所示：

$$ln \frac{h(t)}{h_0(t)} = B_1 X_1 + B_2 X_2 + B_3 X_3 + B_4 X_4 + B_5 X_5 + B_6 X_6 + B_7 X_7 +$$
$$B_8 X_8 + B_9 X_9 + B_{10} X_{10} + B_{11} X_{11} + B_{12} X_{12} B_{13} X_{13} + B_{14} X_{14} + \quad (8-1)$$
$$B_{15} X_{15} + B_{16} X_{16} + B_{17} X_{17} + B_{18} X_{18}$$

表 8 – 2　自变量的描述统计

变量	定义	18~50岁农村男性					23~50岁农村男性				
		样本量	均值	标准差	最小值	最大值	样本量	均值	标准差	最小值	最大值
村每百户大龄未婚男性数量	(所在村庄28岁以上大龄未婚男性数量/村庄总户数)×100	128	4.666	4.315	0	25.581	128	4.633	4.278	0	25.581
村每户外出务工人口数量	到城镇以外务工的人数/村庄总户数	128	0.9434	0.716	0.009	2.832	128	0.9434	0.716	0.009	2.832
外出务工人口性别比	外出务工男性/外出务工女性	128	1.443	0.519	0.625	2.968	128	1.443	0.519	0.625	2.968
中部村庄	村庄所在地域属于中部为1,否则为0	128	0.425	0.495	0	1	128	0.425	0.495	0	1
西部村庄	村庄所在地域属于西部为1,否则为0	128	0.467	0.499	0	1	128	0.467	0.499	0	1
小学及以下	受教育程度,小学及以下为1,否则为0	1044	0.370	0.483	0	1	963	0.383	0.486	0	1
初中	受教育程度,初中为1,否则为0	1044	0.436	0.496	0	1	963	0.416	0.493	0	1
农业体力劳动者	职业阶层,农业体力劳动者为1,否则为0	1044	0.363	0.481	0	1	963	0.395	0.489	0	1
非农业体力劳动者	职业阶层,非农业体力劳动者为1,否则为0	1044	0.459	0.498	1	3	963	0.427	0.495		1
23岁前无外出打工	23岁前无外出务工经历为1,否则为0	1044	0.429	0.495	0	1	963	0.508	0.500	0	1
残疾	身体是否残疾,残疾用1表示,否则为0	1044	0.115	0.320	0	1	963	0.124	0.329	0	1
一般(性格)	性格一般为1,否则为0	1044	0.491	0.500	0	1	963	0.492	0.500	0	1
内向(性格)	性格内向为1,否则为0	1044	0.178	0.382	0	1	963	0.177	0.382	0	1
1970~1979年	1970~1979年出生队列为1,否则为0	1044	0.299	0.458	0	1	963	0.304	0.460	0	1
1960~1969年	1960~1969年出生队列为1,否则为0	1044	0.296	0.456	0	1	963	0.321	0.467	0	1
父母经济	分为平均水平及以上和低于平均水平,低于平均水平为1,否则为0	1044	0.381	0.486	0	1	963	0.399	0.490	0	1
兄弟数量	兄弟数量(含个人)	1044	2.482	1.319	1	8	963	2.554	1.331	1	8
姐妹数量	姐妹数量	1044	1.375	1.198	0	7	963	1.423	1.211	0	7

在公式 (8-1) 中, $ln \dfrac{h(t)}{h_0(t)}$ 是因变量, 表示初婚风险的风险值, 其中 $h(t)$ 为风险率, 表示在时刻 t 仍然未婚, 但 t 时刻后的瞬间结婚概率; $h_0(t)$ 为基准风险, 是指在不考虑任何协变量 X 之前风险函数的起点或基准。

在公式 (8-1) 中, X_1 至 X_5 均为虚拟变量, 用来反映个人经济特征, 其中 X_1 和 X_2 用来表示受教育程度, $X_1 = 1$ 代表受教育程度为小学及以下, $X_2 = 1$ 表示受教育程度为初中; X_3 和 X_4 用来表示职业类型, $X_3 = 1$ 代表职业类型为农业体力劳动者, $X_4 = 1$ 代表职业类型为非农业体力劳动者; X_5 表示外出务工经历, 取值为 1 代表 23 岁 (平均初婚年龄) 前无外出务工经历。

X_6 至 X_{10} 也均为虚拟变量, 用来反映个人非经济特征, 其中 X_6 表示残疾状况, 取值为 1 表示身体残疾; X_7 和 X_8 用来表示性格, $X_7 = 1$ 代表一般, $X_8 = 1$ 代表内向; X_9 和 X_{10} 用来表示出生对列, 其中 $X_9 = 1$ 表示 1970～1979 年出生队列, $X_{10} = 1$ 表示 1960～1969 年出生队列。

X_{11} 至 X_{13} 用来反映家庭特征。其中 X_{11} 表示 20 多岁时父母经济状况, $X_{11} = 1$ 表示父母经济水平低于平均水平。X_{12} 和 X_{13} 分别表示家里兄弟数量 (含被访者自己) 和姐妹数量, X_{12} 的最小值和最大值分别为 1 和 8, X_{13} 的最小值和最大值分别为 0 和 7, 两个变量在统计模型中均作为连续变量处理。

X_{14} 至 X_{18} 用来反映当地婚姻市场特征。其中 X_{14} 至 X_{16} 分别表示村庄每百户大龄未婚男性数量、每户平均外出务工人口数量和外出务工人口性别比。三个变量均为连续变量, 变量的定义见表 8-2, 取值范围分别为 [0, 25.581], [0.009, 2.832] 和 [0.625, 2.968]。根据地域分布和经济发展水平, 我国内地省份分为东、中、西部。东部包括辽宁、河北、北京、天津、山东、江苏、浙江、上海、福建、广东和海南 11 个省份, 中部包括黑龙江、吉林、陕西、河南、湖北、江西、安徽和湖南 8 个省份, 其他 12 个省份属于西部 (Gu et al., 2007), X_{17} 和 X_{18} 用来表示村庄所属省份, 其中 $X_{17} = 1$ 代表中部村庄, 包括来自黑龙江、吉林、陕西、河南、湖北、江西、安徽和湖南等 8 个省份的村庄, $X_{18} = 1$ 表示西部村庄, 包括来自甘肃、重庆、宁夏、青海、陕西、四川、新疆、云南、贵州、内蒙古和广西 11 个省份的村庄[①]。本书采用 Stata 软件对模型进行拟合。

2）分层 Multi-Logistic 随机截距模型

婚恋状态选项包括"未婚但有女朋友"、"未婚且无女朋友"和"已婚"三类，分别赋值为 1、2、3，以"已婚"为参照项。成婚困难经历的选项包括"遭遇过成婚困难但结婚"、"遭遇过成婚困难且未婚"和"顺利结婚"三类，分别赋值为 1、2、3，以"顺利结婚"为参照项。由于婚恋状况和成婚困难经历两个因变量均为三分类变量，因此采用分层 Multi-Logistic 随机截距模型进行分析。因变量取值分别为 1、2 和 3，P（1）、P（2）和 P（3）分别表示各取值发生的概率，即

$$P(1) = Prob[Y = 1] \qquad (8-2)$$

$$P(2) = Prob[Y = 2] \qquad (8-3)$$

$$P(3) = 1 - P(1) - P(2) \qquad (8-4)$$

以取值 3 为参照项，则分层 Multi-Logistic 随机截距模型如公式（8-5）至公式（8-8）所示：

层一：

$$\begin{aligned} ln[P(1)/P(3)] = {} & B_{0(1)} + B_{1(1)}X_1 + B_{2(1)}X_2 + B_{3(1)}X_3 + B_{4(1)}X_4 + \\ & B_{5(1)}X_5 + B_{6(1)}X_6 + B_{7(1)}X_7 + B_{8(1)}X_8 + B_{9(1)}X_9 + \quad (8-5) \\ & B_{10(1)}X_{10} + B_{11(1)}X_{11} + B_{12(1)}X_{12} + B_{13(1)}X_{13} \end{aligned}$$

$$\begin{aligned} ln[P(2)/P(3)] = {} & B_{0(2)} + B_{1(2)}X_1 + B_{2(2)}X_2 + B_{3(2)}X_3 + B_{4(2)}X_4 + \\ & B_{5(2)}X_5 + B_{6(2)}X_6 + B_{7(2)}X_7 + B_{8(2)}X_8 + B_{9(2)}X_9 + \quad (8-6) \\ & B_{10(2)}X_{10} + B_{11(2)}X_{11} + B_{12(2)}X_{12} + B_{13(2)}X_{13} \end{aligned}$$

层二：

$$B_{0(1)} = G_{0(1)} + G_{1(1)}Z_1 + G_{2(1)}Z_2 + G_{3(1)}Z_3 + G_{4(1)}Z_4 + G_{5(1)}Z_5 + U_{0(1)} \qquad (8-7)$$

---

① 调查未覆盖北京、广东和西藏，因此所调查村庄来自 9 个东部省份，8 个中部省份和 11 和西部省份。

$$B_{0(2)} = G_{0(2)} + G_{1(2)}Z_1 + G_{2(2)}Z_2 + G_{3(2)}Z_3 + G_{4(2)}Z_4 + G_{5(2)}Z_5 + U_{0(2)} \quad (8-8)$$

公式（8-5）和公式（8-6）中，$ln[P(1)/P(3)]$ 和 $ln[P(2)/P(3)]$ 在恋爱经历分析中，分别表示未婚但有女朋友（或未婚且无女朋友）与已婚的概率之比的对数值；在成婚困难经历分析中，分别表示遭遇过成婚困难但结婚（或遭遇过成婚困难且未婚）与顺利结婚的概率之比的对数值。X_1 至 X_{13} 的内涵和取值同公式（8-1）中的 X_1 至 X_{13}。

公式（8-7）和公式（8-8）中，$B_{0(1)}$ 和 $B_{0(2)}$ 分别为 $ln[P(1)/P(3)]$ 和 $ln[P(2)/P(3)]$ 的截距，表示当解释变量取值均为 0 时因变量的平均估计值。二者均为随机变量，包括固定部分和随机部分，是村庄层次变量的被解释变量。系数 $B_{1(1)}$ 至 $B_{13(1)}$，$B_{1(2)}$ 至 $B_{13(2)}$ 的取值均是固定的，表示因变量与解释变量之间的关系在不同的村庄间都是相同的。

在公式（8-7）和公式（8-8）中，$G_{0(1)}$ 和 $G_{0(2)}$ 分别为 $B_{0(1)}$ 和 $B_{0(2)}$ 的平均截距，其取值是固定的，表示控制了村庄特征后 $B_{0(1)}$ 和 $B_{0(2)}$ 的平均初始水平。第二层中引入了村庄层次的变量 Z_1 至 Z_5。$B_{0(1)}$ 和 $B_{0(2)}$ 的取值受到村庄层次变量 Z_1 至 Z_5 的影响，系数分别表示为 $G_{1(1)}$ 至 $G_{5(1)}$，$G_{1(2)}$ 至 $G_{5(2)}$。其中 Z_1 至 Z_3 均为连续变量，分别表示村每百户大龄未婚男性数量、村每户平均外出务工人口数量和村外出务工人口性别比，它们的取值范围分别为 $[0, 25.581]$、$[0.009, 2.832]$ 和 $[0.625, 2.968]$；Z_4 和 Z_5 均为虚拟变量，代表村庄所属地域，Z_4 取值为 1 表示中部村庄，Z_5 取值为 1 表示西部村庄。$U_{0(1)}$ 和 $U_{0(2)}$ 分别是 $B_{0(1)}$ 和 $B_{0(2)}$ 的随机部分，即第二层的残差项，反映了村庄层次单位对因变量的随机效应。本书采用 Mplus 软件对上述模型进行拟合。

8.2 个人在婚姻市场中所处地位

8.2.1 个人经济状况与单身概率

在国内外婚姻缔结的研究中，经济因素往往被认为是男性结婚机会的最重要的决定性因素。本书采用生命表方法，对调查数据进行分析，分别构建教育、职业和 23 岁前外出务工与男性初婚可能性的风险曲线，以比较和揭示不同个人经济特征下男性单身概率随年龄增长的动态变化趋势（见图 8-1）。整体上看随着年龄的增长，农村男性单身的概率趋于下降。曲线大致可以分为 4 个阶段：1）18~20 岁年龄段：在这一年龄段，曲线缓慢下降，表明少数农村男性进入婚姻；2）21~28 岁年龄段：曲线迅速下降，表明这一年龄段是农村男性主要的成婚时间；3）29~33 岁年龄段：在这一年龄段，曲线再次表现出缓慢下降趋势，表明男性主要适婚年龄已经过去，只有少量男性在这一阶段结婚；4）34 岁以后：曲线几乎与 X 轴平行，表明 34 岁以后仍然未结婚的男性，其结婚的可能性几乎为 0。

图 8-1（a）显示了教育对农村男性单身概率的影响。受教育程度越高，男性单身的可能性越低。首先，小学及以下的男性初婚概率最低，至 28 岁以后，仍有 75% 以上的男性未婚；其次，初中和高中及以上受教育程度的男性，单身概率随年龄增长表现出不同的趋势。在 26 岁之前，初中文化程度的男性结婚可能性高于高中及以上文化程度的男性，而 26 岁以后，则教育水平为高中及以上的男性结婚可能性最高。这表明教育对初婚概率和初婚年龄的双重作用。一方面，整体上来看，受教育程度与男性结婚概率成正比，教育水平较高的男性，往往有着较高的结婚机会，因此单身概率也较小；另一方面，受教育程度本身起到推迟初婚年龄的作用，对受教育程度高的男性而言，其初婚年龄高于受教育程度较低的男性，但他们的适婚年龄段持续时间也更久。

图 8-1（b）显示了职业和男性单身概率之间的关系。首先，总体上来看，随着男性职业阶层的提高，其单身概率迅速下降：从事农业劳动的男性单身概率最高，其次是非农业体力劳动者，两种职业成婚概率大约相差 5% 左右。而非体力劳动者的单身概率最低，比非农业体力劳动者低 30% 左右。其次，职业阶层越高，适婚年龄延续时间越长。农业体力劳动者和非农业体力劳动者的主要适婚年龄在 26 岁之前；26 岁之后，曲线斜率趋于平缓，表明 26 岁之后，这些男性结婚可能性迅速降低；而非体力劳动者，30 岁之前，其曲线一直保持迅速下滑趋势，这表明其主要的适婚年龄持续到 30 岁。

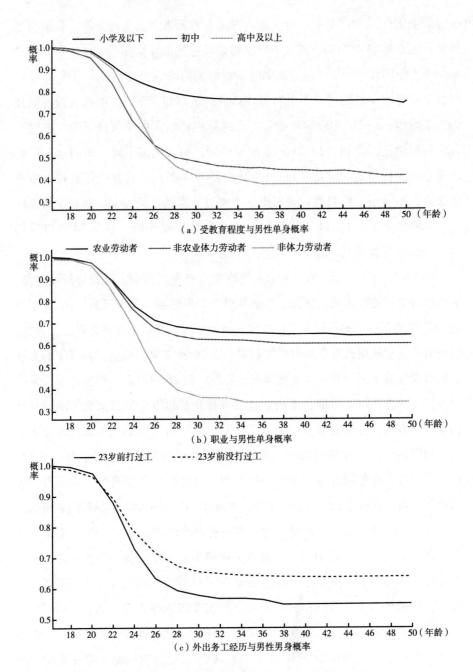

（a）受教育程度与男性单身概率

（b）职业与男性单身概率

（c）外出务工经历与男性男身概率

图 8 - 1　个人经济特征与男性单身概率

图 8-1（c）探讨了 23 岁前外出务工对男性单身概率的影响。首先，外出务工经历显著地降低了农村男性的单身概率。与没有外出务工经历的男性相比，有外出务工经历男性的单身比例明显要低；其次，外出务工经历部分起到推迟男性初婚年龄的作用，这表现在两个方面：一方面，在 18 ~ 22 岁年龄段，"无外出务工经历男性"曲线在"有外出务工经历男性"曲线的下方，表明这一阶段，没有外出务工经历的男性早婚的可能性更高；另一方面，从主要适婚年龄来看，23 岁之前没有外出务工经历的男性，适婚年龄段主要集中在 28 岁以前，而有过外出务工经历的男性，适婚年龄则推迟到 30 岁左右。

8.2.2 婚恋状况

表 8-3 显示了 23 ~ 50 岁未婚男性的恋爱状况。首先，绝大多数的农村未婚男性当前没有女朋友，处于完全单身中，表明 23 岁以上仍未结婚的男性面临不多的恋爱机会。其次，未婚男性的恋爱状况表现出随出生队列变化而变化的趋势。较早出生队列男性表示"是"的比例明显低于较晚出生队列，即随着年龄的增加，未婚男性当前处于恋爱状态的比例减少。这说明年龄是影响个人恋爱机会的重要因素，年龄较大仍然未成婚的男性，面临较低的恋爱机会。

表 8-3　不同出生队列未婚男性恋爱类型（23 ~ 50 岁）

单位：%

项　目	合计	1980 ~ 1987 年	1970 ~ 1979 年	1960 ~ 1969 年	LR 检验
样本	(594)	(208)	(234)	(152)	
当前恋爱类型					***
是	17.00	31.51	11.07	4.85	
否	83.00	68.49	88.93	95.15	

注：***，p < 0.001；**，p < 0.01；*，p < 0.05。

8.2.3 成婚困难经历

表 8-4 显示了男性遭遇过成婚困难的比例随出生队列而变化的趋势。

首先，无论是未婚男性还是已婚男性，都有部分男性表示遭遇过成婚困难。这表明，不仅未婚男性，部分已婚男性也可能曾经是婚姻挤压的承担者。其次，在是否遭遇过成婚困难这一问题上，存在着显著的婚姻状况差异：已婚和未婚男性之间是否遭遇过成婚困难的比例完全相反。在23～50岁的未婚男性中，绝大多数（78.3%）遭遇过或正在遭遇成婚困难；而已婚群体中，这一比例仅为25.2%，远远低于未婚男性。这表明，平均初婚年龄以上的男性中，只有较少比例的已婚男性曾经遭遇过婚姻挤压，而超过平均初婚年龄仍未结婚的男性，往往面临巨大的成婚压力，绝大多数在求婚的道路上并非一帆风顺。再次，就年龄分布来看，未婚者和已婚者遭遇成婚困难的比例差异显著。已婚男性中，各出生队列男性遭遇成婚困难的比例只有细微的差异，且差异并不显著；但是未婚男性中，随着年龄的变化，遭受成婚困难的比例呈现出明显的上升趋势：从23～30岁到31～40岁年龄段，该比例从60.2%增加到85.3%，并在41～50岁年龄段进一步增加到89.9%。这就意味着：平均初婚年龄以上的未婚男性，绝大多数遭遇过成婚困难；且随着年龄（单身时间）的上升，遭遇过困难的比例进一步上升。而对于平均初婚年龄以上的已婚男性而言，遭遇过成婚困难的比例较低，且该比例与出生队列并没有显著关系。

表8-4 不同年龄段男性遭遇过成婚困难的状况（23～50岁）

婚姻状况	合计	23～30岁	31～40岁	41～50岁	LR 检验
未婚	（594）	（208）	（234）	（152）	***
遭遇过成婚困难（%）	78.3	60.2	85.3	89.9	
未遭遇过成婚困难（%）	21.7	39.8	14.7	10.1	
LR 检验		***	***	***	
已婚	（369）	（152）	（76）	（141）	Ns
遭遇过成婚困难（%）	25.2	22.8	25.0	27.7	
未遭遇过成婚困难（%）	74.8	77.2	75.0	72.3	
LR 检验		***	***	***	

注：***，$p < 0.001$；**，$p < 0.01$；*，$p < 0.05$。

8.3 个人在婚姻市场中所处地位的影响因素

8.3.1 初婚概率的影响因素

表 8 - 5 采用 Cox 比例风险模型估计了农村成年男性结束单身、迈入婚姻状态的相对风险值和标准误。模型 1 仅纳入个体层次的个人经济特征变量；模型 2 则进一步纳入个人非经济特征、家庭特征和村庄特征变量的影响。分析结果显示，与模型 1 相比，模型 2 中个人经济变量对因变量影响的方向和显著性几乎没有变化，只是相对风险值大小和显著性程度有了细微的改变。因此本书将以模型 2 的结果为例，解读农村男性初婚风险的影响因素。

表 8 - 5 农村男性初婚风险影响因素的多层 cox 回归结果 （N = 1044）

变　量	模型 1		模型 2	
	相对风险值	标准误	相对风险值	标准误
截距	0.541 ***	0.068	1.065	0.245
当地婚姻市场				
村每百户大龄未婚男性数量			0.978 ***	0.007
村每户外出务工人口数量			1.187 *	0.077
外出务工人口性别比			1.003	0.010
中部村庄			0.654 *	0.247
西部村庄			0.601 *	0.249
个人经济				
教育				
小学及以下	0.252 ***	0.233	0.253 ***	0.263
初中	0.995	0.201	0.991	0.215
职业				
农业体力劳动者	1.131	0.226	1.005	0.249
非农业体力劳动者	0.573 *	0.215	0.511 **	0.234
23 岁前打工				
无	0.585 *	0.168	0.562 **	0.194
个人非经济				
是否残疾				
是			0.316 ***	0.295

续表

变　量	模型 1		模型 2	
	相对风险值	标准误	相对风险值	标准误
性格				
一般			0.668 *	0.168
内向			0.358 **	0.259
出生队列				
1960~1969 年			3.055 ***	0.241
1970~1979 年			0.982	0.212
家庭因素				
父母经济				
低于平均水平			0.640 **	0.158
兄弟数量			0.985	0.068
姐妹数量			1.298 ***	0.070
Log likelihood	−2250.454	−1715.421		
卡方	88.60 ***	211.86 ***		

注：(1) 相对风险值小于 1 代表负向影响，大于 1 代表正向影响。

　　(2) ***，$p < 0.001$；**，$p < 0.01$；*，$p < 0.05$；+，$p < 0.1$。

从当地婚姻市场状况来看，村平均每百户大龄未婚男性、村平均每户外出务工人口数量和村庄地域分布对因变量均有显著的影响。村平均每百户大龄未婚男性的数量越多，表明婚姻挤压程度越严重，则男性初婚的概率越低。村平均每户外出务工人口数量则表现出显著的正影响，即平均每户家庭外出务工人口数量越多，则男性结婚的概率越高。但是外出务工人口性别比对因变量没有显著的作用，这表明是外出务工人口的平均规模，而非性别结构对男性初婚风险有显著影响。这可能反映了外出务工改善了村庄和家庭经济，并增加了村庄整体上对女性的吸引能力。从地域分布来看，西部和中部村庄男性结婚的概率较低，仅为东部村庄的 60% 左右。这反映了经济发展水平对村庄吸引可婚配女性能力的影响。这一结论与当前研究是一致的：Das Gupta 等 (2010) 对中国婚姻挤压分布的研究发现，西部地区女性短缺现象更为严重，男性面临较高的失婚风险。陈友华的研究也发现，婚姻挤压的后果往往由落后地区的男性承担 (陈友华，2004)。

个人经济因素对男性初婚的可能性有显著影响。受教育程度低的男性，初婚概率更低，与高中及以上男性相比，小学及以下男性初婚风险仅为25.3%；受教育程度为初中的影响不显著。与从事非体力的劳动者相比，从事非农业体力劳动男性的初婚概率降低；但农业体力劳动者的相对风险值并不显著，这可能是由绝大多数的受教育程度为小学及以下的男性从事农业劳动，教育与职业之间有较强的相关性造成的。婚前外出务工经历对初婚可能性也有显著影响，23岁前无外出务工经历的男性，其初婚概率仅为有外出务工经历男性的51.1%。以上结果表明，个人经济因素对初婚概率有显著影响，经济状况差的男性面临较低的初婚概率。

个人非经济因素中，残疾、性格和出生队列对因变量都有显著的影响。与身体健康的男性相比，残疾男性结婚机会明显较低，他们结婚的概率仅为健全男性的31.6%。从性格特征来看，性格外向的男性初婚的概率较高，而性格内向的男性，结婚的可能性较小。性格一般和内向的男性初婚的概率分别是性格外向男性的66.8%和35.8%，即性格内向的男性结婚的可能性不仅远低于性格外向者，也低于性格一般者。就出生队列来看，较早出生队列的男性，结婚的概率最高。1960～1969年出生队列的男性，其结婚的概率远远高于1980～1993年出生队列的男性；但1970～1979年出生队列男性结婚概率与参照组没有显著的差异。这一趋势表明了普婚文化下年龄因素对初婚概率的影响。在具有普婚文化的中国，人们对婚姻有着强烈的需求，许多人通过努力最终缔结婚姻，因此1960～1969年这一较早出生队列，男性结婚的可能性不仅高于1970～1979年出生队列，也高于1980～1993年出生队列。

家庭因素中，父母经济状况差的男性，初婚概率较低；而姐妹数量多的男性，结婚的可能性反而更高。这反映了婚姻挤压下婚姻花费变化和家庭经济因素的影响。由于女性的短缺，近些年来，农村男性婚姻花费迅速上升，中国农村男性的婚姻花费，包括新房、家具、彩礼和婚礼等的花费，迅速上升。在一些村庄里，儿子的婚姻花费几乎等于家庭年收入的8～20倍（Min和Eades，1995；Wei和Zhang，2011）。不少农村家庭只能通过借贷的方式支付儿子的婚姻花费（彭远春，2004）。因此，家庭经济状况成为影响儿子婚姻缔结的重要因素。在这种情况下，有女儿的家庭往往可以通过女儿婚姻的缔结，获得经济收益，并扩大家庭的交往网络，从而增加儿子结识未婚女性的机会，以及支付婚姻花费的能力。因此，姐妹多的家庭，男性初婚的概率较高。

总之，Cox 回归分析结果显示，个人、家庭和当地婚姻市场特征，对个人初婚概率有显著的影响。那些特征较差的男性，面临较高的失婚风险。另外，分析结果也表明，与已婚者相比，未婚者在个人、家庭和所处村庄等方面处于明显劣势，并导致其在婚姻市场中处于较劣势地位。

8.3.2 婚恋状况的影响因素分析

本书采用分层 Multi-logistic 随机截距模型，分析了农村男性婚恋状况的影响因素。对年龄因素的影响分别从单身状态持续时间和出生对列两个方面进行考察，其中模型 1 用单身持续时间来测量年龄因素的影响（见表 8－6 前两列数字），模型 2 用出生队列来测量年龄因素的影响（见表 8－6 后两列数字）。每个模型的因变量均以已婚为参照项，"未婚但有女朋友"列和"未婚且无女朋友"列分别是"未婚但有女朋友"和"未婚且无女朋友"状况下的分析结果。

表 8－6　农村男性婚恋状况的分层 Multi-logistic 随机截距模型分析结果 （N＝963）

变　量	模型 1		模型 2	
	未婚但有女朋友	未婚且无女朋友	未婚但有女朋友	未婚且无女朋友
固定效应				
截距	－11.908 ***	－10.523 ***	－2.340 ***	－1.820 ***
当地婚姻市场				
村每百户大龄未婚男性数量	0.030 **	0.025 **	0.033 **	0.026 **
村每户外出务工人口数量	－0.329 +	－0.120	－0.357 *	－0.142
外出务工人口性别比	－0.008	－0.010	0.008	－0.010
中部村庄	0.571	0.210	0.537	0.199
西部村庄	0.584	0.464 *	0.596	0.465 *

续表

变　　量	模型 1		模型 2	
	未婚但有女朋友	未婚且无女朋友	未婚但有女朋友	未婚且无女朋友
个人经济				
教育				
小学及以下	- 0.321	1.382 ***	- 0.264	1.449 ***
初中	- 0.626 *	0.092	- 0.612 *	0.131
职业				
农业体力劳动者	- 0.179	0.109	- 0.215	0.073
非农业体力劳动者	0.573 *	0.215	0.511 **	0.234
23 岁前打工				
无	0.732 *	0.360 *	0.751 *	0.426 *
个人非经济				
是否残疾				
是	0.437	1.395 ***	0.393	1.354 ***
性格				
一般	0.298	0.631 **	0.302	0.607 ***
内向	0.322	0.902 **	0.311	0.902 **
单身时间	0.655 **	0.534 ***		
单身时间平方	- 0.011 **	- 0.008 ***		
出生队列				
1970 ~ 1979 年			- 0.294	0.555 *
1960 ~ 1969 年			- 2.330 ***	- 0.517 *
家庭因素				
父母经济				
低于平均水平	0.212	0.534 **	0.177	0.516 **
兄弟数量	0.146	0.004	0.141	0.016
姐妹数量	- 0.143	- 0.177 **	- 0.153	- 0.184 **
随机效应				
层 2：截距	0.637	0.232	0.630	0.217
Log likelihood	- 729.809	- 735.981		
AIC	1535.618	1547.961		

注：（1）系数小于 0 代表负向影响，大于 0 代表正向影响。

（2）***，$p < 0.001$；**，$p < 0.01$；*，$p < 0.05$；+，$p < 0.1$。

（3）"层 2：截距"一行数字表示截距的随机效应的方差。

　　从村庄因素来看，除了村外出务工人口性别比外，其他变量对个体层截距都有显著的影响。村庄里大龄未婚男性相对规模越大，意味着村庄里婚姻挤压越严重，则平均结婚年龄以上男性处于未婚状态的可能性越大。村平均每户外出务工人数对因变量有较显著的负向影响，即每户外出务工人数越高，则男性未婚的可能性越小。与经济状况较好的东部村庄的男性相比，经济较落后的西部村庄里，男性未婚且无女朋友的概率更高。

个人经济因素中，教育、职业和外出务工经历变量对因变量有显著影响，职业阶层较低（非农业体力劳动者）、23岁前没有外出务工经历的未婚男性，未婚（含有女朋友和无女朋友）的概率更高。教育变量对"未婚但有女朋友"和"未婚且无女朋友"的影响方向不同。与高中文化程度的男性相比，小学及以下程度的男性未婚且无女朋友的可能性更高，初中教育程度的男性未婚但有女朋友的可能性更低。这表明受教育程度是制约个人婚恋状况的重要因素，那些受教育程度低、尚未完成九年义务教育的男性在婚姻市场中处于劣势地位。总之，个人因素中，未婚男性在受教育程度、职业阶层和外出务工经历方面均差于已婚男性；当前没有女朋友的未婚男性的受教育程度低于已婚男性，但当前有女朋友的未婚男性的受教育程度与已婚男性并没有显著的差异。这表明当前没有女朋友的未婚男性的受教育程度不但差于已婚男性，也差于有女朋友的未婚男性，他们在社会经济地位方面可能处于更劣势地位。

个人非经济特征方面，单身时间和出生队列对因变量都有显著影响，单身时间系数为正，表明单身时间越长，则男性未婚（含有女朋友和无女朋友）的可能性越高；单身时间的平方显著，表明单身时间的影响是非线性的。出生队列里，1970~1979年出生队列对"未婚且无女朋友"有显著的正向影响，而1960~1969年出生队列则对因变量有显著的负向影响。这表明随着年龄的增长，男性未婚的概率增加，但这种增加不是呈线性的，表现在出生队列上，31~40岁男性面临较高的单身风险，而40岁以上男性的单身风险下降。这同时反映了不同年龄层面临不同婚姻挤压程度的影响。一方面，对农村男性而言，随着年龄的增长，其在婚姻市场中可选择的空间降低，结婚机会下降；另一方面，在普婚文化下，人们会积极地追求结婚机会，因此终身不能婚配的比例很小，那些在婚姻市场中遭受挤压的男性，并不是被动的承受婚姻挤压后果，而是会积极地采取其他策略以增加结婚机会。除了出生队列或单身时间，未婚但有女朋友的男性与已婚男性没有显著的差异；但是未婚且无女朋友的男性则处于显著的劣势。这表明没有女朋友的未婚男性不但在个人非经济特征上差于已婚男性，其在性格和身体健全等方面也差于有女朋友的未婚男性。

家庭因素中，未婚但有女朋友的男性与已婚男性没有显著的差异；但是未婚且无朋友的男性则处于显著的劣势。与此同时，姐妹数量对因变量有显著的负向影响。这反映了在婚姻市场中，随着女性婚姻价值的提高，通过女儿婚姻的缔结，可以为家庭儿子婚姻的缔结提供重要的经济资源和社会资本，有利于提高男性结婚机会。

以上分析表明，首先，个人、家庭因素和村庄层次的因素对农村男性的婚恋状况都有显著的影响，即与已婚者相比，未婚男性不管恋爱状态如何，其拥有的资源和特征，尤其是其经济特征较差，因此在婚姻市场中处于较劣势地位。其次，影响男性"未婚但有女朋友"和"未婚且无女朋友"的因素并不相同：与已婚男性相比，未婚且有女朋友的男性仅在村每百户大龄未婚男性数量、职业、外出务工经历和单身时间因素上处于劣势，而没有女朋友的未婚男性在村庄因素、个人经济和非经济因素、家庭因素等方面均处于较差地位，其在婚姻市场中处于更劣势地位。这表明，虽然与已婚男性相比，未婚男性处于劣势地位，但在未婚男性内部，也存在着地位阶层的差异，"未婚但有女朋友"的男性处于较高的阶层，而"未婚且无女朋友"的处于更低阶层。

8.3.3　成婚困难经历的影响因素分析

本书采用分层 Multi-logistic 随机截距模型，分析了 23～50 岁男性成婚困难经历的影响因素。对年龄因素的影响分别从单身状态持续时间和出生对列两个方面进行考察，模型 1 用单身时间来测量年龄因素的影响（见表 8 –

7 前两列数字），模型 2 用出生队列来测量年龄因素的影响（见表 8 - 7 后两列数字）。每个模型的因变量均以顺利结婚为参照项，"结婚（困难）"列和"未婚（困难）"列分别是在"遭遇成婚困难但结婚"和"遭遇成婚困难且未婚"状况下的分析结果。

表 8 - 7　农村男性成婚困难经历影响因素的 Multi-logistic
随机截距模型分析（N = 831）

变　量	模型 1		模型 2	
	结婚（困难）	未婚（困难）	结婚（困难）	未婚（困难）
固定效应				
截距	0.488	0.019 ***	- 1.239 *	- 1.548 ***
当地婚姻市场				
村每百户大龄未婚男性数量	- 0.005	0.019 *	- 0.005	0.020 *
村每户外出务工人口数量	- 0.023	- 0.170 +	- 0.020	- 0.188 +
外出务工人口性别比	- 0.023	- 0.016	- 0.023	- 0.018
中部村庄	- 0.516	0.173	- 0.530	- 0.176
西部村庄	- 0.501	0.135	- 0.569	0.144
个人经济				
教育				
小学及以下	0.465	1.497 ***	0.507	1.604 ***
初中	- 0.638 *	- 0.179	- 0.628 *	- 0.118
职业				
农业体力劳动者	0.202	0.404	0.194	0.374
非农业体力劳动者	- 0.276	0.577 *	- 0.277	0.570 *
23 岁前打工				
无	- 0.323	0.306	- 0.315	0.388 +
个人非经济				
是否残疾				
是	0.986 +	1.832 ***	1.016 +	1.800 ***
性格				
一般	0.648 *	1.150 ***	0.643 +	1.115 ***
内向	0.827 **	0.824 ***	0.841 **	0.787 ***
单身时间	- 0.052	0.605 ***		
单身时间平方	0.000	- 0.009 ***		
出生队列				

续表

变　量	模型 1		模型 2	
	结婚（困难）	未婚（困难）	结婚（困难）	未婚（困难）
1970～1979 年			- 0.263	0.461 +
1960～1969 年			- 0.394	- 0.625 *
家庭因素				
父母经济				
低于平均水平	1.044 ***	0.939 ***	0.949 ***	0.912 ***
兄弟数量	0.163	0.047	0.151	0.076
姐妹数量	0.122	- 0.148 *	0.107	- 0.142 *
随机效应				
层 2：截距	- 1.882	12.248	1.312 *	0.049
Log likelihood	- 637.441	- 644.444		
AIC	1350.881	1364.889		

注：（1）系数小于 0 代表负向影响，大于 0 代表正向影响。

（2）***，$p < 0.001$；**，$p < 0.01$；*，$p < 0.05$；+，$p < 0.1$。

（3）"层 2：截距"一行数字表示截距的随机效应的方差。

就村庄层次来看，所有变量对"遭遇成婚困难但已婚"没有显著影响，但是村大龄未婚男性的相对规模和外出务工人口的规模对男性"遭遇成婚困难且未婚"有显著的影响，即村里大龄未婚男性相对规模越大，或村里外出务工人口相对规模越小，则农村男性"遭遇成婚困难且未婚"的可能性越大。这表明，一方面，在婚姻挤压较严重的地区，男性承受婚姻挤压风险的可能性也较高；另一方面，农村人口外出务工通过增加家庭收入和提高村庄经济整体水平的方式，增加了男性的结婚机会，降低了其遭遇成婚困境的风险。

与"顺利结婚"的男性相比，影响男性"遭遇成婚困难但是已婚"的因素主要表现在教育、残疾、性格和父母经济状况方面。受教育程度为初中的男性"遭遇困难但结婚"的可能性反而低于高中及以上文化程度的男性，这可能反映了两个方面的问题：在农村地区，受教育程度最低的男性，更容易遭受成婚困难，并进一步影响到他们的结婚机会；另一方面，农村男性平均受教育程度是初中，因此初中教育水平并不会成为影响个人成婚困难经历的阻碍因素。身体残疾、性格一般、父母经济条件差的男性，更容易成为遭遇成婚困难的已婚男性。这表明，与顺利结婚的男性相比，遭遇成婚困难的已婚男性仅仅在健康、性格和父母经济方面处于劣势。

与"顺利结婚"的男性相比，影响男性"遭遇成婚困难但未婚"的因素更为复杂，表现在个人经济、个人非经济、家庭特征和社区婚姻市场特征等各个方面。个人经济特征方面，受教育程度低（小学及以下）、职业阶层低（非农业体力劳动者）、没有外出务工经历的男性，更容易遭遇成婚困难且未婚。这反映了经济地位对顺利成婚有积极作用：教育、职业阶层和外出务工经历都是个人经济地位的反映，经济地位较低的男性，被迫保持未婚状态的可能性更高；其中外出务工增加了个人的经济收入，改善了个人和家庭的经济状况，从而增加了个人结婚机会。个人非经济因素方面，那些残疾、性格较内向的男性，遭遇成婚困难且未婚的可能性较高。家庭特征方面，父母经济条件低于平均水平的男性更容易遭遇成婚困难并被迫单身；与此同时，姐妹数量的系数小于0，表明姐妹数量越多的男性，遭遇成婚困难且单身的可能性越低。这再次表明，家里女孩数量多有利于降低儿子的成婚压力。

年龄因素对"遭遇成婚困难但成婚"没有显著影响，但对"遭遇成婚困难且未婚"的影响十分显著。模型1显示，单身时间对"遭遇成婚困难且未婚"的系数大于0，表示随着年龄的增长，个人遭遇成婚困难且未婚的可能性增加。与此同时，单身时间平方的回归系数小于0且显著，表明年龄因素的影响并非线性的。模型2显示，与1980～1987年出生队列男性相比，1970～1979年出生队列的男性经历"成婚困难且未婚"的可能性较大，但1960～1969年出生队列的男性经历"成婚困难且未婚"的可能性较小，这也反映了年龄因素影响的非线性特征。

总之，比较"遭遇成婚困难但结婚"和"遭受成婚困难且未婚"的影响因素，我们发现：首先，在婚姻挤压下，个人在婚姻市场中的地位并不同等。那些能够顺利婚配的男性，显然处于较高阶层；那些虽然遭遇成婚困难，但是最终得以结婚的男性处于较低阶层；而那些不但遭遇成婚困难、且被迫单身的男性，处于最低阶层，他们的结婚机会最低。其次，个人在婚姻市场中地位的差异是由个人特征的差异决定的。与能够顺利结婚的男性相比，"遭遇成婚困难"的已婚男性的劣势地位主要是由自身较差的非经济特征和父母较差的经济状况决定的，但他们在自身经济方面并不处于劣势。但是对那些"遭遇成婚困难"的未婚男性而言，他们除了与"遭遇成婚困难"的已婚男性一样，在非经济特征和父母经济状况方面处于劣势，在个人经济方面也表现出受教育程度低、经济阶层低的特征，他们所在村庄的婚姻挤压程度更为严重。

8.4　小结

本章采用百村系列调查数据，分别从初婚风险、婚恋状况和成婚困难经历三个方面测量了个人在婚姻市场中的地位，并探讨了影响个人在婚姻市场中的地位的因素。研究发现：

第一，婚姻状况仍然是个人在婚姻市场中地位的重要测量指标。与已婚者相比，未婚男性不但在个人和家庭特征上处于劣势，而且处于较不利的婚姻市场环境。但由于个人在婚姻市场中所处的地位更为复杂和多层次性，仅仅依照婚姻状况的划分难以反映这一复杂性。在纳入婚姻视角的基础上，本章进一步纳入了恋爱状况和成婚困难经历的视角，拓展了对个人在婚姻市场地位的测量指标，并发现在未婚人口中，当前无女朋友的男性比有女朋友的未婚男性处于更劣势地位。遭遇成婚困难的已婚男性比顺利结婚的男性处于劣势地位，但比遭遇成婚困难的未婚男性处于优势地位。

第二，个人和家庭特征、村庄特征对个人在婚姻市场中的地位有显著的影响。与之前研究多关注经济因素对个人结婚机会的影响一致，本研究也发现教育、职业等反映个人社会经济地位的因素对个人在婚姻市场中的地位有明显的影响。另外，在中国大规模农村劳动力向城镇和城市迁移的背景下，婚前外出务工经历也对个人在婚姻市场中的地位产生了积极的影响，这在之前的研究中是较少提及的。同时，在中国农村特殊的环境下，教育的影响也表现出两面性：总体上看，受教育程度较低的男性顺利结婚的可能性也较低，这与之前国内外的研究是一致的；同时，在实施九年义务教育的中国，多数的农村人口只接受了初中教育，与高中及以上相比，拥有初中教育水平并不能成为影响个人在婚姻市场所处地位的因素。

个人非经济因素对个人在婚姻市场中地位的影响也非常突出，性格内向、身患残疾以及年龄较大的男性，往往容易处于劣势地位。其中年龄的影响是非线性的，反映了中国农村普婚文化和婚姻挤压的影响。总体上看，农村男性的主要适婚年龄在21~28岁，而随着年龄的增长，男性结婚的可能性下降，而在婚姻市场上的劣势地位愈加突出；但是值得关注的是，年龄因素的影响是非线性的，30~40岁年龄段男性在婚姻市场中的劣势地位最为突出，而40~50岁男性失婚的可能性则较小。这一方面反映了在普婚文化的中国农村，不管男性在婚姻市场中的地位如何，绝大多数的人口最终得以婚配；另一方面，中国的婚姻挤压主要是由20世纪80年代以来出生队列的男性过剩造成的，并使得2000年以来婚姻挤压问题逐渐凸显。而40~50岁男性则较早进入婚姻市场，他们当时所处的婚姻市场性别结构是相对均衡的。

家庭因素中，父母经济因素和姐妹数量对个人在婚姻市场中所处地位有显著的影响，反映了婚姻挤压下婚姻花费的增加和有子家庭面临的巨大经济压力。婚姻市场上女性的短缺，使得女性的婚姻价值提升，女性面临更多的机会实现"向上婚配"，而男性则面临婚姻花费的急剧增加；加之中国早婚文化的传统，父母经济状况对于支持男性结婚的作用更显著。女儿多的家庭，则可以通过婚姻的缔结，改善娘家的经济状况，间接有利于娘家兄弟的婚姻缔结。

第三，个人所在村庄的人口、迁移和地域特征，对个人在婚姻市场中的地位有显著的影响。村大龄未婚男性的规模反映了婚姻市场人口结构对因变量的影响，大龄未婚男性规模越大，意味着村庄层次上男性过剩程度越高，村庄吸引可婚配女性的能力较差，因此男性在婚姻市场中的地位较低。村庄较大的外出务工人口规模，意味着村庄整体经济能力较好，有利于提高村庄吸引可婚配女性的能力，并提高男性在婚姻市场中的地位。村庄所处地域对农村男性的初婚风险和恋爱经历也有显著的影响，即与东部村庄相比，中部和西部村庄男性在婚姻市场上处于更劣势的地位。这反映了经济发展水平地域差异的影响。东部村庄较好的经济条件，对可婚配女性产生了巨大的吸引力，而中西部农村较差的经济状况，使得其吸引或留住可婚配女性的能力较弱，因此生活在这些村庄的农村男性面临较少的婚恋机会。

第四，对于个人在婚姻市场中所处地位的不同测量指标而言，影响因素也表现出差异。首先，对初婚风险的研究表明，与已婚者相比，未婚者在个人、家庭和村庄特征方面都处于较劣势的地位。其次，对婚恋状况的研究表明，与已婚者相比，未婚且有女朋友的男性仅在村庄层次的因素、个人经济因素和单身时间因素上处于劣势，而在非经济特征和家庭特征上与已婚男性没有显著差异；而没有女朋友的未婚男性在村庄因素、个人经济和非经济因素、家庭因素等方面均处于较差地位，其在婚姻市场中处于更劣势地位。最后，与能够顺利结婚的男性相比，"遭遇成婚困难"的已婚男性的劣势地位主要是由自身较差的非经济特征和父母较差的经济状况决定的，但他们在自身经济方面并不处于劣势；而"遭遇成婚困难"的未婚男性则在个人经济和非经济特征、家庭特征和村庄特征上都处于劣势。

9 婚姻挤压下农村已婚男性的 实际婚姻策略

根据第 7 章提出的中国婚姻挤压下农村男性婚姻市场地位和策略整体分析框架，本章分析农村已婚男性的实际婚姻策略。

9.1 研究设计

9.1.1 研究目标

夫妻实际婚姻策略的研究常以婚姻交换理论为指导，认为婚姻的缔结遵循着等价交换的原则，反映在夫妻匹配特征上，表现为人们倾向于同具有同一社会阶层和文化背景的人结婚，那些拥有较多资源和较好属性的人（包括经济特征和非经济特征）往往倾向于寻找拥有类似资源和特征的异性为伴侣，这样他们自身所拥有的价值将获得最好的回报（Schoen 和 Weinick，1993；South，1991）；反之，那些资源较少或条件较差的个人，往往选择条件较差的人为配偶。

伴随着婚姻家庭领域研究对非均衡婚姻市场的关注，婚姻寻找理论自20 世纪 80 年代末逐步形成，并用来解释欧美国家结婚率急速下降和非婚生育率快速上升现象。该理论认为，在婚姻市场供需存在数量或质量不平衡情况下，由于人们难以在短期内改变婚姻市场的供需状况，因此只能调整自己

的择偶行为和观念，以适应特定的婚姻市场环境（Lloyd，2006）。婚姻市场
中短缺一方处于较有利地位，而过剩一方处于不利地位，他们的婚姻策略主
要包括：1）通过降低择偶标准，拓展可选择配偶的空间，增加结婚机会
（South 和 Lloyd，1992b；South，1991）；2）对于不愿意降低择偶标准的人
而言，延长择偶时间或保持单身是其主要策略（Lichter et al.，1995；
Lichter et al.，1991；Oppenheimer，1988）。

那么，在婚姻挤压程度尚属轻度挤压、婚姻挤压现象在近几年刚刚引起
关注的中国农村，当地婚姻市场特征是否已经影响到人们的婚姻策略？即男
性的婚姻策略是表现出遵循等价交换和同类匹配的原则，还是受到当地婚姻
市场特征和个人在婚姻市场中地位的影响？本章分别通过对已婚男性夫妻年
龄匹配方式和教育匹配方式的定量分析，揭示婚姻挤压下已婚男性的实际婚
姻策略。本章将主要回答以下四个问题：

1）农村已婚男性的婚姻策略遵循什么样的原则和规律？是表现出"同
类匹配"还是"降低择偶标准"，具体的表现形式如何？

2）个人和家庭因素如何影响已婚男性的夫妻匹配方式？

3）当地婚姻市场状况如何影响已婚男性的夫妻匹配方式？

4）个人在婚姻市场中的地位如何影响已婚男性的夫妻匹配方式？

9.1.2 数据

本章所采用的数据来自西安交通大学人口与发展研究所组织的百村系列
调查数据。根据研究目标，本章只采用 18～50 岁的已婚男性样本，分别从夫
妻年龄匹配方式和教育匹配方式揭示已婚男性的实际婚姻策略。在简单的描
述统计中，有 402 个样本纳入分析；由于经过与村庄层次数据的匹配损失了部
分样本，因此在分层截距模型中共有来自 117 个村庄的 380 个样本纳入分析。

9.1.3 变量设置

1）因变量的设置

已婚男性的夫妻匹配方式分别从夫妻年龄匹配和教育匹配两个维度来测

量。对年龄匹配的测量包括已婚男性初婚年龄、配偶初婚年龄、夫妻年龄差和夫妻年龄匹配方向；对教育匹配的测量包括配偶教育年限、夫妻受教育年限差、受教育年限绝对差和夫妻教育匹配方向。

（1）夫妻年龄匹配

初婚年龄。在问卷中，我们请被访者分别回答了自己和配偶的出生时间、夫妻的初婚时间。据此，按照"初婚年龄 = 初婚时间 − 出生时间"的公式，我们计算了已婚男性初婚年龄和配偶初婚年龄。计算丈夫初婚年龄与配偶初婚年龄的差值，则生成新的变量，即夫妻年龄差。

夫妻年龄匹配方向。根据夫妻年龄差异，我们生成新的变量，即夫妻年龄匹配方向。由于丈夫与配偶的平均初婚年龄差异为 1.5 岁，因此对夫妻而言，夫妻年龄绝对差值在 2 岁以下，视为年龄"同质婚"，而夫妻年龄绝对差值在 2 岁以上为年龄"异质婚"。夫妻年龄匹配方向变量以"异质婚"为参照项。

（2）夫妻教育匹配

配偶受教育程度。在问卷中，我们请被访者分别回答自己和配偶的受教育程度，选项分为 5 类，按受教育程度从低到高依次为不识字或很少识字、小学、初中、高中（含中专、技校）和大专及以上，并因此赋值为 1 ~ 5。因此，配偶受教育程度在分析中作为有序多分类变量处理。

夫妻受教育年限差。夫妻受教育年限差的测量包括受教育年限差值和受教育年限绝对差值。在中国，小学、初中、高中、大专年限分别为 6 年、3 年、3 年和 3 年，据此我们对个人和配偶受教育年限赋值，不识字或很少识字赋值为 0，小学赋值为 6，初中赋值为 9，高中赋值为 12，大专赋值为 15。夫妻受教育年限差值为丈夫的受教育年限与配偶的受教育年限之差。

夫妻教育匹配方向。夫妻教育匹配方式取决于夫妻受教育年限差值。当夫妻受教育年限相等时，则称夫妻的教育匹配方式为"同质婚"。当丈夫的受教育年限不同于配偶时，则称丈夫实施了教育"异质婚"。夫妻教育匹配方向变量以"异质婚"为参照项。

表 9 - 1 显示了各因变量的定义和描述统计结果。男性平均初婚年龄为

22.9 岁，其配偶的平均初婚年龄为 21.5 岁，夫妻年龄差为 1.5 岁。就初婚年龄来看，男性初婚年龄的最小值和最大值分别为 16 岁和 37 岁，女性初婚年龄的最小值和最大值分别为 15 岁和 32 岁，夫妻年龄差在 −7 岁到 15 岁之间。已婚男性和配偶的平均受教育年限分别为 9.10 年和 8.13 年，男性的受教育年限比其配偶约高出 1 年。如果仅考虑夫妻受教育年限的差值而不考虑夫妻受教育年限差的方向，那么夫妻受教育年限绝对差平均为 1.868 年。

表 9 − 1　因变量的描述统计（N = 402）

变　量	定　义	均值	标准差	最小值	最大值
年龄匹配					
初婚年龄	已婚男性的初婚年龄	22.879	3.147	16	37
配偶初婚年龄	已婚男性配偶的初婚年龄	21.489	2.855	15	32
初婚年龄差	丈夫初婚年龄与妻子初婚年龄的差	1.473	2.442	−7	15
年龄同质婚	夫妻年龄差绝对值不大于2	0.616	0.451	0	1
教育匹配					
配偶受教育年限	已婚男性配偶受教育时长	8.127	3.246	0	15
夫妻受教育年限差值	丈夫与妻子受教育年限之差	0.973	3.051	−12	15
夫妻受教育年限绝对差值	夫妻受教育年限差值的绝对值	1.868	2.600	0	15
教育同质婚	夫妻受教育程度相同	0.550	0.498	0	1

2）自变量的设置

自变量包括当地婚姻市场状况、个人在婚姻市场中的地位、个人经济特征、个人非经济特征和家庭特征。

个人在婚姻市场中的地位。对已婚男性而言，个人在婚姻市场中的地位通过"成婚困难经历"测量。在问卷中我们请被访者回答"你是否曾经或正在遭遇成婚困难"，取值包括"是"和"否"两类，以"否"为参照项。

当地婚姻市场状况。当地婚姻市场状况主要从人口、迁移和村庄地域分布来测量，包括村每百户大龄未婚男性数量、每户平均外出务工人口数量、外出务工人口性别比、中部村庄和西部村庄。村每百户大龄未婚男性数量、每户平均外出务工人口数量和外出务工人口性别比均作为连续变量直接纳入分析模型。根据地域分布和经济发展水平，我们将被调查村庄分为东部村庄、中部村庄和西部村庄，以东部村庄为参照项。

个人经济特征。个人经济特征包括教育、职业和外出务工经历变量。本书受教育程度分为小学及以下、初中、高中及以上，以"高中及以上"为参照项；职业分为农业体力劳动者、非农业体力劳动者和非体力劳动者，以"非体力劳动者"为参照项。由于 18～50 岁的男性的平均初婚年龄为23 岁，主要适婚年龄集中在二三十岁，因此为了考察外出流动务工经历对个人婚姻市场地位和策略的影响，我们根据被调查者外出务工经历和初次打工年龄，生成变量"婚前外出务工"，取值包括"是"和"否"，以"是"为参照项。

个人非经济特征。个人非经济特征包括残疾状况、性格、初婚年龄和出生队列。残疾状况为二分类变量，取值为"是"和"否"，以"否"为参照项；性格取值包括外向、一般和内向，以"外向"为参照项。初婚年龄作为连续变量处理。出生队列是用来分析年龄分布的指标，分为 1980～1992 年、1970～1979 年和 1960～1969 年三类，以"1980～1992 年"出生队列为参照项。

家庭特征包括父母经济状况、兄弟数量和姐妹数量。问卷调查中请被调查者填报了其 20 多岁时父母经济状况在全村所处水平，取值包括高于平均水平、平均水平和低于平均水平。在农村地区，子女成婚的花费主要由父母承担。近 20 多年来，随着农村男性家庭婚姻花费日益增长，不少家庭为了儿子的婚事，不得不提前储蓄或者借钱；贫困的家庭往往难以支付婚姻花费，因此面临较少的结婚机会（刘中一，2005a；彭远春，2004；张春汉，2005）。为了考察适婚年龄父母较差的经济状况对男性婚姻市场地位和婚姻策略的影响，本书将"高于平均水平"和"平均水平"赋值为 0，表示父母经济状况"平均水平及以上"，将"低于平均水平"赋值为 1，在分析中以"平均水平及以上"为参照项。兄弟数量和姐妹数量作为连续变量，直接纳入分析。

表 9-2 显示了已婚男性自变量的定义、取值和基本描述统计结果。

表 9 – 2　已婚男性自变量的描述统计

变　量	定　义	样本数	均值	标准差	最小值	最大值
村每百户大龄未婚男性数量	所在村庄里 28 岁以上大龄未婚男性数量/村庄总户数	117	4.371	4.208	0.204	25.581
村每户外出务工人口数量	到镇以外打工的人数/村庄总户数	117	0.966	1.185	0.009	2.886
外出务工人口性别比	外出务工男性数量/外出务工女性数量	117	1.443	0.513	0.625	2.969
中部村庄	村庄所在地域属于中部为 1，否则为 0	117	0.429	0.495	0	1
西部村庄	村庄所在地域属于西部为 1，否则为 0	117	0.146	0.354	0	1
初婚年龄	第一次结婚时的年龄，连续变量	402	22.879	2.830	16	37
成婚困难经历	遭遇过成婚困难为 1，否则为 0	402	0.250	0.433	0	1
小学及以下	受教育程度为小学及以下赋值为 1，否则为 0	402	0.214	0.410	0	1
初中	受教育程度为初中赋值为 1，否则为 0	402	0.548	0.498	0	1
农业体力劳动者	职业为农业体力劳动者赋值为 1，否则为 0	402	0.372	0.484	0	1
非农业体力劳动者	职业为非农业体力劳动者赋值为 1，否则为 0	402	0.418	0.494	0	1
婚前外出务工经历	结婚前无外出务工经历赋值为 1，有为 0	402	0.543	0.499	0	1
残疾	身体残疾赋值为 1，无残疾赋值为 0	402	0.050	0.219	0	1
性格一般	性格为一般赋值为 1，否则为 0	402	0.106	0.308	0	1
性格内向	性格为内向赋值为 1，否则为 0	402	0.481	0.500	0	1
1970 ～ 1979 年	出生于 1970～1979 年队列赋值为 1，否则为 0	402	0.382	0.486	0	1
1960 ～ 1969 年	出生于 1960～1969 年队列赋值为 1，否则为 0	402	0.202	0.402	0	1
父母经济水平低于平均水平	20 多岁时父母经济水平低于平均水平赋值为 1，等于或高于平均水平为 0	402	0.298	0.458	0	1
兄弟数量	家里兄弟数量(含被访者)，连续变量	402	2.452	1.303	1	7
姐妹数量	家里姐妹数量，连续变量	402	1.514	1.238	0	6

9.1.4　研究方法

根据本章的研究目标和内容，我们对已婚男性夫妻年龄匹配的研究将依次从已婚男性初婚年龄、配偶初婚年龄、夫妻年龄差和夫妻年龄匹配方向进行分析，并因此构建 4 个统计模型；对已婚男性的夫妻教育匹配的研究依次从配偶受教育程度、夫妻受教育年限差、夫妻受教育年限绝对差和夫妻教育匹配方向进行分析，并因此构建 4 个统计模型。以上分析中，对夫妻年龄匹配方向和教育匹配方向的研究采用分层 Binary-logistic 随机截距模型，对配偶受教育程度的分析采用分层有序 Logistic 随机截距模型，其余分析均采用分层线性随机截距模型。所有分析均通过 Mplus 软件实现。以下分别显示了分层线性随机截距模型、分层有序 Logistic 随机截距模型和分层 Binary-logistic 随机截距模型的公式。

1) 分层线性随机截距模型

以男性初婚年龄为例，分层线性随机截距模型如公式（9 – 1）、公式（9 – 2）所示：

层一：

$$Y = B_0 + B_1X_1 + B_2X_2 + B_3X_3 + B_4X_4 + B_5X_5 + B_6X_6 + B_7X_7 + B_8X_8 + B_9X_9 + B_{10}X_{10} + B_{11}X_{11} + B_{12}X_{12} + B_{13}X_{13} + B_{14}X_{14} + R \tag{9 – 1}$$

层二：

$$B_0 = G_0 + G_1Z_1 + G_2Z_2 + G_3Z_3 + G_4Z_4 + G_5Z_5 + U_0 \tag{9 – 2}$$

在公式（9 – 1）中，Y 是因变量，表示男性初婚年龄，作为连续变量处理，取值最大值和最小值分别为 17 和 37。X_1 为虚拟变量，代表个人成婚困难经历，取值为 1 表示有成婚困难经历；X_2 至 X_6 均为虚拟变量，用来反映个人经济特征，其中 X_2 和 X_3 用来表示受教育程度，$X_2 = 1$ 代表受教育程度为小学及以下，$X_3 = 1$ 表示受教育程度为初中；X_4 和 X_5 用来表示职业类型，$X_4 = 1$ 表示职业类型为农业体力劳动者，$X_5 = 1$ 表示职业类型为非农业体力劳动者；X_6 表示外出务工经历，取值为 1 代表婚前无外出务工经历。X_7 至 X_{11} 也均为虚拟变量，用来反映个人非经济特征，其中 X_7 表示残疾状况，取值为 1 表示身体残疾；X_8 和 X_9 用来表示性格，$X_8 = 1$ 表示一般，$X_9 = 1$ 表示内向；X_{10} 和 X_{11} 用来表示出生对列，

其中 $X_{10} = 1$ 表示 1970 ~ 1979 年出生队列、$X_{11} = 1$ 表示 1960 ~ 1969 年出生队列。X_{12} 至 X_{14} 用来反映家庭特征。其中 X_{12} 表示 20 多岁时父母经济状况，$X_{11} = 1$ 表示父母经济水平低于平均水平。X_{13} 和 X_{14} 分别表示家里兄弟数量（含被访者自己）和姐妹数量，X_{13} 的最小值和最大值分别为 1 和 8，X_{14} 的最小值和最大值分别为 0 和 7，两个变量在统计模型中均作为连续变量处理。

B_0 为因变量的截距，表示当解释变量取值均为 0 时因变量的平均估计值。B_0 的取值并不固定，包括固定部分和随机部分，是村庄层次变量的被解释变量。系数 B_1 至 B_{14} 的取值是固定的，表示因变量与解释变量之间的关系在不同的村庄间都是相同的。R 为个体内的随机误差。

在公式（9 - 2）中，G_0 为 B_0 的平均截距，其取值是固定的，表示控制了村庄特征后 B_0 的平均初始水平。第二层中引入了村庄层次的变量 Z_1 至 Z_5，作为 B_0 的解释变量。其中 Z_1 至 Z_3 均为连续变量，分别表示村每百户大龄未婚男性数量、村每户平均外出务工人口数量和村外出务工人口性别比，他们的取值范围分别为 $[0.204, 25.581]$，$[0.009, 2.886]$ 和 $[0.625, 2.969]$；Z_4 和 Z_5 均为虚拟变量，代表村庄所属地域，Z_4 取值为 1 表示中部村庄，Z_5 取值为 1 表示西部村庄。B_0 的取值受到村庄层次变量 Z_1 至 Z_5 的影响，系数分别表示为 G_1 至 G_5。U_0 是 B_0 的随机部分，即第二层的残差项，反映了村庄层次单位对因变量的随机效应，该随机效应服从正态分布。

2）分层有序 Logistic 随机截距模型

对配偶受教育程度的分析采用分层有序 Logistic 随机截距模型。配偶受教育程度为 Y，是有序的五分类变量，选项依次包括不识字、小学、初中、高中和大专及以上，依次赋值为 1 ~ 5。设取值 1 ~ 5 的概率分别为 $P_{(1)}$、$P_{(2)}$、$P_{(3)}$、$P_{(4)}$ 和 $P_{(5)}$，则累积概率 $Q_{(j)}$ 为

$$Q_{(j)} = \sum_{i=1}^{j} P_{(i)}, \ j = 1,2,3,4,5 \tag{9 - 3}$$

则分层有序 Logistic 随机截距模型如公式（9 - 4）至公式（9 - 7）

所示。

层一：

$$ln[\,Q_{(1)}/(1-Q_{(1)})\,] = B_0 + B_1X_1 + B_2X_2 + B_3X_3 + B_4X_4 + B_5X_5 +$$
$$B_6X_6 + B_7X_7 + B_8X_8 + B_9X_9 + B_{10}X_{10} + \qquad (9-4)$$
$$B_{11}X_{11} + B_{12}X_{12} + B_{13}X_{13} + B_{14}X_{14}$$

$$ln[\,Q_{(2)}/(1-Q_{(2)})\,] = B_0 + B_1X_1 + B_2X_2 + B_3X_3 + B_4X_4 + B_5X_5 +$$
$$B_6X_6 + B_7X_7 + B_8X_8 + B_9X_9 + B_{10}X_{10} + \qquad (9-5)$$
$$B_{11}X_{11} + B_{12}X_{12} + B_{13}X_{13} + B_{14}X_{14} + d_1$$

$$ln[\,Q_{(3)}/(1-Q_{(3)})\,] = B_0 + B_1X_1 + B_2X_2 + B_3X_3 + B_4X_4 + B_5X_5 +$$
$$B_6X_6 + B_7X_7 + B_8X_8 + B_9X_9 + B_{10}X_{10} + \qquad (9-6)$$
$$B_{11}X_{11} + B_{12}X_{12} + B_{13}X_{13} + B_{14}X_{14} + d_2$$

$$ln[\,Q_{(4)}/(1-Q_{(4)})\,] = B_0 + B_1X_1 + B_2X_2 + B_3X_3 + B_4X_4 + B_5X_5 +$$
$$B_6X_6 + B_7X_7 + B_8X_8 + B_9X_9 + B_{10}X_{10} + \qquad (9-7)$$
$$B_{11}X_{11} + B_{12}X_{12} + B_{13}X_{13} + B_{14}X_{14} + d_3$$

层二：

$$B_0 = G_0 + G_1Z_1 + G_2Z_2 + G_3Z_3 + G_4Z_4 + G_5Z_5 + U_0 \qquad (9-8)$$

第一层实际上是一个有序 Logistic 回归模型，且无须考虑因变量在第一层的方差成分（即随机项）。B_0，$B_0 + d_1$，$B_0 + d_2$，$B_0 + d_3$ 分别为 $ln[Q_{(1)}/(1-Q_{(1)})]$，$ln[Q_{(2)}/(1-Q_{(2)})]$，$ln[Q_{(3)}/(1-Q_{(3)})]$，$ln[Q_{(4)}/(1-Q_{(4)})]$ 的截距，表示当解释变量取值均为 0 时因变量的平均估计值。X_1 至 X_{14} 的内涵和取值同公式（9-1）。

B_0 的取值并不固定，包括固定部分和随机部分，是村庄层次变量的被解释变量。系数 B_1 至 B_{14} 的取值是固定的，表示因变量与解释变量之间的关系在不同的村庄间都是相同的。

G_0 为 B_0 的平均截距，其取值是固定的，表示控制了村庄特征后 B_0 的平均初始水平。第二层中引入了村庄层次的变量 Z_1 至 Z_5，作为 B_0 的解释变量。其中 Z_1 至 Z_3 均为连续变量，Z_4 和 Z_5 均为虚拟变量。Z_1 至 Z_5 的内涵和取值同公式（9-2）。B_0 的取值受到村庄层次变量 Z_1 至 Z_5 的影响，系数分别表示为 G_1 至 G_5。U_0 是 B_0 的随机部分，即第二层的残差项，反映了村庄层次单位对因变量的随机效应。本书采用 Mplus 软件对上述模型进行拟合。

3）分层 Binary-logistic 随机截距模型

对夫妻年龄匹配方向和教育匹配方向的研究采用分层 Binary-logistic 随机截距模型。以因变量为夫妻教育匹配方向为例。夫妻教育匹配方向为二分类变量，选项包括"异质婚"和"同质婚"，取值分别为 0 和 1。设 $P_{(1)}$ 为同质婚的概率，$P_{(0)}$ 为异质婚的概率，则分层 Binary-logistic 随机截距模型如公式（9-9）和公式（9-10）所示。

层一：

$$ln\left[P_{(1)}/P_{(0)}\right] = B_0 + B_1X_1 + B_2X_2 + B_3X_3 + B_4X_4 + B_5X_5 +$$
$$B_6X_6 + B_7X_7 + B_8X_8 + B_9X_9 + B_{10}X_{10} + \qquad (9-9)$$
$$B_{11}X_{11} + B_{12}X_{12} + B_{13}X_{13} + B_{14}X_{14}$$

层二：

$$B_0 = G_0 + G_1Z_1 + G_2Z_2 + G_3Z_3 + G_4Z_4 + G_5Z_5 + U_0 \qquad (9-10)$$

在公式（9-9）中，$ln\left[P_{(1)}/P_{(0)}\right]$ 表示夫妻教育匹配方式为同质婚和异质婚的概率之比的对数值。X_1 至 X_{14} 的内涵和取值同公式（9-1）。

B_0 为因变量的截距，表示当解释变量取值均为 0 时，因变量的平均估计值。截距 B_0 的取值并不是固定的，包括固定部分和随机部分，是村庄层次变量的被解释变量。系数 B_1 至 B_{14} 的取值是固定的，表示因变量与解释变量之间的关系在不同的村庄间都是相同的。在公式（9-10）中，G_0 为 B_0 的平均截距，其取值是固定的，表示控制了村庄特征后 B_0 的平均初始水平。第二层中引入了村庄层次的变量 Z_1 至 Z_5，B_0 的取值受到村庄层次变量 Z_1 至 Z_5 的影响，系数分别表示为 G_1 至 G_5。其中 Z_1 至 Z_3 均为连续变量，分别表示村每百户大龄未婚男性数量、村每户平均外出务工人口数量和村外出务工人口性别比。Z_4 和 Z_5 均为虚拟变量，代表村庄所属地域。Z_1 至 Z_5 的内涵和取值同公式（9-2）。U_0 是 B_0 的随机部分，即第二层的残差项，反映了村庄层次单位对因变量的随机效应。本书采用 Mplus 软件对上述模型进行拟合。

9.2 夫妻年龄和教育匹配特征

9.2.1 年龄匹配特征

男性初婚年龄、配偶初婚年龄及夫妻初婚年龄差的分布状况如图 9-1 所示。男性初婚年龄、配偶初婚年龄及夫妻初婚年龄差基本呈正态分布。男性初婚年龄的最小值和最大值分别为 16 岁和 37 岁，丈夫初婚年龄集中在 21～25 岁（见图 9-1a）。妻子初婚年龄的最小值和最大值分别为 15 岁和 32 岁，初婚年龄集中在 20～24 岁（见图 9-1b）。夫妻初婚年龄差值的最小值和最大值分别为 -7 岁和 15 岁，主要差值集中在 -1 岁到 4 岁之间；绝大多数的夫妻初婚年龄差值为正，表明多数婚姻表现出丈夫年龄高于妻子的趋势（见图 9-1c）。

表 9-3 显示了不同婚姻经历的已婚男性的年龄匹配特征。男性初婚年龄为 22.9 岁，其配偶的平均初婚年龄为 21.5 岁，夫妻初婚年龄差为 1.5 岁。成婚困难经历对夫妻年龄匹配方式产生影响：遭遇过成婚困难的男性的初婚年龄为 23.9 岁；其配偶的初婚年龄近 22 岁，夫妻年龄差为 1.9 岁。未遭遇过成婚困难的已婚男性的初婚年龄为 22.6 岁，比遭遇过成婚困难的男性低 1.3 岁；其配偶的初婚年龄为 21.3 岁，夫妻年龄差为 1.3 岁。以上数据表明，一方面，成婚困难经历客观上起到推迟男性初婚年龄和扩大夫妻年龄差的作用，与未遭遇过成婚困难的男性相比，遭遇成婚困难的男性初婚年龄较晚，夫妻之间年龄差异明显较大。另一方面，不管是否遭遇过成婚困难，已婚男性的夫妻年龄匹配都遵循着男大女小的规律。

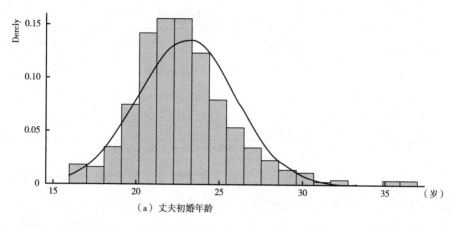

（a）丈夫初婚年龄

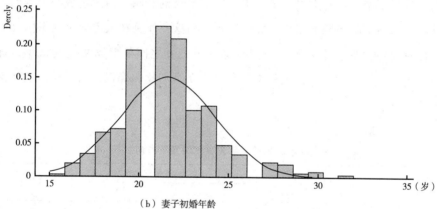

（b）妻子初婚年龄

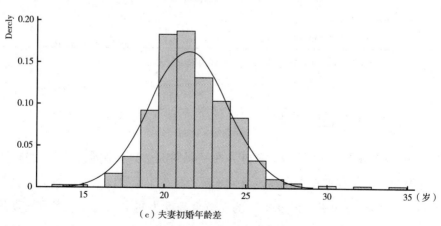

（c）夫妻初婚年龄差

图 9－1　夫妻初婚年龄和年龄差分布

表9-3 成婚困难经历与夫妻初婚年龄（N=402）

变量	总体	成婚困难经历	
		是	否
样本量	（402）	（101）	（301）
初婚年龄	22.879	23.902	22.603
配偶初婚年龄	21.489	21.990	21.322
初婚年龄差	1.473	1.912	1.280

表9-4显示了夫妻年龄匹配方向与成婚困难经历之间的关系。结果发现，大多数（71.6%）的男性实施了年龄同质婚，即夫妻年龄差在2岁以内。成婚困难经历对夫妻年龄匹配方式有显著的影响，遭遇过成婚困难的男性中，62.4%的男性缔结了年龄同质婚，而这一比例在未遭遇过成婚困难的男性中为74.5%。这表明成婚困难降低了夫妻之间年龄同质婚的概率，即遭遇过成婚困难的男性，夫妻之间年龄同质婚的比例降低，而异质婚的比例升高。

表9-4 成婚困难经历与夫妻年龄匹配方向（N=402）

变量	总体	成婚困难		LR检验
		是	否	
	（402）	（101）	（301）	*
年龄同质婚	71.64	62.38	74.45	
年龄异质婚	28.36	37.62	25.25	

注：***，$p<0.001$；**，$p<0.01$；*，$p<0.05$；+，$p<0.1$。

9.2.2 教育匹配特征

表9-5和图9-2显示了农村男性和配偶的受教育程度及其匹配特征。首先，初中文化程度在农村地区最为普遍，样本中半数以上的已婚男性及其配偶（分别有53.9%和50.8%）的受教育程度为初中。其次，多数夫妻的教育匹配表现出"同质婚"的特征。如表9-5中，左对角线之和为54.7%，表明半数以上夫妻的教育匹配表现出"同质婚"特征，这说明夫

妻的教育匹配总体上遵循着"平等交换"原则。最后，男性的受教育程度普遍高于女性，已婚男性中受教育水平为初中、高中、大专及以上的比例均高于配偶，而小学、文盲的比例均低于配偶，反映了在"平等交换"的基础上，夫妻教育匹配显示出适度的"男高女低"的特征。这些发现与婚姻交换理论的平等交换和在此基础上男性略"向下婚"的观点是一致的，初步验证了婚姻交换理论和择偶的性别差异假设。

表 9 - 5　夫妻教育分布和匹配特征（N = 402）

单位：%

| | | 妻子教育 | | | | | 合计 |
		文盲	小学	初中	高中	大专及以上	
丈夫教育	文盲	0.7	0.7	0.7	0.2	0.0	2.3
	小学	3.7	10.2	5.5	0.2	0.0	19.6
	初中	2.7	12.9	34.6	3.5	0.2	53.9
	高中	0.2	2.7	9.5	5.2	0.7	18.3
	大专及以上	0.5	0	0.5	0.7	4.2	5.9
合　计		7.8	26.5	50.8	9.8	5.1	100

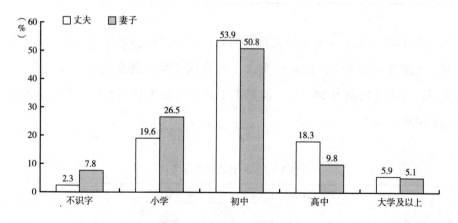

图 9 - 2　夫妻教育分布状况

表 9 - 6 显示了不同成婚经历的已婚男性的教育匹配变量的均值。男性的平均受教育年限为 9.1 年，其配偶的平均受教育年限为 8.1 年，夫妻受教

育年限差为 1 年，受教育年限绝对差值约为 1.9 年。不同成婚困难经历对夫妻教育匹配有明显的影响。遭遇过成婚困难的男性的平均受教育年限约为 8.9 年，略低于未遭遇过成婚困难的男性（9.2 年）；遭遇过成婚困难的配偶的平均受教育年限约为 7.1 年，比未遭遇成婚困难男性的配偶低 1.4 年。遭遇过成婚困难的已婚男性夫妻受教育年限差和年限绝对差分别为 1.8 年和 2.4 年，均明显高于未遭遇过成婚困难的男性。以上数据表明，遭遇过成婚困难的男性及其配偶的受教育程度均较低，且成婚困难经历客观上起到拉大夫妻受教育年限差的作用。

表 9 - 6　成婚困难经历与夫妻受教育年限

变　量	总　体	成婚困难	
		是	否
	(402)	(101)	(301)
男性受教育年限	9.100	8.883	9.174
配偶受教育年限	8.127	7.107	8.468
夫妻教育年限差值	0.973	1.777	0.706
夫妻教育年限差绝对值	1.868	2.417	1.693

表 9 - 7 显示了夫妻教育匹配方向与成婚困难经历之间的关系。结果发现，大多数（55.0%）的男性实施了教育同质婚。遭遇成婚困难的男性，夫妻同质婚的比例为 54.5%，略低于未遭遇成婚困难的男性，但是卡方检验结果并不显著。

表 9 - 7　夫妻教育匹配方向

教育匹配方向	总体	成婚困难		LR 检验
		是	否	
	(402)	(101)	(301)	NS
教育同质婚	55.0	54.5	55.2	
教育异质婚	45.0	45.5	44.8	

注：***，p < 0.001；**，p < 0.01；*，p < 0.05；+，p < 0.1；NS，p > = 0.1。

9.3 夫妻年龄和教育匹配特征影响因素分析

9.3.1 年龄匹配影响因素

如表 9 - 8 所示，模型 1 是已婚男性初婚年龄影响因素的分层线性随机截距模型分析结果。模型 2 到模型 4 分别显示了配偶初婚年龄、夫妻初婚年龄差、夫妻年龄匹配方向的影响因素的分层线性随机截距模型或分层 Binary-logistic 随机截距模型分析结果。

表 9 - 8   初婚年龄和夫妻年龄差影响因素分析 （N = 380）

变 量	模型 1 初婚年龄	模型 2 配偶初婚年龄	模型 3 夫妻初婚年龄差	模型 4 夫妻年龄匹配方向
固定效应				
截距	23. 222 ***	8. 893 ***	1. 918 ***	- 12. 492
社区特征				
村大龄未婚男性数量	- 0. 011	- 0. 009	- 0. 005	- 0. 005
村平均每户外出务工人数	- 0. 133	0. 039	- 0. 110 *	0. 377 *
村外出务工者性别比	- 0. 073 ***	- 0. 054 *	- 0. 016 +	0. 041 *
中部村庄	- 0. 016	- 0. 792	0. 468	0. 610
西部村庄	0. 611	- 0. 410	0. 661 +	0. 305
丈夫初婚年龄		0. 575 ***	/	- 0. 440 ***
婚姻市场地位				
遭遇成婚困难				
是	0. 881 *	0. 391	0. 340	0. 065
经济特征				
教育				
小学及以下	- 0. 722	- 0. 152	- 0. 154	- 0. 696
初中	- 0. 941 *	- 0. 046	- 0. 353	- 0. 621 +
职业				
农业体力劳动者	0. 373	- 0. 249	0. 533	- 0. 342
非农业体力劳动者	0. 384	- 0. 083	0. 118	0. 466
婚前是否打过工				
无	0. 247	- 0. 012	0. 157	0. 129

续表

变　量	模型 1 初婚年龄	模型 2 配偶初婚年龄	模型 3 夫妻初婚年龄差	模型 4 夫妻年龄匹配方向
非经济特征				
是否残疾				
是	1.805 *	- 1.402 **	2.169 ***	- 2.245 *
性格				
一般	0.141	0.182	0.152	- 0.206
内向	0.483	0.217	0.263	- 0.354
出生队列				
1960 - 1969 年	- 1.184 **	- 0.609 *	- 0.740 *	1.004 *
1970 ~ 1979 年	- 0.02	- 0.301	- 0.095	0.896 +
家庭特征				
父母经济				
低于平均水平	0.120	0.039	0.012	0.132
兄弟数量	0.513 **	- 0.338 **	0.556 ***	- 0.365 **
姐妹数量	0.117	- 0.152	0.208	- 0.219
随机效应				
层 2：截距	1.350 ***	0.250 ***	0.058	0.617 *
层 1：个体内	2.683 ***	4.115 ***	5.531 ***	
Log likelihood	- 921.681	- 809.870	- 857.007	- 174.195
卡方	/	/	/	69.130 ***
比较拟合指数（CFI）	1.000	1.000	1.000	/

注：（1）系数小于 0 代表负向影响，大于 0 代表正向影响。

（2）"层 2：截距"一行数字表示截距的随机效应的方差，"层 1：个体内"一行数字表示第一层误差项的方差。

（3）CFI 的数学意义是模型可以解释的数据的比例，一般 0.9 以上说明模型拟合，当 GFI = 1 时，说明模型完全拟合。

（4）***，$p < 0.001$；**，$p < 0.01$；*，$p < 0.05$；+，$p < 0.1$。

模型 1 和模型 2 分析结果显示，村外出务工者性别比、残疾、出生队列和兄弟数量对已婚男性的初婚年龄和配偶初婚年龄均有显著的影响。首先，从当地婚姻市场状况来看，村外出务工者性别比对男性初婚年龄和配偶初婚年龄个体层的截距有显著的负向影响，外出务工者男性比例越高，则男性初婚年龄越低，其配偶的初婚年龄也越低。分析结果表明村庄里较高比例的男性外出务工，增加了村庄里男性家庭经济收入，并有利于男性婚姻的缔结：

不但提高了男性较早结婚的概率，也增加了男性实现年龄"同质婚"的可能性。其次，身体残疾和家庭兄弟数量多，对男性初婚年龄有显著的正向影响，而对配偶初婚年龄有显著的负向影响，即身体残疾或较多的兄弟数量，客观上推迟了男性的初婚年龄。这表明较差的个人非经济特征和家庭特征，不利于男性婚姻的缔结：既表现为推迟男性的初婚年龄，也表现为降低男性缔结年龄匹配婚姻的可能性。从出生队列来看，与1980～1992年出生队列的男性相比，1960～1969年出生队列的男性和配偶初婚年龄较小，而1970～1979年出生队列对男性和配偶的初婚年龄没有显著的影响。这表明随着时代的变迁，中国农村的初婚年龄表现出推迟的趋势。

模型1分析结果还显示，除了上述因素，男性初婚年龄还受到成婚困难经历和教育因素的影响。就个人在婚姻市场中的地位来看，成婚困难经历对男性初婚年龄有显著的影响，成婚过程中所经历的困难起到推迟男性初婚年龄的作用。从这个角度而言，初婚年龄的早晚可以部分反映个人在婚姻市场中的地位，那些在婚姻市场中处于较劣势地位的男性通常较晚才能结婚。个人经济因素中，只有教育对因变量有显著影响，与高中及以上受教育程度的男性相比，初中教育程度的男性反而较早结婚，这表明一方面，由于农村男性的平均受教育程度为初中，因此与较高受教育程度的男性相比，受教育程度为初中并不会制约男性的结婚机会；另一方面，较高的受教育程度，增加了男性在校的时间，或者增加了他们的社会经济地位，并客观上增加了其推迟初婚年龄的动机，但这种初婚年龄的推迟往往是主动的。总之，模型1的分析结果反映了在社会转型期的中国，初婚年龄既可能是个人社会经济地位的反映，同时也可能是个人在婚姻市场中地位和婚姻机会的反映。一方面，个人社会经济地位的提高，促进了个人主动推迟结婚年龄，从这个角度来讲，初婚年龄本身难以反映个人在婚姻市场中的地位；另一方面，在婚姻市场中的劣势地位、较差的个人非经济特征和家庭特征，使得男性难以较早结婚，促使男性被动地推迟初婚年龄，从这个角度来讲，初婚时间的早晚反映了个人的婚姻机会和在婚姻市场中的地位。

模型2分析结果还显示，配偶初婚年龄除受到村外出务工者性别比、残疾、出生队列和兄弟数量因素影响外，还受到男性初婚年龄的影响。男性初婚年龄与配偶初婚年龄呈正比，即初婚年龄较高的男性，往往配偶的初婚年龄也较高。这再次表明夫妻年龄的匹配模式总体上符合婚姻交换理论所强调的"同类匹配"假设。

模型3和模型4分别以夫妻年龄差和夫妻年龄匹配方向为因变量。分析结果显示，影响夫妻年龄差和夫妻年龄匹配方向的因素非常相似，但影响的方向相反。首先，从当地婚姻市场特征来看，村平均每户外出务工人数和村外出务工者性别比对夫妻年龄差和夫妻年龄匹配方向均有显著的影响。在外出务工人口规模较大和男性外出务工者比例高的村庄里，夫妻年龄差较小，男性实施年龄同质婚的可能性较大。这说明村庄较大的人口外出务工规模和较高的男性外出务工比例，有利于男性缩小夫妻年龄差，促进男性与自己年龄匹配的女性结婚。个人在婚姻市场中的地位和个人经济特征对因变量均没有显著的影响，个人非经济特征和家庭特征中，残疾、出生队列和兄弟数量对夫妻年龄差和年龄同质婚有显著的影响。身体残疾和兄弟数量多的男性，夫妻之间的年龄差较大，男性实施年龄同质婚的可能性也较小，这表明较差的个人非经济特征和家庭特征，降低了男性同与自己年龄相似的女性结婚的概率。1960~1969年出生队列男性的夫妻年龄差较小，年龄同质婚的可能性也较大，这反映了随着社会变迁，夫妻年龄差异表现出拉大的趋势。

在模型4中，我们也纳入了初婚年龄因素，发现初婚年龄对夫妻年龄匹配方向有显著的负向影响，即随着初婚年龄的上升，男性实施年龄同质婚的概率减小。

9.3.2 教育匹配影响因素

表9-9包括4个统计模型，分别以配偶受教育年限、夫妻受教育年限差、夫妻受教育年限绝对差和夫妻教育匹配方向为因变量，探讨影响夫妻教育匹配特征的因素。其中模型1采用分层有序Logistic随机截距模型，模型2至模型3采用分层线性随机截距模型，模型4采用分层Binary-Logistic随机截距模型，以"同质婚"为参照项。

表 9 - 9　夫妻教育匹配影响因素分析（N = 380）

变　量	模型 1 配偶受教育 年限	模型 2 夫妻受教育 年限差	模型 3 夫妻受教育年限 绝对差	模型 4 夫妻教育匹配 方向
固定效应				
截距	- 7.756 ***	- 0.105	0.967 *	- 0.935 +
当地婚姻市场状况				
村每百户大龄未婚男性数量	- 0.018 +	0.018	- 0.016	- 0.001
村平均每户外出务工人数	- 0.006	- 0.063	- 0.096	- 0.011
村外出务工者性别比	0.003	0.001	- 0.015	0.021
中部村庄	0.221	- 0.287	0.561 +	- 0.477 *
西部村庄	- 0.552 +	0.857 *	1.206 **	- 0.743 *
个人在婚姻市场中的地位				
遭遇成婚困难				
是	- 0.633 *	1.175 **	0.326	0.221
个人经济特征				
教育				
小学及以下	- 3.444 ***	- 3.435 ***	- 0.207	0.570 +
初中	- 2.048 **	- 1.484 ***	- 0.954 **	0.878 **
职业				
农业体力劳动者	- 1.009 **	1.036 *	- 0.124	0.097
非农业体力劳动者	- 0.862 *	0.926 * +	- 0.140	0.097
婚前是否打过工				
否	0.153	- 0.003	- 0.284	0.490 *
个人非经济特征				
是否残疾				
是	- 0.618	0.104	1.270	- 0.271
性格				
一般	- 0.202	0.325	0.331	- 0.149
内向	- 0.256	0.356	0.283	- 0.249
出生队列				
1970 ~ 1979 年	- 1.055 **	0.812 *	0.102	- 1.189 *
1969 ~ 1969 年	- 1.972 ***	2.124 ***	0.843 *	- 0.72 *
家庭特征				
父母经济特征				
低于平均水平	0.087	- 0.003	- 0.236	0.169
兄弟数量	- 0.162	- 0.057	0.229 *	- 0.228 *

续表

变　量	模型 1 配偶受教育 年限	模型 2 夫妻受教育 年限差	模型 3 夫妻受教育年限 绝对差	模型 4 夫妻教育匹配 方向
姐妹数量	− 0.226	0.052	0.166	− 0.120
d1	− 5.268 ***			
d2	− 1.843 ***			
d3	− 0.274			
随机效应				
层 2：截距	0.005	0.105	0.030	0.000
层 1：个体内	/	7.075 ***	6.000 ***	/
Log likelihood	− 372.254	− 877.320	− 845.361	− 230.858
比较拟合指数（CFI）	/	1.000	1.000	/

注：（1）系数小于 0 代表负向影响，大于 0 代表正向影响。

（2）"层 2：截距"一行数字表示截距的随机效应的方差，"层 1：个体内"一行数字表示第一层误差项的方差。

（3）CFI 的数学意义是模型可以解释的数据的比例，一般 0.9 以上说明模型拟合，当 GFI = 1，说明模型完全拟合。

（4）***，$p < 0.001$；**，$p < 0.01$；*，$p < 0.05$；+，$p < 0.1$。

模型 1 结果显示，当地婚姻市场状况、个人在婚姻市场中所处地位、个人经济特征和非经济特征中，有部分变量对配偶受教育程度有显著影响，而个人家庭特征对配偶受教育程度影响并不显著。具体来说，村庄所属地域、成婚困难经历、受教育水平、职业和出生队列对配偶受教育程度有显著的负向影响，这反映了男性与配偶受教育程度的一致性，男性职业阶层与配偶受教育程度的一致性以及农村人口受教育水平随时间变迁而提高的趋势。首先，与东部村庄的男性相比，西部村庄男性配偶的受教育程度反而较低，这反映了因为经济发展的地域差异的影响，西部农村人口的受教育水平明显低于东部农村。其次，从个人在婚姻市场中的地位来看，遭遇过成婚困难的男性，其配偶的受教育年限较短，一定程度上反映了遭遇过成婚困难的男性采取降低择偶标准的婚姻策略，如降低对配偶教育的要求，以获得结婚机会。再次，个人经济特征中，受教育程度对因变量有显著的影响，与高中及以上文化程度的男性相比，小学及以下、初中教育的男性，其配偶受教育程度也较低，其中小学及以下系数的绝对值明显小于初中，表明男性受教育水平越低，其配偶的受教育程度也较低，这表明夫妻在受教育水平上体现出"同类交换"的特征，即男性总体上倾向于同自己受教育程度相同的女性结婚。职业阶层对因变量也有显著的负向影响。与非体力劳动者相比，农业体力劳动者和非农业体力劳动者配偶的受教育程度较低。最后，个人非经济特征中，只有出生队列对因变量有显著的影响，即较早出生队列的男性，更可能同受教育程度低的女性结婚，这反映了随着时代的发展，农村女性的受教育程度得到较大幅度的提高，男女受教育程度的性别差异得以缩小。

模型2和模型3显示了夫妻受教育年限差影响因素的分析结果。首先，当地婚姻市场状况中，村庄所属地域对个体层截距有显著的正向影响，即与东部村庄相比，中部和西部村庄男性夫妻受教育年限差异较大，这表明在经济较落后、对可婚女性吸引力较差的中部和西部农村，男性与自己教育相匹配的女性结婚的可能性较小，夫妻之间的教育差异变大。其次，个人在婚姻市场中所处地位对夫妻受教育差异也有显著的正向影响，遭遇过成婚困难的男性，夫妻受教育年限差异也较大。总之，个人在婚姻市场中所处地位和当地婚姻市场状况对夫妻受教育年限差有显著影响，那些在婚姻市场中处于不利地位，或处于不利婚姻市场中的男性，更倾向于采取降低择偶标准的结婚策略；他们对潜在配偶的教育持更为宽容的态度，能够接受与自己有较大教育差异的异性为配偶。

模型2和模型3也显示，男性受教育程度对夫妻受教育年限差有显著的负向影响，即受教育程度低的男性，夫妻教育年限差反而较小。出生队列对夫妻受教育年限差有显著的正向影响，较早出生队列，包括1970～1979年出生队列和1960～1969年出生队列夫妻的受教育年限差反而较大，这可能是由于在较早出生队列的农村人口中，女性受教育机会大大低于男性，因此夫妻受教育年限差大；而随着社会经济的发展和九年义务教育的普及，农村人口受教育水平，尤其是女性的受教育水平迅速上升，因此夫妻之间的教育年限差得以缩小。遭遇过成婚困难对夫妻受教育年限差有显著的正向影响。遭遇过成婚困难的男性，夫妻间的受教育年限差异反而更大。兄弟数量对夫妻的受教育年限差的绝对值有显著的影响，兄弟数量多的男性，夫妻受教育年限差的绝对值反而更大，表明兄弟数量多的男性，更能够扩大可接受配偶的范围，放弃教育"同质婚"，婚娶与自己教育差异大的异性为配偶。

模型4考察了夫妻教育匹配的方向。结果显示，首先，本地婚姻市场特征中，村庄所属地域对个体层截距有显著影响。与东部村庄的男性相比，西部和中部村庄男性实施教育同类匹配的可能性更小。其次，个人经济特征中，受教育程度越低，或缺乏外出务工经历的男性，缔结教育同质婚的可能性反而较大，这反映了在男性受教育程度略高于女性的环境下，受教育程度低的男性与同自己教育匹配的女性结婚的可能性较大。就出生队列来看，较早出生队列的男性，夫妻教育匹配男高女低的可能性较高。最后，从个人非经济特征和家庭特征来看，出生队列和家里兄弟数量对教育匹配方向有显著的影响。较早出生队列的男性，夫妻之间教育同类匹配的可能性较小，这可能反映了在过去的几十年里，女性受教育水平得到了较大的提高，夫妻之间的教育差异进一步缩小。兄弟数量多的男性，缔结教育同质婚的可能性也较小，表明男孩较多的家庭，男性婚姻缔结机会下降，因此他们更可能降低择偶标准，与受教育程度同自己不匹配的女性结婚。

总之，夫妻教育匹配的分析表明，夫妻之间总体上表现出教育匹配的特征，男性常常和受教育程度与自己相同的女性结婚。但是这种匹配方向一定程度上受到村庄所处地域、个人在婚姻市场中地位的制约。生活在经济较落后的村庄和个人在婚姻市场中的劣势地位，一定程度上制约了男性缔结教育同质婚的可能性，并起到拉大夫妻年龄差距的作用。

9.4　小结

本章采用百村系列调查数据，分别从夫妻年龄匹配和教育匹配两个方面，探讨了婚姻挤压下农村已婚男性的实际婚姻策略。本章发现：

第一，就初婚年龄来看，已婚男性的平均初婚年龄为22.9岁，比配偶高1.5岁；夫妻初婚年龄差也表明绝大多数男性的初婚年龄等于或高于配偶，男性初婚年龄低于配偶的比例仅为17.4%。就受教育程度来看，九年义务教育在农村得到普及，多数农村男性和其配偶的受教育程度为初中；半数以上的已婚男性与配偶有相同的受教育程度，且已婚男性受教育程度为初中、高中、大专的比例均高于配偶，而文盲和小学的比例均低于配偶。总之，已婚男性夫妻年龄和教育匹配表现出高度匹配的特征，这验证了婚姻交换理论所强调的同类匹配假设；在同类匹配的基础上，夫妻的匹配方式呈现出"男高女低"趋势，即男性更倾向于同年龄比自己小、受教育程度低于自己的女性结婚，择偶的性别差异假设得到验证。

第二，成婚困难经历对夫妻匹配特征有明显的影响。就初婚年龄来看，遭遇过成婚困难的男性，初婚年龄和配偶初婚年龄较高，夫妻年龄差也较大，表明成婚困难经历客观上起到推迟初婚年龄和拉大夫妻年龄差距的作用。就受教育程度来看，遭遇过成婚困难的男性及其配偶受教育程度均较低，且夫妻之间的受教育程度差异较大，表明成婚困难经历客观上也扩大了夫妻的教育差异。总之，成婚困难经历降低了夫妻之间"同质婚"的概率，并扩大了夫妻之间的年龄或教育差异。

第三，就当地婚姻市场状况来看，村庄人口外出流动特征对男性夫妻年龄匹配特征有显著的影响，村庄所属的地域对夫妻教育匹配特征有显著的影响。村庄流动人口状况，如外出务工人口规模大、男性外出人口比例高，有助于提高村庄整体经济状况和男性家庭经济状况，增加村庄男性对可婚女性资源的吸引力，并有助于巩固夫妻的年龄同类匹配模式，缩小夫妻间的年龄差异。从村庄所属的地域来看，中部和西部村庄由于地理位置较差、经济较落后，不利于男性实现教育同类匹配的婚姻，并进一步加大了夫妻之间的教育程度差异。

第四，个人经济和非经济特征、家庭特征中，只有部分变量对因变量有显著影响。出生队列对夫妻的年龄匹配和教育匹配有显著的影响。就年龄匹配来看，较早出生队列里，男性和女性的初婚年龄较小，夫妻间的年龄差异也较小，表明随着时代的变迁，农村人口的初婚年龄有所增加，夫妻之间的年龄差异也表现出扩大的趋势。就教育匹配来看，在较早出生队列里，配偶的受教育程度较低，夫妻之间的受教育程度差异较大，表明随着社会经济的发展和九年义务教育的实施，农村女性人口的受教育程度得到较快提高，男性和女性之间的教育差异进一步缩小。

10 婚姻挤压下农村未婚男性的
潜在婚姻策略

第9章从夫妻教育和年龄匹配两个方面，分析了婚姻挤压背景下农村已婚男性的实际婚姻策略，并发现农村男性的婚姻匹配模式总体上表现为同质婚，但当地婚姻市场特征和个人在婚姻市场中的劣势地位起到降低男性同质婚概率、拉大夫妻匹配差异的作用。对未婚男性而言，其婚姻行为尚未发生，我们不知道他们是否结婚、何时结婚，更不知道他们未来配偶的特征，因此只能通过对其择偶偏好和态度的分析，揭示他们的潜在婚姻策略。本章通过对农村未婚男性择偶偏好，包括婚娶有婚史女性和残疾女性的态度、实行入赘婚姻的态度和择偶策略的灵活性的分析，揭示婚姻挤压下农村未婚男性的潜在婚姻策略。

10.1 研究设计

10.1.1 研究目标

对婚姻市场不均衡下个人婚姻策略的研究发现，受地域、年龄、种族等的限制，适婚人口总是在特定的婚姻市场中进行择偶；由于婚姻市场的供需状况难以在短期内得到改变，因此人们只能通过调整自己的婚姻行为和择偶偏好，以适应特定的婚姻市场环境（Lloyd，2006）。具体而言，在供需不平衡的婚姻市场中，短缺一方在择偶选择中处于优势地位，他们面临较多的选择机会，因此往往会提高择偶标准，在婚姻缔结中获取更大的收益；而过剩一方则在择偶中处于劣势地位，彼此之间就有限的可婚配资源展开激烈的竞争，因此他们更可能采取降低择偶标准的策略，以增加结婚的机会（Lichter et al.，1995；Pollet 和 Nettle，2008）。少数对中国男性婚姻缔结的研究发现，转变婚姻观念，如婚娶离异或丧偶女性、实行入赘婚姻，一定程度上可以增加男性的结婚机会，部分缓解婚姻市场压力（曾毅和王德明，1995；刘利鸽等，2009；石人炳，2005）。有案例研究表明，在某些女性缺失严重的村庄里，出现了残疾女性或患有法律规定禁止婚育疾病的女性重返婚姻市场的现象，这表明在婚姻实践中，婚娶残疾女性正在成为过剩男性应对成婚压力的应对策略（刘中一，2005a；彭远春，2004）。本章将分别从婚娶有婚史女性态度、婚娶残疾女性态度、实行入赘婚姻态度和择偶策略的灵活性四个方面测量农村未婚男性的潜在婚姻策略。

对未婚人口而言，年龄反映了其在婚姻市场中所处的地位和面临的结婚机会，过了适婚年龄仍未结婚的人口实现同质婚的可能性降低（Lichter et al.，1995；Veevers，1988）。对美国女性结婚机会的研究发现，在婚姻市场不均衡情境下，可婚人口的性别比不平衡态势随着年龄的增长而加剧。因此在本章的分析中，年龄变量作为反映个人在婚姻市场中地位的重要变量，纳入统计模型。

本章根据中国婚姻挤压下农村男性婚姻市场地位和婚姻策略分析框架，对相应的影响因素进行细化，并主要回答以下 4 个问题：

1）婚姻挤压下农村未婚男性可能会采用什么样的婚姻策略？
2）个人和家庭因素如何影响农村未婚男性的潜在婚姻策略？
3）当地婚姻市场状况如何影响农村未婚男性的潜在婚姻策略？
4）个人在婚姻市场中的地位如何影响农村未婚男性的潜在婚姻策略？

10.1.2　数据

本章使用的数据来自西安交通大学人口与发展研究所组织的百村系列调

查数据。根据研究目标，本章采用 23~50 岁未婚男性样本，分别从婚娶有婚史女性态度、婚娶残疾女性态度、实行入赘婚姻态度以及择偶策略的灵活性四个方面测量农村未婚男性的潜在婚姻策略。在简单描述统计中，655 个样本纳入分析；由于经过与村庄层次数据的匹配损失了部分样本，因此在多变量分层截距模型中，有来自 124 个村庄的 595 个样本纳入分析。

10.1.3　变量测量

1）因变量

根据本书第 7 章提出的整体分析框架，未婚男性的潜在婚姻策略分别从婚娶有婚史女性的态度、婚娶残疾女性的态度、实行入赘婚姻的态度和婚姻策略的灵活性等四个方面进行测量。

（1）婚娶有婚史女性的态度

在问卷调查中，被访者需要分别回答：如果将来难以找到未结过婚的女性，您是否愿意与以下女性结婚：1）结过婚没有孩子的女性；2）结过婚且带有女孩的女性；3）结过婚且带有男孩的女性。答案的编码分别为"愿意"和"不愿意"。对数据的初步分析结果显示：是否有孩子以及孩子的性别是男性对婚娶有婚史女性态度的重要考量标准。绝大多数的未婚男性能接受没有孩子的有婚史女性（73.5%），而愿意接受带孩子的有婚史女性的比例迅速降低（36.8%~50.5%）。同时，对于婚娶没有孩子、带有女孩、带有男孩的再婚女性，未婚男性的接受度呈现依次下降的趋势，即如果被访者能接受带男孩的有婚史女性，则一定能接受带女孩的女性；如果能接受带女孩的有婚史女性，则一定能接受没有孩子的女性。在 649 个样本中，只有 31 个样本没有遵照这个规律。本书剔除了这 31 个样本，并生成一个新的变量："您能接受以下哪种有婚史女性为您的伴侣"，取值包括 4 类，即无论子女情况如何都不能接受、只接受没有孩子的、只接受没有孩子或只带女孩的、无论子女情况如何都能接受 4 类。各选项是有序的，反映了未婚男性对婚娶有婚史女性的不同接受程度。我们对各选项进行赋值，1~4 分别表示无论子女情况如何都能接受、只接受没有孩子或只带女孩的、只接受没有孩子的、无论子女情况如何都不能接受，以"无论子女情况如何都不能接受"为参照项。

（2）婚娶残疾女性的态度

在问卷中，我们请未婚男性回答："您能够接受与条件比较差的女性结婚吗？如身体有点残疾或者智力不太好的女性"，回答选项分为五级，其中被访者选项为"完全可以接受"赋值为1，"可以接受"赋值为2，"无所谓"赋值为3，"不能接受"赋值为4，"完全不能接受"赋值为5，以"完全不能接受"为参照项。各选项是有序的，反映了未婚男性对婚娶残疾女性的不同接受程度。

（3）入赘婚姻的态度

在问卷中，我们请未婚男性回答："如果女方要求您做上门女婿，您能接受吗"，回答分为五级，其中被访者选项为"完全可以接受"赋值为1，"可以接受"赋值为2，"无所谓"赋值为3，"不能接受"赋值为4，"完全不能接受"赋值为5，以"完全不能接受"为参照项。各选项是有序的，反映了未婚男性对入赘婚姻的不同接受程度。

（4）婚姻策略的灵活性

根据婚娶有婚史女性的态度、婚娶残疾女性的态度和入赘婚姻的态度，我们生成新的变量。首先，虽然未婚男性对婚娶有婚史女性的态度受到女性生育状况的影响，但"对结过婚没有孩子的女性"的态度反映了他们是否能接受婚娶有婚史女性，据此能否接受"结过婚没有孩子的女性"的态度，可以较好地反映男性是否能接受婚娶有婚史再婚女性。其次，对婚娶残疾女性的态度和入赘婚姻的态度两个变量重新赋值，1~3表示接受，7~5表示不接受。在此基础上统计未婚男性对三类婚姻策略表示接受的数量，从而生成新的变量，定义为"婚姻策略的灵活性"，分别赋值为1~4，其中1表示都能够接受，2表示能接受其中两类，3表示能接受其中某一类女性，4表示均不能接受。各选项是有序的，反映了未婚男性降低择偶标准的程度。

表10-1显示了因变量的描述统计结果。

表 10 - 1　农村未婚男性潜在婚姻策略的描述统计

变量	频数/均值	频率(%)
能接受哪类有婚史女性为配偶	(618)	
无论子女情况如何都能接受	208	33.66
只接受没有孩子或只带女孩的	97	15.70
只接受没有孩子的	149	24.11
无论子女情况如何都不能接受	164	26.54
婚娶残疾女性的态度	(651)	
完全可以接受	20	3.07
可以接受	140	21.51
无所谓	119	18.28
不能接受	297	45.62
完全不能接受	75	11.52
入赘婚姻的态度	(655)	
完全可以接受	46	7.02
可以接受	189	28.85
无所谓	169	25.80
不能接受	202	30.84
完全不能接受	49	7.48
婚姻策略的灵活性	(647)	
3 类	192	29.68
2 类	215	33.23
1 类	142	21.95
0 类	98	15.15

2）自变量

自变量包括个人在婚姻市场中的地位、个人所处婚姻市场状况、个人经济特征、个人非经济特征和家庭特征。

（1）个人在婚姻市场中的地位

对未婚男性而言，个人在婚姻市场中的地位通过成婚困难经历、恋爱状况和单身持续时间测量。

成婚困难经历。在问卷中我们请被访者回答"您是否曾经或正在遭遇成婚困难"，取值包括"是"和"否"两类，据此生成变量"成婚困难经历"，以"否"为参照项。

恋爱状况。在问卷中，我们请被访者回答"当前是否有女朋友"，据此生成变量"恋爱状况"，取值包括"有"和"无"两类，以"有"为参照项。

年龄。年龄的影响分别通过年龄和出生队列测量。对未婚男性而言，由于其从未结过婚，年龄反映了单身状态持续时间，作为连续变量直接纳入分析模型。出生队列分为三类，即 1980～1987 年、1970～1979 年和 1960～1969 年，以 1980～1987 年出生队列为参照项。

（2）当地婚姻市场状况

当地婚姻市场状况主要从人口、迁移和村庄地域分布来测量，包括村每百户大龄未婚男性数量、每户平均外出务工人口数量，外出务工人口性别比、中部村庄和西部村庄。村庄每百户大龄未婚男性数量、每户平均外出务工者数量和外出务工人口性别比三个变量均作为连续变量，直接纳入分析模型。根据地域分布和经济发展水平，我们将被调查村庄分为东部村庄、中部村庄和西部村庄，以"东部村庄"为参照项。

（3）个人经济特征

个人经济特征包括教育、职业和外出务工经历三个变量。教育分为小学及以下、初中、高中及以上，以"高中及以上"为参照项；职业分为农业体力劳动者、非农业体力劳动者和非体力劳动者，以"非体力劳动者"为参照项；非农业体力劳动者包括打工者、司机、工匠、司机、个体户等，非体力劳动者包括私营企业主、村或乡镇干部、教师、医生、企业白领等。根据被调查者外出务工经历和初次打工年龄，生成变量"23 岁之前外出务工"，取值包括"是"和"否"，以"是"为参照项。

（4）个人非经济特征

个人非经济特征包括残疾状况和性格。残疾状况为二分类变量，取值为"是"和"否"，以"否"为参照项；性格取值包括外向、一般和内向，以"外向"为参照项。

（5）家庭特征

家庭特征包括父母经济状况、兄弟数量和姐妹数量。问卷调查中请被调查者报告了 20 多岁时父母的经济状况，并将回答分为平均水平及以上和低于平均水平两类，以前者为参照项。兄弟数量和姐妹数量作为连续变量，直接纳入分析。

表 10 - 2 显示了自变量定义和描述统计结果。

表 10 - 2　自变量定义和描述统计结果

变　量	定　义	样本量	均值	标准差	最小值	最大值
村每百户大龄未婚男性数量	28 岁及以上大龄未婚男性数量/总户数	124	4.820	4.331	0	25.581
村平均每户外出务工人数	外出打工人口数量/总户数	124	0.931	0.717	0.009	2.832
村外出务工者性别比	男性外出打工人口数量/女性外出打工人口数量	124	1.445	0.523	0.647	2.969
中部村庄	村庄所属地域,中部为 1,否则为 0	124	0.420	0.494	0	1
西部村庄	村庄所属地域,西部为 1,否则为 0	124	0.485	0.500	0	1
年龄	连续变量	655	35.306	7.255	18	50
1970 ~ 1979 年出生队列	1970 ~ 1979 年出生队列为 1,否则为 0	655	0.273	0.446	0	1
1960 ~ 1969 年出生队列	1960 ~ 1969 年出生队列为 1,否则为 0	655	0.394	0.489	0	1
成婚困难经历	遭遇成婚困难为 1,否则为 0	655	0.782	0.413	0	1
没有女朋友	当前没有女朋友为 1,否则为 0	655	0.841	0.376	0	1
小学及以下	受教育程度,小学及以下为 1,否则为 0	655	0.502	0.500	0	1
初中	受教育程度,初中为 1,否则为 0	655	0.340	0.474	0	1
农业体力劳动者	职业阶层,农业体力劳动者为 1,否则为 0	655	0.407	0.492	0	1
非农业体力劳动者	职业阶层,非农业体力劳动者为 1,否则为 0	655	0.438	0.496	0	1
23 岁前外出打工	结婚前无外出务工经历赋值为 1,有	655	0.536	0.499	0	1
残疾	身体是否残疾,残疾用 1 表示,否则为 0	655	0.168	0.374	0	1
一般(性格)	性格一般为 1,否则为 0	655	0.499	0.500	0	1
内向(性格)	性格内向为 1,否则为 0	655	0.223	0.417	0	1
父母经济状况	分为平均水平及以上和低于平均水平,低于平均水平为 1,否则为 0	655	0.457	0.498	0	1
兄弟数量	兄弟数量(含个人)	655	2.602	1.343	1	
姐妹数量	姐妹数量	655	1.352	1.192	0	7

10.1.4 研究方法

由于各因变量均为多分类有序变量，因此本章运用分层有序 Logistic 随机截距模型，分别以婚娶有婚史女性态度、婚娶残疾女性的态度、入赘婚姻的态度和择偶策略的灵活性为因变量，建立包括个人、家庭和村庄层次因素的分层随机截距模型。

以各测量指标为因变量，我们分别构建 3 个模型。模型 1 纳入除个人在婚姻市场中地位外的其他变量。为了考察个人在婚姻市场中的地位是否影响到其婚姻策略，模型 2 和模型 3 则在模型 1 的基础上，进一步纳入个人在婚姻市场中地位的相应变量。由于对未婚男性而言，单身状态持续时间和出生队列具有较强的相关性，因此模型 2 和模型 3 分别只纳入单身持续时间和出生队列，以反映年龄因素对未婚男性潜在婚姻策略的影响。

本部分以择偶态度的灵活性为例，阐述本章所构建的分层有序 Logistic 随机截距模型。择偶态度灵活性为 Y，反映了对三类婚姻策略的接受程度，是四分类有序变量，依次赋值为 1~4。其中 1 表示都能够接受，2 表示能接受其中两类，3 表示能接受其中某一类女性，4 表示均不能接受。设取值为 1~4 的概率分别为 $P_{(1)}$、$P_{(2)}$、$P_{(3)}$ 和 $P_{(1)}$，则累积概率 $Q_{(j)}$ 为：

$$Q_{(j)} = \sum_{i=1}^{j} P_{(i)}, \quad j = 1,2,3,4 \tag{10-1}$$

分层有序 Logistic 随机截距模型如公式（10-2）至公式（10-4）所示。
层一：

$$
\begin{aligned}
ln[Q_{(1)}/(1-Q_{(1)})] = {} & B_0 + B_1X_1 + B_2X_2 + B_3X_3 + B_4X_4 + B_5X_5 + \\
& B_6X_6 + B_7X_7 + B_8X_8 + B_9X_9 + B_{10}X_{10} + \\
& B_{11}X_{11} + B_{12}X_{12} + B_{13}X_{13} + B_{14}X_{14} + B_{15}X_{15}
\end{aligned} \tag{10-2}
$$

$$
\begin{aligned}
ln[Q_{(2)}/(1-Q_{(2)})] = {} & B_0 + B_1X_1 + B_2X_2 + B_3X_3 + B_4X_4 + B_5X_5 + \\
& B_6X_6 + B_7X_7 + B_8X_8 + B_9X_9 + B_{10}X_{10} + B_{11}X_{11} + \\
& B_{12}X_{12} + B_{13}X_{13} + B_{14}X_{14} + B_{15}X_{15} + d_1
\end{aligned}
$$

$$\tag{10-3}$$

$$ln[Q_{(3)}/(1 - Q_{(3)})] = B_0 + B_1X_1 + B_2X_2 + B_3X_3 + B_4X_4 + B_5X_5 +$$
$$B_6X_6 + B_7X_7 + B_8X_8 + B_9X_9 + B_{10}X_{10} + B_{11}X_{11} +$$
$$B_{12}X_{12} + B_{13}X_{13} + B_{14}X_{14} + B_{15}X_{15} + d_2$$

$$(10 - 4)$$

层二：

$$B_0 = G_0 + G_1Z_1 + G_2Z_2 + G_3Z_3 + G_4Z_4 + G_5Z_5 + U_0 \qquad (10 - 5)$$

第一层实际上是一个有序 Logistic 回归模型，且无须考虑因变量在第一层的方差成分（即随机项）。B_0，$B_0 + d_1$，$B_0 + d_2$ 分别为 $ln[Q_{(1)}/(1 - Q_{(1)})]$，$ln[Q_{(2)}/(1 - Q_{(2)})]$，$ln[Q_{(3)}/(1 - Q_{(3)})]$ 的截距，表示当解释变量取值均为 0 时因变量的平均估计值。

X_1 至 X_4 为虚拟变量，用来反映个人在婚姻市场中的地位，其中 X_1 和 X_2 用来表示出生对列，$X_1 = 1$ 表示 1970 ~ 1979 年出生队列，$X_2 = 1$ 表示 1960 ~ 1969 年出生队列；X_3 表示个人成婚困难经历，取值为 1 表示有成婚困难经历；X_4 表示恋爱状况，取值为 1 表示没有女朋友。

X_5 至 X_9 均为虚拟变量，用来反映个人经济特征，其中 X_5 和 X_6 用来表示受教育程度，$X_5 = 1$ 表示受教育程度为小学及以下，$X_6 = 1$ 表示受教育程度为初中；X_7 和 X_8 用来表示职业类型，$X_7 = 1$ 表示职业类型为农业体力劳动者，$X_8 = 1$ 表示职业类型为非农业体力劳动者；X_9 表示外出务工经历，取值为 1 表示 23 岁（平均初婚年龄）前无外出务工经历。

X_{10} 至 X_{12} 也均为虚拟变量，用来反映个人非经济特征，其中 X_{10} 表示残疾状况，取值为 1 表示身体残疾；X_{11} 和 X_{12} 用来表示性格，$X_{11} = 1$ 表示一般，$X_{12} = 1$ 表示内向。

X_{13} 至 X_{15} 用来反映家庭特征。其中 X_{13} 表示 20 多岁时父母经济状况，$X_{13} = 1$ 表示父母经济水平低于平均水平。X_{14} 和 X_{15} 分别表示家里兄弟数量（含被访者自己）和姐妹数量，X_{14} 的最小值和最大值分别为 1 和 8，X_{15} 的最小值和最大值分别为 0 和 7，两个变量在统计模型中均作为连续变量处理。

B_0 为因变量的截距，表示当解释变量取值均为 0 时因变量的平均估计值。B_0 的取值并不固定，包括固定部分和随机部分，它是村庄层次变量的被解释变量。系数 B_1 至 B_{15} 的取值是固定的，表示因变量与解释变量之间的关系在不同的村庄间都是相同的。

本书采用 Mplus 软件对上述模型进行拟合。G_0 为 B_0 的平均截距，其取值是固定的，表示控制了村庄特征后 B_0 的平均初始水平。第二层中引入了村庄层次的变量 Z_1 至 Z_5（见公式 10 – 5），其中 Z_1 至 Z_3 均为连续变量，分别表示村每百户大龄未婚男性数量、村每户平均外出务工人口数量和村外出务工人口性别比，它们的取值范围分别为 [0, 25.581]、[0.009, 2.832] 和 [0.647, 2.969]；Z_4 和 Z_5 均为虚拟变量，表示村庄所属地域，Z_4 取值为 1 表示中部村庄，Z_5 取值为 1 表示西部村庄。B_0 的取值受到村庄层次变量 Z_1 至 Z_5 的影响，系数分别表示为 G_1 至 G_5。U_0 是 B_0 的随机部分，即第二层的残差项，反映了村庄层次单位对因变量的随机效应。

10.2 未婚男性择偶偏好

10.2.1 婚姻市场地位与婚娶有婚史女性的态度

表 10 – 3 到表 10 – 5 显示了处于不同婚姻市场地位的男性对婚娶有婚史女性的态度。首先，总体来看，绝大多数的男性可以接受没有孩子的再婚女性（73.4%），而能接受有孩子女性的比例迅速下降（36.8% ~ 50.5%），其中能接受带男孩的有婚史女性的比例最低。在不同出生队列、成婚困难和恋爱经历的男性内部，也表现出同样的趋势，即男性较容易接受没有孩子的有婚史女性，而对于有孩子的有婚史女性，男性愿意接受的比例迅速降低；孩子性别也有显著的影响，未婚男性尤其不愿意接受带男孩的有婚史女性（见表 10 – 3）。这表明，虽然农村男性要求女性"从一而终"的观念正在弱化，但受传宗接代观念的影响，几乎所有男性都希望通过婚姻生育自己的

孩子。而婚娶带有孩子的有婚史女性，意味着要养育与自己没有血缘关系的子女；尤其是婚娶带有男孩的有婚史女性，还意味着未来要为继子的婚姻支付高额费用。因此，即使男孩偏好依然存在，但对没有血缘关系的男孩，多数未婚男性是不愿接受的。

表 10 – 3　未婚男性对婚娶有婚史女性的态度随出生队列变化趋势

	合计	1980～1987 年	1970～1979 年	1960～1969 年	LR 检验
结过婚没有孩子的女性	(651)	(215)	(257)	(179)	***
接受(%)	73.43	54.42	78.99	88.27	
结过婚且带有女孩的女性	(649)	(214)	(257)	(178)	***
接受(%)	50.54	25.70	53.69	75.84	
结过婚且带有男孩的女性	(649)	(214)	(257)	(178)	***
接受(%)	36.82	15.42	38.52	60.11	
能接受哪类有婚史女性为配偶	(618)	(211)	(240)	(166)	***
无论子女情况如何都不能接受(%)	26.54	44.58	25.59	8.43	
只接受没有孩子的(%)	24.11	27.92	23.7	13.86	
只接受没有孩子或只带女孩的(%)	15.70	12.08	16.11	18.07	
无论子女情况如何都能接受(%)	33.66	15.42	34.6	59.64	

注：***，$p < 0.001$；**，$p < 0.01$；*，$p < 0.05$；+，$p < 0.1$。

其次，未婚男性对婚娶有婚史女性的态度因个人在婚姻市场中地位的不同而显示出明显差异，即年龄较大、遭遇过成婚困难男性或当前没有女朋友的男性，对婚娶有婚史女性持更为宽容的态度。表 10 – 3 显示，在 1960～1969 年出生队列的未婚男性中，约六成（59.6%）未婚男性表示可以完全接受有婚史女性，而无论其子女情况如何，远远高于较晚出生队列的男性；只有 8.4% 表示完全不能接受有婚史女性，远远低于较晚出生队列男性。在遭遇过成婚困难和当前没有女朋友的未婚男性中，均有近四成的男性表示完全可以接受有婚史女性，而没有遭遇过成婚困难和当前有女朋友的未婚男性中，这一比例分别只有 16.1% 和 9.1%（分别见表 10 –4 和表 10 –5）。

表 10 - 4 不同成婚困难经历和男性婚娶有婚史女性态度

项 目	是否遭遇过成婚困难		LR 检验
	是	否	
能接受哪类有婚史女性为配偶	(475)	(143)	***
无论子女情况如何都不能接受(%)	16.22	56.64	
只接受没有孩子的(%)	23.56	24.48	
只接受没有孩子或只带女孩的(%)	20.00	2.80	
无论子女情况如何都能接受(%)	40.22	16.08	

注：***，$p < 0.001$；**，$p < 0.01$；*，$p < 0.05$；+，$p < 0.1$。

表 10 - 5 恋爱状态和男性婚娶有婚史女性态度

项 目	当前是否有女朋友		LR 检验
	是	否	
能接受哪类有婚史女性为配偶	(99)	(519)	***
无论子女情况如何都不能接受(%)	53.54	21.39	
只接受没有孩子的(%)	30.30	22.93	
只接受没有孩子或只带女孩的(%)	7.07	17.34	
无论子女情况如何都能接受(%)	9.09	38.34	

注：***，$p < 0.001$；**，$p < 0.01$；*，$p < 0.05$；+，$p < 0.1$。

总之，虽然多数未婚男性表示愿意接受有婚史女性，但他们的态度因其在婚姻市场中的地位差异而显著不同。那些在婚姻市场中地位较低的男性，如年龄较大、遭遇过成婚困难或当前没有女朋友的男性，在初婚市场上婚配的机会较低，因此更倾向于降低择偶标准，在再婚市场中进行择偶，以增加结婚概率。由此可见，未婚男性对婚娶有婚史女性所表现出来的宽容和接受态度，更大程度上是其面对婚姻挤压的一种应对策略。不过该结论仅仅是基于未婚男性在婚姻市场中的地位与其婚娶有婚史女性态度之间的简单相关关系得出的，因此需要控制其他变量，通过多变量分析加以证实。

10.2.2 婚姻市场地位与婚娶残疾女性的态度

表 10 - 6 至表 10 - 8 显示了处于不同婚姻市场地位的男性对婚娶残疾女

性的态度。首先，未婚男性表示完全可以接受残疾女性的比例仅为 3.1%，表示可以接受的也只 21.5%。其次，未婚男性对婚娶残疾女性的态度表现出随年龄的增长，接受程度明显上升化的趋势，即较早出生队列的未婚男性更愿意接受残疾女性。如表 10-6 所示，1960～1969 年出生队列，仅有约 39% 的未婚男性表示不能接受或完全不能接受残疾女性为妻，而这一比例在 1970～1979 年和 1980～1987 年出生队列分别为 52.1% 和 77.7%。最后，在婚姻市场中处于劣势地位的未婚男性，更能够接受残疾女性为妻。遭遇过成婚困难和当前没有女朋友的未婚男性中，较高比例的人对婚娶残疾女性持接受或无所谓的态度。以上结果表明，虽然多数未婚男性并不愿意婚娶残疾女性，但个人在婚姻市场中所处的地位影响到未婚男性对婚娶残疾女性的态度，那些年龄较大、遭遇过成婚困难和当前没有女朋友的男性，由于面临较少的结婚机会，因此更能接受残疾女性为妻。

表 10-6 未婚男性对婚娶残疾女性的态度随出生队列变化趋势

	合计	1980～1987 年	1970～1979 年	1960～1969 年	LR 检验
婚娶残疾女性的态度	(651)	(215)	(257)	(179)	***
完全可以接受(%)	3.07	1.86	1.95	6.15	
可以接受(%)	21.51	11.63	24.51	29.05	
无所谓(%)	18.28	8.84	21.40	25.70	
不能接受(%)	45.62	60.93	39.30	35.75	
完全不能接受(%)	11.52	16.74	12.84	3.35	

注：***，$p < 0.001$；**，$p < 0.01$；*，$p < 0.05$；+，$p < 0.1$。

表 10-7 成婚困难经历和男性婚娶残疾女性态度

项 目	是否遭遇过成婚困难		LR 检验
	是	否	
婚娶残疾女性的态度	(510)	(141)	***
完全可以接受(%)	2.94	3.55	
可以接受(%)	25.69	6.38	
无所谓(%)	22.75	2.12	
不能接受(%)	40.78	63.12	
完全不能接受(%)	7.84	24.82	

注：***，$p < 0.001$；**，$p < 0.01$；*，$p < 0.05$；+，$p < 0.1$。

表 10 - 8　恋爱状态和男性婚娶残疾女性态度

项　　目	当前是否有女朋友		LR 检验
	是	否	
婚娶残疾女性的态度	（103）	（548）	***
完全可以接受（%）	2.91	3.10	
可以接受（%）	10.68	23.54	
无所谓（%）	3.88	20.99	
不能接受（%）	60.19	42.88	
完全不能接受（%）	22.33	9.49	

注：***，p < 0.001；**，p < 0.01；*，p < 0.05。

10.2.3　婚姻市场地位与对入赘婚姻的态度

表 10 - 9 至表 10 - 11 显示了处于不同婚姻市场地位的男性对入赘婚姻的态度。首先，38.3% 的未婚男性明确表示不能接受入赘婚姻，而表示完全可以接受和可以接受的比例共计 35.9%。其次，随着年龄的增长，未婚男性对入赘婚姻的接受度逐渐增加，即较早出生队列的未婚男性更愿意接受入赘婚姻。如表 10 - 9 所示，1960 ~ 1969 年出生队列，44.7% 的未婚男性表示完全可以接受或可以接受入赘婚姻，而这一比例在 1970 ~ 1979 年和 1980 ~ 1987 年出生队列分别下降为 40.7% 和 22.7%。再次，在婚姻市场中处于劣势的未婚男性，更愿意接受入赘婚姻。遭遇过成婚困难和当前没有女朋友的未婚男性中，较高比例的人对入赘婚姻持接受或无所谓的态度。

表 10 - 9　未婚男性对入赘婚姻的态度随出生队列变化趋势

	合计	1980 ~ 1987 年	1970 ~ 1979 年	1960 ~ 1969 年	LR 检验
入赘婚姻的态度	（655）	（216）	（258）	（179）	***
完全可以接受（%）	7.02	5.56	8.14	6.70	
可以接受（%）	28.85	17.13	32.56	37.99	
无所谓（%）	25.80	20.37	24.81	34.08	
不能接受（%）	30.84	46.76	26.36	17.88	
完全不能接受（%）	7.48	10.19	8.14	3.35	

注：***，p < 0.001；**，p < 0.01；*，p < 0.05；+，p < 0.1。

表 10 - 10　不同成婚困难经历和男性对入赘婚姻态度

项　　目	是否遭遇过成婚困难		LR 检验
	是	否	
入赘婚姻的态度	(507)	(148)	***
完全可以接受(%)	7.5	5.41	
可以接受(%)	32.35	16.89	
无所谓(%)	25.84	25.68	
不能接受(%)	28.8	37.84	
完全不能接受(%)	5.52	14.19	

注：***，$p < 0.001$；**，$p < 0.01$；*，$p < 0.05$；+，$p < 0.1$。

表 10 - 11　恋爱状态和男性对入赘婚姻态度

项　　目	当前是否有女朋友		LR 检验
	是	否	
入赘婚姻的态度	(104)	(551)	***
完全可以接受(%)	7.69	6.90	
可以接受(%)	11.54	32.12	
无所谓(%)	22.12	26.50	
不能接受(%)	48.08	27.59	
完全不能接受(%)	10.58	6.90	

注：***，$p < 0.001$；**，$p < 0.01$；*，$p < 0.05$；+，$p < 0.1$。

　　以上结果表明，在婚姻市场中所处的地位影响到未婚男性对入赘婚姻的态度，那些年龄较大、遭遇过成婚困难和当前没有女朋友的男性，由于面临较少的结婚机会，更能接受入赘婚姻。

10.2.4　婚姻市场地位和未婚男性择偶策略的灵活性

　　表 10 - 12 至表 10 - 14 显示了处于不同婚姻市场地位的未婚男性择偶灵活性的结果。首先，总体上来看，分别有 22.0% 和 33.2% 的未婚男性表示只能接受其中的一种或两种策略，对三种策略都能接受的比例为 29.7%。其次，出生队列与择偶策略灵活性显著相关，与较晚出生队列相比，较早出

生队列的未婚男性的择偶策略表现出更大的灵活性。1980～1987 年出生队列，对三种婚姻策略均能接受的比例从 1960～1969 年出生队列的 51.4% 下降至 11.7%，而均不能接受的比例则从 4.5% 上升至 28.0%。再次，遭遇过成婚困难的未婚男性中，较高比例（分别为 36.1% 和 35.1%）表示可以接受两种或三种策略，而表示完全不能接受的比例仅为 8.9%；而未遭遇过成婚困难的男性中，高达 37.9% 的未婚男性表示对三种策略均不能接受，而表示都能接受的比例仅为 10.0%。最后，就恋爱状态来看，当前没有女朋友的男性更倾向于实施灵活的婚姻策略，近七成的男性表示可以接受两种以上的策略，而表示均不能接受的比例仅为 11.6%；而当前有女朋友的未婚男性中，仅有 7.8% 表示三种策略均能接受，而表示均不能接受的比例则高达 34.3%。

表 10 - 12　未婚男性择偶策略灵活性随出生队列变化趋势

项　目	合计	1980～1987 年	1970～1979 年	1960～1969 年	LR 检验
择偶策略的灵活性	(647)	(214)	(256)	(177)	***
都不能接受(%)	15.15	28.00	9.37	4.52	
只接受其中一种策略(%)	21.95	31.31	19.14	11.30	
只接受其中两种策略(%)	33.23	28.97	37.50	32.77	
都能接受(%)	29.68	11.68	33.98	51.41	

注：***，p < 0.001；**，p < 0.01；*，p < 0.05；+，p < 0.1。

表 10 - 13　不同成婚困难经历和择偶策略的灵活性

项　目	是否遭遇过成婚困难		LR 检验
	是	否	
择偶策略的灵活性	(507)	(140)	***
都不能接受(%)	8.87	37.86	
只接受其中一种策略(%)	19.92	29.29	
只接受其中两种策略(%)	36.09	22.86	
都能接受(%)	35.11	10.00	

注：***，p < 0.001；**，p < 0.01；*，p < 0.05；+，p < 0.1。

表 10 − 14　恋爱状态和未婚男性择偶策略的灵活性

项　　目	当前是否有女朋友		LR 检验
	是	否	
择偶策略的灵活性	（102）	（545）	***
都不能接受（%）	34.31	11.56	
只接受其中一种策略（%）	31.37	20.18	
只接受其中两种策略（%）	26.47	34.50	
都能接受（%）	7.84	33.76	

注：***，p < 0.001；**，p < 0.01；*，p < 0.05；+，p < 0.1。

以上结果表明，在婚姻市场中所处的地位影响到未婚男性择偶策略的灵活性，那些年龄较大、遭遇过成婚困难和当前没有女朋友的男性，由于面临较少的结婚机会，因此更倾向于实施灵活的择偶策略。

10.3　未婚男性择偶策略的影响因素分析

10.3.1　婚娶有婚史女性态度的影响因素分析

表 10 − 15 显示了婚娶有婚史女性态度的分层有序 Logistic 随机截距模型分析结果。模型 1 纳入除个人在婚姻市场中地位外的其他变量。模型 2 和模型 3 则在模型 1 的基础上，进一步纳入个人在婚姻市场中地位的相应变量。由于对未婚男性而言，单身状态持续时间和出生队列具有较强的相关性，因此模型 2 和模型 3 分别只纳入单身持续时间或出生队列，以反映年龄因素对未婚男性婚娶有婚史女性态度的影响。分析结果显示，与模型 1 相比，模型 2 和模型 3 的赤池信息量准则（AIC）减小，表明模型 2 和模型 3 优于模型 1；同时模型 2 和模型 3 的系数大小、方向和显著性程度并没有明显的变化，因此我们以模型 2 和模型 3 为例进行解释。模型 2 和模型 3 的结果显示，个人在婚姻市场层次变量中，仅村每百户大龄未婚男性数量对个体层次截距有显著正向影响，表明村里大龄未婚男性规模越大，则未婚男性更倾向于接受有婚史女性为配偶。地域因素的影响并不显著，表明男性婚娶有婚史女性的

态度并不存在明显的地域差异，这与曾毅等对上海、陕西和河北三个省份女性再婚研究的结果是一致的。

表 10－15　男性婚娶有婚史女性态度的影响因素的多层有序 Logistic 随机
截距模型分析结果 （N＝560）

	模型 1	模型 2	模型 3
固定效应			
截距	0.291	4.061 ***	1.470 *
社区特征			
每百户大龄未婚男性数量	0.024 *	0.029 ***	0.031 ***
村平均每户外出务工人数	－ 0.045	－ 0.055	－ 0.024
村外出务工者性别比	－ 0.011	－ 0.006	－ 0.004
中部村庄	－ 0.592	－ 0.577	－ 0.550
西部村庄	－ 0.480	－ 0.445	－ 0.42
婚姻市场地位			
年龄		0.106 ***	
出生队列			
1970～1979 年			1.627 ***
1960～1969 年			0.709 ***
是否成婚困难			
是		0.967 ***	1.060 ***
当前是否有女朋友			
没有		0.729 *	0.770 **
个人因素			
教育			
小学及以下	1.423 ***	1.011 **	1.107 **
初中	0.771 *	0.539 +	0.624 *
职业			
农业体力劳动者	0.630 +	0.545	0.591 +
非农业体力劳动者	0.382	0.392	0.428
23 岁前外出务工经历			
无	－ 0.236	－ 0.357	－ 0.240
是否残疾			
是	0.109	0.044	0.042
性格			
一般	0.252	0.268	0.264
内向	0.644 *	0.578 +	0.570 +

续表

	模型 1	模型 2	模型 3
家庭因素			
20 多岁时父母经济状况			
低于平均水平	0.525 *	0.408 *	0.434 *
兄弟数量	0.006	− 0.021	− 0.010
姐妹数量	− 0.024	− 0.037	− 0.031
d1	1.897 ***	5.771 ***	3.161 ***
d2	2.915 ***	6.835 ***	4.206 ***
随机效应			
层 2：截距	1.129 *	0.920 *	0.935 ***
Log likelihood	− 645.678	− 619.895	− 624.777
赤池信息量准则（AIC）	1335.357	1285.789	1297.554

注：（1）系数小于 0 代表负向影响，大于 0 代表正向影响。

（2）"层 2：截距"一行数字表示截距的随机效应的方差。

（3）AIC 用来比较模型的优劣，一般而言越小越好。

（4）***，$p < 0.001$；**，$p < 0.01$；*，$p < 0.05$；+，$p < 0.1$。

　　反映个人在婚姻市场地位的相关变量均对因变量有显著的影响。年龄对因变量有非常显著的影响，年龄越大的未婚男性，或较早出生队列的未婚男性，对婚娶有婚史女性持更宽容和接纳的态度。遭遇过成婚困难和当前没有女朋友的男性，也表现出更倾向于接受有婚史女性为配偶的态度。这说明在婚姻市场上处于劣势地位的男性，更倾向于降低择偶标准，以扩大择偶范围，应对婚姻市场中可婚配女性资源不足的挑战。这种态度显然是积极的，有利于缓解农村婚姻市场的婚配压力。

　　男性个人和家庭经济特征对因变量有显著影响。受教育程度越低、性格内向和 20 多岁时父母经济状况越差的男性，对婚娶有婚史女性持更开放和接纳的态度。与高中及以上文化程度的男性相比，初中、小学及以下的男性更容易接受婚娶有婚史女性。20 多岁时父母经济状况差的男性，也更倾向于对婚娶有婚史女性持接受态度。这表明，在中国农村，那些个人和家庭经济状况较差的男性，既容易在婚姻市场中处于劣势地位，也更容易降低择偶标准，接受有婚史女性为配偶。模型 2 和模型 3 同时显示，个人性格对因变量也有显著的影响，性格内向的男性，更倾向于对婚娶有婚史女性持接受态度。

10.3.2　婚娶残疾女性态度的影响因素

表 10－16 显示了婚娶残疾女性态度的分层有序 Logistic 随机截距模型分析结果。模型 1 纳入除个人在婚姻市场中地位外的其他变量。模型 2 和模型 3 则在模型 1 的基础上，进一步纳入个人在婚姻市场中地位的相应变量。由于对未婚男性而言，单身状态持续时间和出生队列具有较强的相关性，因此模型 2 和模型 3 分别只纳入单身持续时间或出生队列，以反映年龄因素对未婚男性婚娶残疾女性态度的影响。

表 10－16　农村未婚男性婚娶残疾女性态度影响因素的多层有序 Logistic 随机
截距模型分析结果 （N ＝590）

	模型 1	模型 2	模型 3
固定效应			
截距	－1.339 **	0.506 ***	－0.757
社区特征			
每百户大龄未婚男性数量	0.010	0.010	0.010
村平均每户外出务工人数	0.082	0.041	0.039
村外出务工者性别比	－0.022 **	－0.016 *	－0.015 *
中部村庄	0.665 +	0.582 +	0.580 +
西部村庄	0.555	0.029	0.471
婚姻市场地位			
年龄		0.049 **	
出生队列			
1970～1979 年			0.920 **
1960～1969 年			0.402 +
是否成婚困难			
是		0.639 **	0.671 **
当前是否有女朋友			
没有		0.651 *	0.651 *
个人因素			
教育			
小学及以下	0.992 ***	0.451 +	0.472 +
初中	0.421 +	0.70	0.192

	模型 1	模型 2	模型 3
职业			
农业体力劳动者	0.510	0.234	0.242
非农业体力劳动者	−0.015	−0.031	−0.032
23 岁前外出务工经历			
无	0.408*	0.232	0.258
是否残疾			
是	0.382+	0.248	0.251
性格			
一般	0.380*	0.416*	0.406*
内向	0.625**	0.684*	0.702**
家庭因素			
20 多岁时父母经济状况			
低于平均水平	0.362*	0.273+	0.283+
兄弟数量	−0.003	−0.081	−0.077
姐妹数量	−0.000	−0.029	−0.031
d1	1.469***	3.491***	2.233***
d2	2.571***	4.633***	3.376***
d3	5.188	7.290***	6.039***
随机效应			
层 2：截距	0.585*	0.620**	0.624**
Loglikelihood	−745.094	−715.032	−714.579
赤池信息量准则（AIC）	1532.187	1478.064	1479.157

注：（1）系数小于 0 代表负向影响，大于 0 代表正向影响。

（2）"层 2：截距"一行数字表示截距的随机效应的方差。

（3）AIC 用来比较模型的优劣，一般而言越小越好。

（4）***，$p < 0.001$；**，$p < 0.01$；*，$p < 0.05$；+，$p < 0.1$。

分析结果显示，与模型 1 相比，模型 2 和模型 3 的赤池信息量准则（AIC）减小，表明模型 2 和模型 3 优于模型 1；同时模型 2 和模型 3 的系数大小、方向和显著性程度并没有明显的变化，因此我们以模型 2 和模型 3 为例对分析结果进行解释。

模型 2 和模型 3 的结果显示，从当地婚姻市场状况来看，仅村外出务工者性别比和村庄所属地域对个体层次截距有显著正向影响。村外出务工者性别比越高，意味着村里外出务工的男性的相对规模越高，男性在婚姻市场中的竞争力也越高，因此更不愿意接受婚娶残疾女性。与东部村庄相比，居住在经济不发达的中部村庄的未婚男性，更倾向于对婚娶残疾女性持接受态度。

反映个人在婚姻市场中地位的诸变量对因变量均有显著的影响。年龄对因变量有非常显著的影响，年龄越大的未婚男性，或较早出生队列的未婚男性，对婚娶残疾女性持更宽容和接纳的态度。其中 1970～1979 年出生队列的回归系数更大，显著性程度也更高，表明这个出生队列的男性更能接受残疾女性。遭遇过成婚困难和当前没有女朋友的男性，也表现出更倾向于接受残疾女性为配偶的态度。这说明在婚姻市场上处于劣势地位的男性，更倾向于降低择偶标准，以扩大择偶范围，应对婚姻市场中可婚配女性资源不足的挑战。这种态度有利于增加未婚男性婚配机会、缓解农村男性的婚配压力。

个人和家庭因素中，教育、性格和父母经济状况对因变量有显著的正向影响，即受教育程度较低的未婚男性，更愿意对婚娶残疾女性持接受态度；与性格外向的男性相比，性格较内向的未婚男性更倾向于对婚娶残疾女性持接纳态度。从家庭经济状况来看，适婚年龄父母经济状况差的未婚男性，更倾向于接受残疾女性为配偶。

10.3.3 实行入赘婚姻态度的影响因素分析

表 10-17 显示了未婚男性对入赘婚姻态度的分层有序 Logistic 随机截距模型分析结果。分析结果显示，与模型 1 相比，模型 2 和模型 3 的赤池信息量准则（AIC）减小，表明模型 2 和模型 3 优于模型 1；同时模型 2 和模型 3 的系数大小、方向和显著性程度并没有明显的变化，因此，我们将以模型 2 和模型 3 为例进行解释。

模型 2 和模型 3 的结果显示，当地婚姻市场层次上，仅村外出务工者性别比对个体层次截距有显著负向影响。在男性外出务工比例较高的村庄，未婚男性更倾向于对入赘婚姻持不接受的态度。这表明，较高比例的男性外出务工人口，有利于提高村庄和男性家庭的经济能力，提高村庄整体吸引和留住可婚配女性的能力，因此在这些村庄，男性不倾向于降低择偶标准，接受入赘婚姻。

表 10 - 17　农村未婚男性实施入赘婚姻态度影响因素的多层有序 Logistic 随机

截距模型分析结果 （N = 595）

	模型 1	模型 2	模型 3
固定效应			
截距	- 1. 748 **	- 0. 463	- 1. 352 *
社区特征			
每百户大龄未婚男性数量	0. 008	0. 008	0. 008
村平均每户外出务工人数	- 0. 178	- 0. 225	- 0. 248
村外出务工者性别比	- 0. 029 +	- 0. 031 +	- 0. 034 +
中部村庄	- 0. 620	- 0. 549	- 0. 498
西部村庄	- 0. 177	- 0. 115	0. 077
婚姻市场地位			
年龄		0. 035 *	
出生队列			
1970 ~ 1979 年			0. 733 *
1960 ~ 1969 年			0. 568 *
当前是否有女朋友			
没有		0. 549 +	0. 521 +
是否成婚困难			
是		0. 070	0. 058
个人因素			
小学及以下	1. 145 ***	0. 846 **	0. 823 **
初中	0. 505 +	0. 340	0. 360
职业			
农业体力劳动者	0. 344	0. 181	0. 161
非农业体力劳动者	0. 283	0. 322	0. 309
23 岁前外出务工经历			
无	- 0. 117	- 0. 231	- 0. 238
是否残疾			
是	0. 413 *	0. 280	0. 282
性格			
一般	0. 375	0. 453 +	0. 486 +
内向	0. 474 *	0. 533 *	0. 540 *
家庭因素			
20 多岁时父母经济状况			
低于平均水平	0. 284	0. 202	0. 226

续表

	模型 1	模型 2	模型 3
兄弟数量	0.210 **	0.165 *	0.161 *
姐妹数量	- 0.128 +	- 0.155 +	- 0.160 +
d1	0.812	2.120 **	1.245 *
d2	2.225 ***	3.541 ***	2.672 ***
d3	4.860 ***	6.192 ***	5.330 ***
随机效应			
层 2：截距	1.394 **	1.334 **	1.364 ***
Log likelihood	- 783.796	- 766.945	- 765.495
赤池信息量准则（AIC）	1609.592	1581.891	1580.990

注：（1）系数小于 0 代表负向影响，大于 0 代表正向影响。

（2）"层 2：截距"一行数字表示截距的随机效应的方差。

（3）AIC 用来比较模型的优劣，一般而言越小越好。

（4）***，$p < 0.001$；**，$p < 0.01$；*，$p < 0.05$；+，$p < 0.1$。

反映个人在婚姻市场中的地位的变量对因变量均有显著的影响。年龄对因变量有非常显著的影响，年龄越大的未婚男性，或较早出生队列的未婚男性，对入赘婚姻持更宽容和接纳的态度。当前没有女朋友的男性，也表现出更倾向于接受入赘婚姻的态度。这说明在婚姻市场上处于劣势地位的男性，更倾向于通过采取入赘女方的方式，以扩大择偶范围，增加未婚男性婚配机会，应对婚姻市场中可婚配女性资源不足的挑战。

个人和家庭因素中，教育、性格、兄弟数量和姐妹数量对因变量有显著的影响。教育对因变量有显著的正向影响。与受教育程度为高中的男性相比，受教育程度为小学及以下、初中的未婚男性，更倾向于接受入赘婚姻；小学及以下系数和显著性均高于初中男性，这进一步表明受教育程度越低，则未婚男性越倾向于接受入赘婚姻。就性格来看，与性格外向的未婚男性相比，性格内向的男性更倾向于对入赘婚姻持接纳态度。家里兄弟数量多的男性，也更容易对入赘婚姻持接受态度；而姐妹数量多的男性，反而更不容易接受入赘婚姻。这反映了家里孩子性别结构对未婚男性结婚机会和婚姻策略的影响，较多的姐妹数量抑制了男性择偶偏好的降低，而较多的兄弟数量则促进了男性择偶偏好的降低。

10.3.4 未婚男性婚姻策略灵活性的影响因素分析

表 10 – 18 的模型 1 至模型 3 显示了农村未婚男性潜在婚姻策略灵活性影响因素的多层有序 Logistic 随机截距模型分析结果。与模型 1 相比，模型 2 和模型 3 在控制住其他变量下，进一步纳入了个人在婚姻市场中的地位变量。分析结果显示，与模型 1 相比，模型 2 和模型 3 的赤池信息量准则（AIC）减小，表明模型 2 和模型 3 优于模型 1；同时模型 2 和模型 3 的系数大小、方向和显著性程度并没有明显的变化，因此，我们将以模型 2 和模型 3 为例进行解释。

表 10 – 18 农村未婚男性潜在婚姻策略灵活性影响因素的多层有序 Logistic 随机截距模型分析结果 （N = 588）

	模型 1	模型 2	模型 3
固定效应			
截距	– 0.578	2.424 **	0.227
当地婚姻市场特征			
每百户大龄未婚男性数量	0.004	0.006	0.007
村平均每户外出务工人数	– 0.081	– 0.207	– 0.217
村外出务工者性别比	– 0.011	– 0.022 **	– 0.024 **
中部村庄	0.976 ***	0.876 ***	0.854 ***
西部村庄	0.649 *	00.507 *	0.490 *
婚姻市场地位			
年龄		0.088 ***	
出生队列			
1970 ~ 1979 年			1.546 ***
1960 ~ 1969 年			0.791 **
是否成婚困难			
是		0.775 ***	0.821 ***
当前是否有女朋友			
没有		0.757 **	0.752 **
个人经济特征			
教育			
小学及以下	1.646 ***	1.010 ***	1.045 ***
初中	0.624 *	0.352	0.394

续表

	模型 1	模型 2	模型 3
职业			
农业体力劳动者	0.928 **	0.586 +	0.603 *
非农业体力劳动者	0.600 *	0.603 *	0.614 *
23 岁前外出务工经历			
无	0.441 *	0.145	0.191
个人非经济特征			
是否残疾			
是	0.519 +	0.285	0.306
性格			
一般	0.226	0.288	0.283
内向	0.354	0.432	0.444
家庭特征			
20 多岁时父母经济状况			
低于平均水平	0.476 *	0.299 +	0.329 +
兄弟数量	0.061	− 0.048	− 0.043
姐妹数量	− 0.005	− 0.081	− 0.082
d1	1.043 +	4.198 ***	2.004 **
d2	2.962 ***	6.273 ***	4.077 ***
随机效应			
层 2：截距	0.894 **	0.833 **	0.820 **
Log likelihood	− 688.146	− 647.085	− 646.998
赤池信息量准则（AIC）	1416.292	1340.170	1341.996

注：（1）系数小于 0 代表负向影响，大于 0 代表正向影响。

（2）"层 2：截距"一行数字表示截距的随机效应的方差。

（3）AIC 用来比较模型的优劣，一般而言越小越好。

（4）***，$p < 0.001$；**，$p < 0.01$；*，$p < 0.05$；+，$p < 0.1$。

模型 2 和模型 3 的结果显示，当地婚姻市场层次上，村庄地域分布对个体层次截距有显著的正向影响。与东部村庄相比，中部和西部村庄对个体层截距有显著的正向影响，表明经济较落后的中部和西部村庄里，男性更容易选择灵活的婚姻策略。

反映个人在婚姻市场中地位的诸变量对因变量均有显著的影响。年龄对因变量有非常显著的影响，年龄越大的未婚男性，或较早出生队列的未婚男性，更倾向于选择灵活的婚姻策略。遭遇过成婚困难和当前没有女朋友的男性，其婚姻策略也表现出更为灵活的趋势。这说明在婚姻市场上处于劣势地位的男性，更倾向于通过降低择偶标准，实行灵活性的婚姻策略，以扩大择偶范围，增加婚配机会，应对婚姻市场中可婚配女性资源不足的挑战。

个人经济特征中，教育和职业对因变量有显著的正向影响。与高中及以上受教育程度的男性相比，受教育程度为小学及以下、初中的未婚男性更倾向于实施灵活的婚姻策略；从系数来看，小学及以下的回归系数明显大于初中，表明受教育程度越低，未婚男性越倾向于实施更灵活的婚姻策略。就职业来看，与非体力劳动者相比，职业为农业体力劳动者和非农业体力劳动者系数大于0，表明所处职业阶层较低的未婚男性更倾向于实行灵活的婚姻策略。

个人非经济特征对未婚男性婚姻策略灵活性没有显著影响。家庭特征中，只有父母经济状况对因变量有显著的影响。父母经济条件较差的男性，更倾向于实施灵活的婚姻策略。

10.4　小结

本章采用百村系列调查数据，分别从婚娶有婚史女性态度、婚娶残疾女性的态度、对入赘婚姻的态度和潜在婚姻策略的灵活性等四个方面，探讨了婚姻挤压下农村未婚男性的潜在婚姻策略。本章发现：

首先，对农村未婚男性而言，婚娶有婚史女性、婚娶残疾女性以及实行入赘婚姻，正在成为他们潜在的婚姻策略，其中婚娶有婚史女性的接受度最高，其次是入赘婚姻，而对婚娶残疾女性的接受度较低，分别有26.5%、57.1%和38.3%的未婚男性对婚娶有婚史女性、婚娶残疾女性和实行入赘婚姻持不接受态度，15.2%的未婚男性对三类潜在婚姻策略均持不接受态度。与此同时，有29.7%的未婚男性对三种婚姻策略均持可接受的态度。需要强调的是，多数男性并不排斥婚娶有婚史女性，但他们对婚娶有婚史女性的态度同女性的孩子状况密切相关。他们更倾向于同没有孩子的有婚史女性结婚，而对于有孩子，尤其是有男孩的有婚史女性，未婚男性的接受度最低。这表明，在农村男性中，虽然要求女性"从一而终"的观念正在弱化，但在以血亲为纽带的农村社会，男性仍然承担着家庭延续的使命，因此几乎所有的男性都希望通过婚姻构建完全属于"自己"的家庭，生育与自己有血缘关系的孩子。这也暗示了在父母离异和再婚中，孩子更容易成为受害者。

其次，未婚男性在婚姻市场中的地位显著影响到他们的潜在婚姻策略，那些在初婚市场上处于劣势（如年龄较高、遭遇过成婚困难和当前没有女朋友）的男性，更倾向于降低择偶标准，实施宽容、灵活的婚姻策略，以增加结婚概率。就婚娶有婚史女性、婚娶残疾女性和对入赘婚姻的态度来看，年龄越大的男性表现出越宽容的择偶态度，较早出生队列的男性，由于在婚姻市场中的结婚机会迅速下降，因此他们采取接纳态度的比例明显要高于较晚出生队列的男性。遭遇过成婚困难，或当前仍没有恋爱对象，处于完全单身状态的未婚男性，也更倾向于采取灵活的婚姻策略，更容易接受婚娶有婚史女性、婚娶残疾女性和入赘婚姻。总之，对未婚男性而言，他们的择偶标准和策略取决于他们在婚姻市场中的地位，这暗示着未来随着性别挤压程度的加重，将有更多的男性实施婚娶再婚女性、婚娶残疾女性或入赘婚姻等婚姻策略。这虽然有利于进一步弱化旧的传统婚姻观念，部分缓解农村婚姻市场上男性婚配压力，但显然这种改变并不能从根本上解决婚姻市场中女性短缺的问题，并可能进一步加剧处于社会底层男性对可婚女性资源的竞争。

再次，当地婚姻市场特征对未婚男性的潜在婚姻策略有显著的影响，但影响各潜在婚姻策略的当地婚姻市场的指标并不相同。村庄大龄未婚男性的相对规模对男性婚娶有婚史女性的态度有显著影响：村庄里大龄未婚男性相对数量越大，则他们越容易接受有婚史的女性；村庄所属地域对男性婚娶残疾女性的态度有显著影响：住在经济较落后的中部和西部村庄的未婚男性，对婚娶有婚史女性持更为接纳的态度。村外出务工者性别比对未婚男性实行入赘婚姻的态度有显著的负向影响，男性外出务工者比例高的村庄，未婚男性不倾向于接受入赘婚姻。村庄所属地域对未婚男性婚姻策略的灵活性程度分别有显著的正向影响，在经济较落后的中部和西部村庄里，未婚男性倾向于实施更为灵活的婚姻策略。

最后，从个人和家庭因素来看，部分个人经济和非经济因素、家庭因素对未婚男性的潜在婚姻策略有显著的影响。教育对男性婚娶有婚史女性的态度和实行入赘婚姻的态度有显著的影响，受教育程度低的男性更倾向于接受有婚史女性，或实行入赘婚姻。教育和职业对未婚男性潜在婚姻策略的灵活性程度有显著的影响，受教育程度低和职业阶层低的男性更倾向于实施灵活多样的婚姻策略；性格对各潜在婚姻策略的指标均有显著的正向影响，性格内向的未婚男性更倾向于持宽容、灵活的婚姻策略。父母经济状况对婚娶有婚史女性态度和潜在婚姻策略的灵活性程度有显著的影响，父母经济状况差的男性，更倾向于婚娶有婚史女性，或实施灵活性的婚姻策略。身体残疾和家庭兄弟数量多的男性，更倾向于接受入赘婚姻。

11　结论与展望

　　本章主要包括四部分内容：首先，总结本书的主要特点及其结论；其次，总结本书的主要贡献；再次，根据本书的研究发现，提出增加农村男性结婚机会、缓解农村男性成婚压力的政策建议；最后，对本书研究的局限性进行讨论，并对下一步研究进行展望。

11.1　研究结论

　　本书综合运用管理学、人口学、社会学和统计学等学科的分析方法，首先从历史、宏观和微观风险、村庄社区角度出发，揭示了婚姻挤压状况和社会后果；其次，根据中国农村婚姻挤压状况和婚姻习俗，对婚姻寻找理论框架进行细化和中国化，提出中国婚姻挤压下农村男性在婚姻市场中地位和策略的分析框架，并采用分层统计模型对分析框架进行验证。主要结论包括：

　　第一，本书对明清时期的研究发现，男性婚姻挤压现象在中国历史上曾经出现过。偏高的社会性别比、一夫多妻制、限制寡妇再婚、婚姻论财等因素的共同作用，造成社会底层可婚女性的缺失，并导致部分男性难以成婚；家境贫穷、兄弟较多、个人职业卑贱，年龄较大的男性往往成为婚姻挤压后果的承担者。大龄单身男性的存在，促使非主流婚姻形式（包括女性再婚、入赘婚、交换婚和收继婚）和婚外性（如嫖娼、私通、同性恋和性侵害）

的增加，威胁已有家庭的稳定和公共健康安全，并可能引发个人及团体犯罪行为，威胁社会安定和正常社会秩序。虽然历代政府也采取严禁溺女、控制妻妾数量、放宽对底层女性再嫁的限制以及纠正婚姻论财之风等措施，以图缓解底层男性婚姻的压力，但难以从根本上解决问题。

第二，本书对性别失衡背景下宏观风险和微观失范行为的识别发现，在宏观层面上，性别失衡将带来人口、社会、经济、健康、文化等一系列风险，使整个社会处于风险之中；其中人口风险是基础风险，居核心地位，刺激和加剧了其他社会风险。在微观层面上，在性别失衡和宏观社会风险的共同影响下，整个社会面临着越轨、违法犯罪率升高的问题，主要表现在婚姻、家庭、性和社会其他方面；其中大龄失婚男性是重要的利益相关者，他们既面临较高的失范风险，成为失范行为的主体；同时也可能遭受侵害，成为失范的客体。

第三，对农村社区层面上婚姻挤压现象的研究发现，在当前农村，男孩偏好和性别失衡已经成为常见的现象，广泛存在于农村地区；性别失衡的婚姻挤压后果也已经出现，较高比例的农村地区存在着不同程度的男性成婚困难问题，部分男性无法按时成婚。受经济发展水平和人口流动地区差异的影响，在欠发达的西部落后农村地区，人口性别失衡和婚姻挤压反而更严重。对女性可婚资源的旺盛需求，使得女性本身日益被商品化，男性婚姻花费过高，婚姻买卖和婚姻诈骗行为难以制止，婚姻市场的正常秩序遭到破坏。大龄未婚男性是社会弱势群体，是性别失衡和婚姻挤压的直接受害者；婚姻的缺失使得他们自身和家庭承受着来自周围的歧视和压力；他们对婚姻的渴望也往往被骗婚者所利用，因此遭受巨大的经济损失。

第四，本书将西方婚姻寻找理论分析框架与对农村男性的访谈资料的分析相结合，构建了中国婚姻挤压下农村男性的婚姻市场地位和策略的分析框架。新构建的框架强调农村男性在婚姻市场中的地位和相应的婚姻策略，并从婚姻状况视角出发，关注已婚男性的实际婚姻策略和未婚男性的潜在婚姻策略。在此基础上，设计了适用于中国农村婚姻情景的男性在婚姻市场中的地位和婚姻策略的测量指标体系，通过初婚机会、恋爱状况和成婚困难经历三个指标实现对农村男性在婚姻市场中地位的测量。对已婚男性而言,其结婚行为已经完成,因此对其婚姻策略的测量通过夫妻匹配特征实现,具体包括夫妻年龄匹配特征和教育匹配特征两个维度。对未婚男性而言,其婚姻行为尚未发生,因此只能通过分析其择偶态度来探讨他们可能采取的婚姻策略,具体测量指标包括对婚娶有婚史女性的态度、对婚娶残疾女性的态度、实施入赘婚姻的态度和婚姻策略的灵活性程度。

第五,个人在婚姻市场中的地位表现出多阶层性。首先,总体上来看,与未婚男性相比,已婚男性在婚姻市场特征、个人和家庭特征方面均显著优于未婚男性,因此在婚姻市场中处于较高地位,这表明婚姻在农村仍然很大程度上是社会地位的象征。其次,在已婚男性内部,顺利结婚的男性在婚姻市场中的地位高于遭遇成婚困难的男性;在未婚男性内部,当前处于恋爱状态的男性在婚姻市场中的地位高于当前没有女朋友的男性。就婚恋经历来看,与已婚者相比,有女朋友的未婚男性仅在当地婚姻市场状况和个人经济特征上处于劣势地位,而没有女朋友的未婚男性在个人经济和非经济因素、家庭因素和村庄因素方面均处于较低地位,其在婚姻市场中处于更劣势地位。就成婚困难经历来看,与顺利结婚的男性相比,遭遇成婚困难的已婚男性的劣势地位主要表现在自身较差的非经济特征和父母较差的经济状况,但他们自身经济上并不处于劣势地位;而遭遇成婚困难的未婚男性则在个人经济和非经济特征、家庭特征和村庄特征方面都处于劣势地位。

第六,总体上看,夫妻的年龄匹配特征和教育匹配特征均表现出同质婚和在此基础上的"男高女低"特征,但当地婚姻市场状况和个人在婚姻市场中的地位扩大了夫妻年龄和教育差异,削弱了夫妻间的同类匹配程度。一方面,夫妻之间的年龄和教育匹配方式表现出同类匹配和男性略高于女性的趋势。已婚男性的平均初婚年龄为 22.9 岁,比配偶高出 1.5 岁;将夫妻年龄差在 2 岁以内的婚姻视为年龄"同质婚",则七成的已婚男性实施了年龄"同质婚"。半数以上的男性选择教育程度与自己相同的女性结婚,且已婚男性的受教育程度为初中、高中、大专的比例均高于配偶,而文盲和小学的比例均低于配偶。另一方面,个人在婚姻市场中的地位和当地婚姻市场状况对夫妻的年龄和教育匹配程度产生了显著的影响。就成婚困难经历来看，有过成婚困难的经历降低了夫妻之间"同质婚"发生的概率，并拉大了夫妻之间的年龄或教育差异；就当地婚姻市场状况来看，村庄里外出务工人口规模大、男性外出人口比例高，增加了村庄男性对可婚女性资源的吸引力，并有助于巩固夫妻的年龄同类匹配模式，缩小夫妻间的年龄差异；从村庄所属的地域来看，中部和西部村庄由于地理位置较差、经济较落后，不利于男性实现教育同类匹配的婚姻，进一步拉大了夫妻之间的教育差异。

第七，对婚姻挤压下未婚男性婚姻策略的实证研究表明，婚娶有婚史女性、婚娶残疾女性以及接受入赘婚姻，正在成为农村未婚男性潜在的婚姻策略，其中处于不利婚姻市场或在婚姻市场中处于劣势地位的未婚男性明显表现出降低择偶标准的应对策略。从个人在婚姻市场中的地位来看，在初婚市场上的地位处于劣势，如年龄较高、遭遇过成婚困难和当前没有女朋友的未婚男性，更倾向于降低择偶标准，实施宽容、灵活的婚姻策略。当地婚姻市场特征中，处于可婚女性资源短缺村庄的未婚男性更可能降低择偶标准、实施灵活的婚姻策略，以增加婚姻机会；村庄相对规模较大的大龄未婚男性，更倾向于接受有婚史女性；经济较落后的中部和西部村庄的未婚男性，表现出对婚娶残疾女性更为宽容的接纳的态度；男性外出务工者比例高的村庄，未婚男性更不倾向于接受入赘婚姻；在经济较落后的中部和西部村庄里，未婚男性倾向于实施更为灵活的婚姻策略。

第八，对已婚男性实际婚姻策略和未婚男性潜在婚姻策略的分析均表明，降低择偶标准是农村男性应对婚姻挤压和自身在婚姻市场中的劣势地位、增加结婚机会的重要应对策略。对已婚男性的教育匹配和年龄匹配的分析结果初步反映了处于不利婚姻市场和在婚姻市场中处于劣势地位的男性表现出降低"同质婚"的倾向和明显的缔结"异质婚"的倾向。而对未婚男性潜在婚姻策略的分析结果明显地反映了处于不利婚姻市场和在婚姻市场中处于劣势地位的未婚男性表现出降低择偶标准、实施灵活的婚姻策略的倾向。由于与20世纪80年代以来出生队列出生性别比相比，1990年以后我国出生性别比偏离正常水平程度更高，因此未来随着1990年以来出生队列的过剩男性进入婚姻市场，中国婚姻挤压的程度将进一步加重，这将进一步对农村男性的婚姻策略和夫妻匹配方式产生影响，夫妻之间的同类匹配模式将受到挑战。

第九，在婚姻挤压背景下，个人在婚姻市场中的地位和策略不但受到个人和家庭层次因素的影响，也受到当地婚姻市场人口、迁移和地域特征的制约。首先，村庄大龄未婚男性相对规模是反映村庄男性过剩程度的重要指标；村庄人口外出务工规模是反映从事非农业劳动比例和村庄经济水平的重要指标。对这两个指标的分析结果表明，当地婚姻市场上较大的过剩男性规模，使得农村男性在婚姻市场中更容易处于劣势地位，并进一步使他们更倾向于降低择偶标准；而外出务工人口规模的影响则是相反的，村庄外出人口规模较大，意味着村庄从事非农业劳动人口的比例较大，整体经济水平较高，并使得村庄男性在婚姻市场中处于较优势地位，他们更不愿意降低择偶标准。其次，村庄的地域分布特征是反映村庄经济状况和人口性别结构的重要指标。但是村庄地域分布变量对婚姻市场地位和测量的影响只得到部分验证，这一方面可能反映了村庄地域分布与人口迁移和婚龄性别结构状况的高相关性。当前中国农村人口迁移总体上表现出自西向东迁移的趋势，婚龄性别结构也表现出西部女性短缺更为严重的特征。另一方面，当前农村婚姻挤压规模较小，挤压程度也较轻；未来伴随着婚姻挤压程度的加重，如果经济发展水平和人口迁移的地区差异不能缩小，西部农村可能面临更严重的婚姻挤压，西部农村男性在婚姻市场中的地位会进一步降低，他们可能实施更为灵活的、应对性的婚姻策略。这可能会进一步加剧不合法婚姻，如拐卖妇女、买卖婚姻和骗婚等的发生。

11.2　主要贡献

本书通过理论分析和实证研究，在以下五个方面取得突破：

第一，从多个视角和纬度，探讨和揭示男性婚姻挤压的特征和后果。由于20世纪80年代以来出生队列的过剩人口刚刚进入婚育年龄，男性婚姻挤压现象初现端倪，婚姻挤压的多数后果尚未较大范围出现，因此对婚姻挤压及其后果的研究虽然已经展开，但多数研究是对某些方面后果的研究，缺乏全面系统性。本书分别从历史、宏观和微观风险、村庄社区角度出发，全面分析了男性婚姻挤压现象及其社会后果。本研究有利于更直接、深入地探析婚姻挤压现象以及已经或即将出现的安全后果，发现和揭示性别失衡后果的一般规律；并有利于政府和社会提前采取积极有效的针对性措施消除性别失衡和婚姻挤压的影响，阻止社会安全风险事件的发生。

第二，修正了经典的婚姻寻找理论分析框架，提出了适用于中国农村婚姻挤压和普婚文化情境的婚姻市场地位和婚姻策略分析框架。婚姻挤压下中国农村男性的择偶和婚姻是一个较新的研究领域，相关研究缺乏理论的指导。本书引入了适用于分析西方欧美国家婚姻市场不均衡下女性择偶偏好和行为的婚姻寻找理论，并将该理论的分析框架与中国农村特殊的婚姻实践和文化相结合；通过纳入中国婚姻情境，对西方婚姻寻找理论分析框架进行修正和中国化，提出反映中国婚姻挤压和婚姻缔结独特性的包括当地婚姻市场、个人和家庭特征层次的，从个人在婚姻市场中的地位到婚姻策略的理论分析框架。

第三，在对个人的婚姻市场地位的指标量化的基础上，发现了婚姻挤压下男性在婚姻市场中的地位特征。本书研究发现，农村男性在婚姻市场中的地位因婚姻状况、恋爱状况和成婚困难经历的不同，而表现出高低不同的等级：已婚男性的婚姻市场地位明显高于未婚男性，其中顺利结婚的已婚男性的地位最高，其次是遭遇过成婚困难的已婚男性；当前没有女朋友的未婚男性的婚姻市场地位最低，其次是当前有女朋友的未婚男性。就影响因素来看，已婚男性和未婚男性之间的差异最大，未婚男性在当地婚姻市场状况、个人和家庭特征等方面均差于已婚男性。

第四，研究发现了婚姻挤压下中国农村男性的实际婚姻策略，揭示了婚姻挤压下农村男性的夫妻年龄和教育匹配模式。婚姻交换理论和婚姻寻找理论就"同类匹配"原则是否适用于不均衡的婚姻市场存在较大分歧。本书研究发现，在中国农村婚姻挤压的情境下，婚姻交换理论和婚姻寻找理论均不同程度地发挥作用，即男性婚姻的缔结总体上仍然遵循着"同类匹配"的原则，但这一原则受到当地婚姻市场状况和个人在婚姻市场中的地位的挑战。有利的婚姻市场特征和个人在婚姻市场中的优势地位，有利于缩小夫妻之间的年龄或教育差异，增加实现同质婚的概率；而不利的婚姻市场特征和个人在婚姻市场中的劣势地位，降低了男性实现同质婚的概率，扩大了夫妻之间的年龄或教育差异。

第五，研究发现了婚姻挤压下中国农村未婚男性的潜在婚姻策略的模式。本书突破了之前关于择偶偏好的研究忽视对婚姻市场特征的考虑，发现婚姻挤压下农村男性对婚娶有婚史女性、婚娶残疾女性和对入赘婚姻表现出较高的宽容和接受度，其中对婚娶有婚史女性的接纳程度最高，而对婚娶残疾女性的接纳程度最低。未婚男性对上述三类婚姻策略的态度和策略的灵活性受到婚姻市场状况和他们在婚姻市场中地位的显著影响，即为了增加结婚机会，那些处于不利婚姻市场和在婚姻市场中处于劣势地位的农村男性，表现出降低择偶标准、实施灵活多样的婚姻策略的倾向。这意味着未来随着过剩男性规模的进一步扩大，农村男性的婚姻行为将发生改变，农村男性婚娶有婚史女性或残疾女性，或入赘到女方家庭的比例将显著增加。

11.3 政策建议

基于本书的主要发现，本书提出缓解农村男性结婚压力的政策建议：

第一，深入推行国家"关爱女孩行动"，引导农村居民树立科学合理的生育观念，是综合治理性别失衡问题和消除男性婚姻挤压的根本之道。由于婚姻挤压的本质是长期出生性别比偏高所引起的性别结构失衡，尤其是婚龄人口性别结构失衡，因此虽然促进人口出生性别比恢复到正常水平并不能减少已经出生的过剩男性，但却是消除婚姻挤压、减轻婚姻挤压程度和缩短婚姻挤压的持续时间、创造性别平衡的婚姻市场环境的长远战略。因此，各级政府有必要采取各种措施以促进"关爱女孩行动"的顺利开展；与此同时，加强新型生育文化建设，在全社会进行"男孩偏好与婚姻后果"教育，使人们认识到男孩偏好的严重后果，促使"无偏好"生育观念的形成；尤其要做好基层农村性别教育工作，积极促使农村居民形成性别平等观念，从根源上保护女性的生存与发展权利。

第二，加快中西部地区经济发展步伐，缩小地区间经济发展不平衡，引导农村人口合理流动，为农村男性创造公平、机会均等的婚姻市场环境。本书研究发现，在经济发展区域不平衡背景下，西部农村地区由于经济发展水平较低，难以留住或吸引可婚女性，而东部农村较好的经济前景则吸引了大量的女性通过婚姻迁移的方式实现了从西部贫困农村地区向东部经济较发达农村地区的流动。这一婚姻迁移改变了婚龄人口性别结构的地区分布，使得婚姻挤压的后果不再由实施性别选择的人口承担，而是主要由经济贫困地区的农村男性承担；中西部农村男性难以获得公平、均等的结婚机会，面临着经济和婚姻的双重"贫困"。因此，缩小地区经济发展差距，引导农村人口合理流动，不仅有利于提升西部地区农村男性在婚姻市场中的竞争力，更有利于创造一个机会均等、公平的婚姻市场环境。

第三，在加大对农村男性技能培训和就业的支持力度的同时，优先考虑大龄未婚男性的需求。本书分析发现，经济上的劣势是农村男性在婚姻市场上处于劣势地位的重要原因。因此他们在物质生活和成婚能力方面均处于弱势，是名副其实的弱势群体。加大对大龄未婚男性技能培训和就业、创业的支持力度，如为具有劳动能力的大龄未婚男性提供免费的劳动技能培训、因地制宜鼓励他们发展地方特色产业、为其提供就业信息和途径，不但有利于改善他们的经济状况，也有利于提高他们在婚姻市场中的竞争力。

第四，鼓励婚姻观念的转变，倡导新型婚姻观念与习俗，以部分缓解农村男性结婚压力。招赘婚姻等一些不同于传统"男婚女嫁"的婚姻形式有利于男孩偏好的弱化和性别平等的实现，也有利于为未婚男性提供结婚机会，缓解婚姻市场上的男性过剩压力。因此，应倡导科学的择偶观，消除人们对女性再婚和招赘婚姻的歧视和偏见，鼓励离异或丧偶女性再婚、农村男性接受招赘婚姻，培育包括"招赘婚姻"在内的多样化婚姻形式进入农村婚姻市场的主流。与此同时，采取切实的政策，保障再婚女性和入赘男性在土地、继承、政治参与等方面的基本权益不受损害。

11.4　进一步研究

本书利用百村系列调查数据，对婚姻挤压下农村男性在婚姻市场中的地位、已婚男性的实际婚姻策略和未婚男性的潜在婚姻策略进行了较为系统、深入的分析，并验证了中国情境下婚姻寻找理论分析框架，取得了一些有价值的发现，但也存在着一定的局限性。本书的局限性和未来进一步的研究工作包括：

第一，本书只关注了男性在婚姻市场中的地位和婚姻策略，并未涉及对女性的研究。由于婚姻是两性结合和家庭的组建，女性作为婚姻市场中的重要参与者，她们的婚姻观念和策略同样值得关注。因此对婚姻挤压下农村家庭和婚姻的研究，同时应该考虑对女性这一婚姻市场主体的研究。

第二，伴随着大规模的农村流动人口流入城市，处于婚姻和生育年龄的新生代农民工正在成为农民工的主体。与留守在农村的农民相比，他们的生活工作环境和经济状况发生了较大的改变，他们的择偶和婚姻缔结既受到家乡因素的影响，又受到所在城市和行业的影响。虽然本书纳入了流动因素，并初步发现流动因素有利于提高男性个人在婚姻市场中的地位，但受数据的限制，本书未能从人口迁移角度出发，专门探讨女性缺失背景下新生代农民工群体的择偶和婚姻缔结。未来的研究可以考虑进一步关注城市新生代农民工群体的择偶和婚姻策略。

参考文献

〔美〕贺萧：《危险的愉悦——20 世纪上海的娼妓问题与现代性》，江苏人民出版社，2003。

柏桦：《从收继婚风俗看明代的律例》，《北京行政学院学报》2003 年第 3 期。

卞利：《明清时期婚姻立法的调整与基层社会的稳定》，《安徽大学学报》2005 年第 6 期。

常建华：《明代溺婴问题初探》，《中国社会历史评论》第四辑，商务印书馆，2002。

常建华：《清代的国家与社会研究》，人民出版社，2006。

陈巧：《不同时期婚姻配对模式的变化趋势》，上海社会科学院，2010。

陈向明：《质的研究方法与社会科学研究》，教育科学出版社，2000。

陈友华、吕程：《剩女：一个建构失实的伪命题》，《学海》2011 年第 5 期。

陈友华：《中国和欧盟婚姻市场透视》，南京大学出版社，2004。

丁仁能：《中国男人能指望到国外"淘"老婆吗》，《中国青年报》2006 年 11 月 15 日。

东南快报：《去年破获十大要案，40 多名妇女被拐做农妇》，2009 年 2 月 26 日，http://www.dnkb.com.cn/archive/info/20090226/084931892.html。

风笑天：《农村外出打工青年的婚姻与家庭：一个值得重视的研究领域》，《人口研究》2006 年第 5 期。

甘琳琳：《当代中国人的择偶偏好及其影响因素》，华中师范大学硕士学位论文，2007。

葛剑雄等：《中国人口史》，复旦大学出版社，2000。

贵州都市报：《贵州光棍村调查：2100 多人村庄有 290 个光棍汉》，2007 年 7 月 2 日，http：//gzdsb. gog. com. cn/system/2007/07/02/010079924. shtml。

桂华、余练：《婚姻市场要价：理解农村婚姻交换现象的一个框架》，《青年研究》2010 年第 3 期。

郭松义：《清代妇女的守节和再嫁》，《浙江社会科学》2001 年第 1 期。

郭松义： 《清代 403 宗民刑案例中的私通行为考察》，《历史研究》2003a 年第 3 期。

郭松义：《从赘婚地位看入赘婚的家庭关系——以清代为例》，《明清史》2003b 年第 1 期。

郭松义：《〈清代女史〉概述》，中华文史网，2006 年，http：//www. historychina. net/qsyj/wxda/qszs/2009 – 11 – 12/4048. shtml。

郭未、解韬：《中国听力残疾人口的婚姻状况及其影响因素分析》，《中国人口科学》2009 年第 3 期。

郭细英、肖良平：《论收买被拐卖的妇女、儿童犯罪形成原因及对策》，《江西教育学院学报》2007 年第 6 期。

郭玉峰、王贞：《中国古代的贞节：并非仅对女性的规范》，《天津师范大学学报》2002 年第 5 期。

郭志刚、邓国胜：《中国婚姻拥挤研究》，《市场与人口分析》2000 年第 3 期。

国家统计局：《第六次全国人口普查主要数据发布》，2011 年 4 月 28 日，http：//www. stats. gov. cn/tjfx/jdfx/t20110428402722238. htm。

韩婷婷：《中国婚姻教育匹配度的变化趋势及其影响因素研究》，山东大学硕士学位论文，2010。

赫剑梅：《保安族乡村场域里的婚姻策略》，西北民族大学硕士学位论文，2008。

侯春燕：《近代山西婚嫁论财现象的社会文化环境》，《晋阳学刊》2003年第4期。

胡双喜、易婷婷：《影响农民工择偶的因素及对策分析》，《全国商情》2008年第8期。

加里·斯坦利·贝克尔：《家庭论》，商务印书馆，2005。

姜全保、果臻、李树茁：《中国未来婚姻挤压研究》，《人口与发展》2010年第3期。

姜全保、李波：《性别失衡对犯罪率的影响研究》，《公共管理学报》2011年第1期。

姜涛：《中国近代人口史》，浙江人民出版社，1993。

靳小怡、郭秋菊、刘利鸽、李树茁：《中国的性别失衡与公共安全——百村调查及主要发现》，《青年研究》2010年第5期。

靳小怡、郭秋菊：《农村大龄未婚男性的代际经济支持研究》，《西北人口》2011年第4期。

靳小怡、李成华、李艳：《性别失衡背景下中国农村人口的婚姻策略与婚姻质量——对X市和全国百村调查的分析》，《青年研究》2011年第6期。

乐国安、陈浩、张彦彦：《进化心理学择偶心理机制假设的跨文化检验》，《心理学报》2005年第4期。

李德：《转型期城市农民工的婚姻策略》，上海大学博士学位论文，2008。

李建新：《中国人口结构问题》，社会科学文献出版社，2009。

李树茁、陈盈晖、杜海峰：《中国的性别失衡与社会可持续发展——一个跨学科的研究范式与框架》，《西安交通大学学报》（社会科学版）2009年第6期。

李树茁、姜全保、费尔德曼：《性别歧视与人口发展》，社会科学文献出版社，2006。

李树茁、靳小怡等：《当代中国农村的招赘婚姻》，社会科学文献出版社，2006。

李树茁、韦艳、任锋：《国际视野下的性别失衡与治理》，社会科学文献出版社，2010。

李卫东、胡莹：《未婚男性农民工心理失范的调查研究》，《西安交通大学学报》（社会科学版）2012年第1期。

李艳、李树茁：《中国农村大龄未婚男青年的压力与应对——河南YC区的探索性研究》，《青年研究》2008年第11期。

李银河：《当代中国人的择偶标准》，《中国社会科学》1989年第6期。

李煜、陆新超：《择偶配对的同质性与变迁——自致性与先赋性的匹配》，《青年研究》2008年第6期。

李煜、徐安琪：《择偶模式和性别偏好研究》，《青年研究》2004年第10期。

李煜：《婚姻的教育匹配：50年来的变迁》，《中国人口科学》2008年第3期。

李煜：《婚姻匹配的变迁：社会开放性的视角》，《社会学研究》2011年第4期。

李志宏：《北京市夫妇年龄差分析》，《市场与人口分析》2004年第5期。

李中清、王丰：《人类的四分之一：马尔萨斯的神话和中国的现实》，生活·读书·新知三联书店，2000。

连成亮：《山西长治：新婚九天，七个买来的媳妇全跑了》，2009年4月16日，http://www.sx.chinanews.com.cn/news/2009/0416/5081.html。

林明鲜、申顺芬：《婚姻行为中的资源与交换——以延边朝鲜族女性的涉外婚姻为例》，《人口研究》2006年第3期。

凌杨：《外出务工成为河南农村家庭主要收入来源》，人民网，2009年2月25日，http://henan.people.com.cn/news/2009/02/25/367024.html。

刘翠溶：《明清时期家族人口与社会经济变迁》，台北：中央研究院经济研究所，1982。

刘达临：《中国古代性文化》，宁夏人民出版社，1993。

刘娟、赵国昌：《城市两性初婚年龄模式分析——基于中国综合社会调查 2005 年度数据》，《人口与发展》2009 年第 4 期。

刘利鸽、靳小怡、姜全保、李树茁：《明清时期男性失婚问题及其治理》，《浙江社会科学》2009 年第 6 期。

刘利鸽、靳小怡：《社会网络视角下中国农村成年男性初婚风险的影响因素分析》，《人口学刊》2011 年第 2 期。

刘利鸽、靳小怡：《中国农村未婚男性的婚姻策略分析》，《西安交通大学学报》（社会科学版）2012 年第 1 期。

刘爽、郭志刚：《北京市大龄未婚问题的研究》，《人口与经济》1999 年第 4 期。

刘新慧：《试论林爽文起义后清廷的善后措施》，《中国社会科学院研究生院学报》2001 年第 5 期。

刘中一：《婚龄性别比失衡对社会运行和发展的影响——来自吉林省延边朝鲜族自治州农村地区的调查分析》，《东疆学刊》2005a 年第 4 期。

刘中一：《大龄未婚男性与农村社会稳定》，《青少年犯罪问题》2005b 年第 5 期。

刘中一：《一个村庄给我们的启示》，《中国国情国力》2005c 年第 11 期。

刘中一：《家庭在场：一个华北乡村的婚姻策略》，《北京行政学院学报》2011 年第 2 期。

柳建平、张永丽：《劳动力流动对贫困地区农村经济的影响》，《中国农村观察》2009 年第 3 期。

吕峻涛：《中国西部农村性贫困调查》，《中国作家》2006 年第 19 期。

马健雄：《性别比，婚姻挤压与妇女迁移——以拉祜族和佤族之例看少数民族妇女的婚姻迁移问题》，《广西民族学院学报》（哲学社会科学版）2004 年第 4 期。

莫丽霞：《出生人口性别比升高的后果研究》，中国人口出版社，2005。

倪晓锋：《中国大陆婚姻状况变迁及婚姻挤压问题分析》，《南方人口》2008 年第 1 期。

潘金洪：《出生性别比失调对中国未来男性婚姻挤压的影响》，《人口学刊》2007 年第 2 期。

潘晓明、何光荣：《花甲老汉不安分住宅变"青楼"卖淫女子部分已成家》，2008 年 10 月 29 日，http：//www. gxnews. com. cn/staticpages/20081029/newgx4907a7b1 - 1735229. Shtml。

彭远春：《贫困地区大龄青年婚姻失配现象探析》，《青年探索》2004 年第 6 期。

邱幼云：《理性选择视角下初婚者择偶标准的性别差异——以对厦门市的调查为例》，《青海师范大学学报》（哲学社会科学版）2009 年第 3 期。

申端锋：《农村青年单身问题的个案分析》，《中国青年研究》2006 年第 2 期。

沈文捷：《城乡联姻造就城市新移民探析》，《南京财经大学学报》2007 年第 3 期。

施丽萍：《传统婚配空间挤压下的高学历女性择偶观念研究》，复旦大学硕士学位论文，2010。

石人炳：《中国离婚丧偶人口再婚差异性分析》，《南方人口》2005 年第 3 期。

宋宝安、姜丽：《东北三省农村残疾人口的婚姻状况及其影响因素分析》，《兰州学刊》2012 年第 1 期。

宋立中：《婚嫁论财与婚娶离轨——以清代江南为中心》，《社会科学战线》2003 年第 6 期。

宋立中：《论明清江南婚嫁论财风尚及其成因》，《江海学刊》2005 年第 2 期。

苏全有、曹风雷：《晚清时期永城婚俗述略》，《焦作师范高等专科学校学报》2005 年第 2 期。

孙江辉：《男女性别比失衡与违法犯罪问题研究》，中国政法大学硕士学位论文，2006。

孙龙：《当代中国拐卖人口犯罪研究》，华东政法学院硕士学位论文，2004。

田峰：《近代江南婚嫁论财风及其负面影响》，《福建省社会主义学院学报》2001 年第 2 期。

田晓虹：《转型期择偶模式的实态与变化》，《浙江学刊》2001 年第 1 期。

王朝净：《婚姻挤压条件下择偶标准确立的经济学分析》，河北大学硕士学位论文，2009。

王金玲：《浙江农民异地联姻新特点》，《社会学研究》1992 年第 4 期。

王淇：《辽西农村骗婚事件调查》，2009 年 5 月 22 日，http：//www.lnfzb. com/News, 2009, 5, 22, 15619, 80. shtml。

王瑞平：《一夫多妻制与中国古代社会》，《光明日报》2007 年 1 月 21 日。

王晓霞：《清代陕南招赘婚初探》，《陕西理工学院学报》2005 年第 4 期。

王跃生：《清代中期妇女再婚的个案分析》，《中国社会经济史研究》1999 年第 1 期。

王跃生：《十八世纪后期中国男性晚婚及不婚群体的考察》，《中国社会经济史研究》2001a 年第 2 期。

王跃生：《18 世纪中国婚姻论财中的买卖性质及其对婚姻的作用》，《中国经济史研究》2001b 年第 1 期。

王跃生：《清代中期婚姻行为分析》，《历史研究》2002 年第 6 期。

王跃生：《清代中期婚姻冲突透析》，社会科学文献出版社，2003。

王志强：《清代的丧娶、收继及其法律实践》，《中国社会科学》2000 年第 6 期。

王卓：《中国婚姻挤压定量研究》，吉林大学硕士学位论文，2007。

韦艳、张力:《农村大龄未婚男性的婚姻困境:基于性别不平等视角的认识》,《人口研究》2011 年第 5 期。

吴存存:《明中晚期社会男风流行状况叙略》,《中国文化》2001 年第 17、18 期。

吴菲:《中国的教育异质婚及户口异质婚》,复旦大学硕士学位论文,2010。

吴志强:《"换亲"现象不容忽视》,《江苏统计》1995 年第 5 期。

喜蕾:《宗法制度下中国古代多妻制的本质》,《内蒙古教育学院学报》1999 年第 3 期。

肖富群:《城市白领大龄青年未婚的社会原因》,《当代青年研究》2007 年第 1 期。

肖倩:《清代江西民间溺女与童养》,《无锡轻工大学学报》2001 年第 3 期。

肖倩:《清代江西溺女风俗中的"奢嫁"问题》,《江南大学学报》(人文社会科学版)2005 年第 4 期。

新华网: 《外出务工收入可观——河南千万农民为何流向他乡》,http://news. xinhuanet. com/focus/2004 - 09/07/content_ 1940803_ 3. htm。

新生代农民工基本情况研究课题组:《新生代农民工的数量、结构和特点》,《数据》2011 年第 4 期。

徐安琪:《青年择偶过程:转型期的嬗变》,《青年研究》2004 年第 1 期。

徐文彬、潘莱阳:《清代福建育婴事业初探》,《福建史志》2006 年第 4 期。

徐晓望:《从溺婴习俗看福建历史上的人口自然构成》,《福建论坛》2003 年第 2 期。

阎云翔:《礼物的流动:一个中国村庄的互惠原则与社会网络》,上海人民出版社,2000。

杨剑利:《近代华北地区的溺女习俗》,《北京理工大学学报》2003 年第 4 期。

杨筠：《西南少数民族婚姻迁移问题研究》，《新疆农垦经济》2008 年第 2 期。

杨筑慧：《西南少数民族妇女外流与传统社会文化》，《中央民族大学学报》2008 年第 2 期。

叶超：《择偶偏好性别差异："结构性资源假设"的验证》，华东师范大学硕士学位论文，2011。

叶文振、林擎国：《中国大龄未婚人口现象存在的原因及对策分析》，《中国人口科学》1998 年第 4 期。

叶妍、叶文振：《流动人口的择偶模式及其影响因素——以厦门市流动人口为例》，《人口学刊》2005 年第 3 期。

易翠枝、赵小仕：《婚姻市场的教育匹配与分层及其经济影响》，《商业时代》2007 年第 11 期。

曾毅、王德明：《上海，陕西，河北三省市女性再婚研究》，《中国人口科学》1995 年第 5 期。

张超：《民国时期娼妓问题研究》，武汉大学博士学位论文，2005。

张春汉、钟涨宝：《农村大龄未婚青年成因分析——来自湖北潜江市 Z 镇 Y 村的个案分析》，《青年婚恋》2005 年第 1 期。

张建民：《论清代溺婴问题》，《经济评论》1995 年第 5 期。

张乐：《"男女性别比悬殊"取代"控制人口增长"成中国人口工作最新难题》，新华网，2012 年 4 月 14 日，http：//news. xinhuanet. com/society/2012 - 04/13/c_ 111778327. htm。

张雷、雷雳、郭伯良：《多层线性模型应用》，教育科学出版社，2003。

张萍：《从征婚启事看我国城镇大龄未婚男女择偶标准的差异》，《社会学研究》1989 年第 2 期。

张萍：《明清徽州文书中所见的招赘与过继》，《安徽史学》2005 年第 6 期。

张研、毛立平：《19 世纪中期中国家庭的社会经济透视》，中国人民大学出版社，2003。

张翼：《中国阶层内婚制的延续》，《中国人口科学》2003 年第 4 期。

赵白鸽：《抓住机遇扎实工作肩负起综合治理出生人口性别比的历史使命》，在全国关爱女孩行动工作培训会议上的讲话，2006 年 10 月 26 日，http：//www. gov cn/ gzdt/2006 – 10/30/content_ 427567htm。

赵克生：《中国历史上的断指现象》，《中州学刊》2004 年第 4 期。

证券时报网：《去年农民工总量25278 万，同比增4.4%》，2012 年 1 月 17 日，http：//kuaixun. stcn. com/content/2012 – 01/17/content_ 4488415. htm。

郑杭生、李强：《社会运行导论：有中国特色的社会学基本理论的一种探索》，中国人民大学出版社，1993。

郑晓丽：《贫困山区大龄青年成家难现象探析》，《中国青年研究》2008 年第 1 期。

中华人民共和国国家统计局：《2008 年国民经济和社会发展统计公报》，2009 年 2 月 26 日。

中华人民共和国国家统计局：《2010 年第六次全国人口普查主要数据公报（第 1 号）》，2010 年 4 月 28 日。

周炜丹：《中国配偶年龄差初步研究》，《南方人口》2009 年第 1 期。

周育民、邵雍：《中国帮会史》，上海人民出版社，1993。

朱力：《失范的三维分析模型》，《江苏社会科学》2006 年第 4 期。

朱荣成、季德胜：《头发花白的六旬老翁竟干起介绍、容留妇女卖淫的勾当》，2007 年 1 月 8 日，http：//news. qq. com/a/20070108/001310. htm。

左松涛：《试论清代色情业的发展与政府应对》，《福建论坛》2003 年第 4 期。

Avery, R. , F. Goldscheider, and A. Speare. 1992. "Feathered nest/gilded cage: Parental income and leaving home in the transition to adulthood". *Demography* 29（3）: 375 – 88.

Banister, Judith. 2004. "Shortage of girls in China today". *Journal of Population Research* 21（1）: 19 – 45.

Bankston III, C. L. , and J. Henry. 1999. "Endogamy among Louisiana Cajuns: A social class explanation". *Social forces* 77 (4): 1317 –38.

Barham, V. , R. A. Devlin, and J. Yang. 2009. "A theory of rational marriage and divorce". *European Economic Review* 53 (1): 93 –106.

Becker, G. 1981. *A treatise on the family*. Massachusetts: Harvard University Press.

Bergstrom, T. C. 1997. "A Survey of theories of the family". In *Handbook of Population and Family Economics*, edited by Mark R. Rosenzweig, and Oded Stark, pp. 21 –80. The Netherlands: North-Holland Elsevier Science.

Bernard, J. S. 1966. *Marriage and family among Negroes*. Englewood Cliffs, NJ: PrenticeHall.

Birkelund, G. E. , and J. Heldal. 2003. "Who marries whom? Educational homogamy in Norway". *Demographic Research* 8 (1): 1 –30.

Blau, Francine D. , Lawrence M. Kahn, and Jane Waldfogel. 2000. "Understanding young women's marriage decisions: The role of labor and marriage market conditions". *Industrial and Labor Relations Review* 53 (4): 624 –47.

Blau, P. M. , C. Beeker, and K. M. Fitzpatrick. 1984. "Intersecting social affiliations and intermarriage". *Social forces* 62 (3): 585 –606.

Bossen, Laurel. 2007. "Village to distant village: The opportunities and risks of long – distance marriage migration in rural China". *Journal of Contemporary China* 16 (50): 97 –116.

Brien M. J. , L. A. Lillard. 1994. "Education, marriage, and first conception in Malaysia". *Journal of Human Resources* 29 (4): 1167 –1204.

Broderick, C. B. 1971. *A decade of family research and action, 1960 – 1969*. National Council on Family Relations.

Buss, David M. 1989. "Sex differences in human mate preferences: Evolutionary hypotheses tested in 37 cultures". *Behavioral and Brain Sciences* 12 (1): 1 –49.

Buss, David M. , and Michael Barnes. 1986. "Preferences in human mate selection". *Journal of Personality and Social Psychology* 50 (3): 559 – 70.

Buss, David M. , T. K. Shackelford, L. A. Kirkpatrick, and R. J. Larsen. 2001. "A half century of mate preferences: The cultural evolution of values". *Journal of Marriage and Family* 63 (2): 491 – 503.

Buunk, B. P. , P. Dijkstra, D. T. Kenrick, and A. Warntjes. 2001. "Age preferences for mates as related to gender, own age, and involvement level". *Evolution and Human Behavior* 22 (4): 241 – 50.

Cai, Y. , and W. Lavely. 2003. " China's missing girls: Numerical estimates and effects on population growth". *The China Review* 3 (2): 13 – 29.

Callister, Paul. 2006. "The Potential effect of changes in sex ratios on the 'marriage marke', fertility and employment: A review of theory and evidence". Working paper.

Celikaksoy, A. , H. S. Nielsen, and M. Verner. 2006. " Marriage migration: Just another case of positive assortative matching?" *Review of Economics of the Household* 4 (3): 253 – 75.

Chen, F. , and G. Liu. 2009. "Population aging in China". In *International Handbook of Population Aging*, edited by Peter Uhlenberg, pp. 157 – 72. Dordrecht: Springer.

Chiswick, B. R. , and C. Houseworth. 2011. "Ethnic intermarriage among immigrants: Human capital and assortative mating". *Review of Economics of the Household* 9 (2): 149 – 80.

Coale, A. J. 1991. "Excess female mortality and the balance of the sexes in the population: An estimate of the number of 'missing females'". *Population and Development Review* 17 (3): 517 – 23.

Cropanzano, R. , and M. S. Mitchell. 2005. "Social exchange theory: An interdisciplinary review". *Journal of Management* 31 (6): 874 – 900.

Crowder, K. D. , and S. E. Tolnay. 2000. "A new marriage squeeze for black women: The role of racial intermarriage by black men". *Journal of Marriage and the Family* 62 (3): 792 – 807.

Dalmia, Sonia. 2004. "A hedonic analysis of marriage transactions in India: Estimating determinants of dowries and demand for groom characteristics in marriage". *Research in Economics* 58 (3): 235 – 255.

Darity Jr, W. A. , and S. L. Myers Jr. 1995. "Family structure and the marginalization of Black men: Policy implications". In *The decline in marriage among African Americans: Causes, consequences, and policy implications*, edited by M. BelindaTucker, and Claudia Mitchell-Kernan, pp. 263 – 308. New York: Russell Sage Foundation.

Das Gupta, Monica, Avraham Ebenstein, and Ethan Jennings Sharygin. 2010. "China's marriage market and upcoming challenges for elderly men". *Policy Research Working Paper* 5351, *World Bank*.

Davin. 2007. "Marriage migration in China and East Asia". *Journal of Contemporary China* 16 (50): 83 – 95.

Davin, D. 2005a. "Marriage migration in China". *Indian Journal of Gender Studies* 12 (2 – 3): 173 – 188.

Davin, D. 2005b. "Women and migration in contemporary China". *China Report* 41 (1): 29 – 38.

Davis, K. 1941. "Intermarriage in Caste Societies 1". *American Anthropologist* 43 (3): 376 – 95.

de Sousa Campos, L. , E. Otta, and J. de Oliveira Siqueira. 2002. "Sex differences in mate selection strategies: Content analyses and responses to personal advertisements in Brazil". *Evolution and Human Behavior* 23 (5): 395 – 406.

den Boer, A. , and V. M. Hudson. 2004. "The security threat of Asia's sex ratios". *SAIS Review* 24 (2): 27 – 43.

den Boer, Andrea M. , Valerie M. Hudson. 2011. "Missing women and cycles of violence in China and India". *Unpublished.*

Dreze, J. , and R. Khera. 2000. "Crime, gender, and society in India: Insights from homicide data". *Population and Development Review* 26 (2): 335 – 52.

Dykstra, P. A. 2004. "Who remains unmarried?" *Paper prepared for the symposium ' The never-marrieds in later life: Potentials, problems, and paradoxes' (Organizers: D. A. Chiriboga & L. A. Zettel) at the meeting of the Gerontological Society of America, Washington D. C. :* 19 – 23.

Ebenstein, A. Y. , and E. JenningsSharygin. 2009a. "Bare branches, prostitution, and HIV in China: A demographic analysis". In *Gender Policy and HIV in China*, edited by Joseph D. Tucker, and Dudley L. Poston, pp. 71 – 94. New York: Springer.

Ebenstein, A. Y. , and E. JenningsSharygin. 2009b. "The consequences of the "missing girls" of China". *The world bank economic review* 23 (3): 399 – 425.

Edlund, L. , H. Li, J. Yi, and J. Zhang. 2009. "Sex ratios and crime: Evidence from China". IZA Discussion Paper 3214.

Edwards, J. N. 1969. "Familial behavior as social exchange". *Journal of Marriage and the Family* 31 (3): 518 – 26.

Elder Jr, G. H. 1969. "Appearance and education in marriage mobility". *American Sociological Review* 34 (4): 519 – 33.

Esteve, A. , and R. McCaa. 2008. "Assortative mating patterns in the developing world". IUSSP Seminar on Changing Transitions to Marriage, New Delhi.

Fan, C. Cindy, and L. Li. 2002. "Marriage and migration in transitional China: A field study of Gaozhou, western Guangdong". *Environment and planning A* 34 (4): 619 – 38.

Fan, C. Cindy, and Youqin, Huang. 1998. "Waves of rural brides: Female marriage migration in China". *Annals of the Association of American Geographers* 88 (2): 227 – 51.

Fan, C. Cindy. 1999. "Migration in a socialist transitional economy: Heterogeneity, socioeconomic and spatial characteristics of migrants in China and Guangdong Province". *International Migration Review* 33 (4): 954 – 87.

Fernandez, R. , N. Guner, and J. Knowles. 2005. "Love and money: a theoretical and empirical analysis of household sorting and inequality". *The Quarterly Journal of Economics* 120 (1): 273.

Fletcher, G. , G. Thomas, and R. Durrant. 1999. "Cognitive and behavioral accommodation in close relationships". *Journal of Social and Personal Relationships* 16 (6): 705 – 30.

Fu, V. K. 2001. "Racial intermarriage pairings". *Demography* 38 (2): 147 – 59.

Fu, X. 2008. "Interracial marriage and family socio – economic well – being: Equal status exchange or caste status exchange?" *The Social Science Journal* 45 (1): 132 – 55.

Fu, X. , and T. B. Heaton. 2000. "Status exchange in intermarriage among Hawaiians, Japanese, Filipinos and Caucasians in Hawaii". *Journal of Comparative Family Studies* 31 (1): 45 – 61.

Fu, Xuanning. 2006. "Impact of socioeconomic status on inter-racial mate selection and divorce". *The Social Science Journal* 43 (2): 239 – 58.

Gelissen, John. 2004. "Assortative mating after divorce: A test of two competing hypotheses using marginal models". *Social Science Research* 33 (3): 361 – 84.

Goldman, N. , C. F. Westoff, and C. Hammerslough. 1984. "Demography of the marriage market in the United States". *Population Index* 50 (1): 5 – 25.

Graefe, D. R. , and D. T. Lichter. 2007. "When unwed mothers marry". *Journal of Family Issues* 28 (5): 595 – 622.

Greitemeyer, T. 2007. "What do men and women want in a partner? Are educated partners always more desirable?" *Journal of Experimental Social Psychology* 43 (2): 180 – 94.

Grossbard-Shechtman, S, and C. Amuedo-Dorantes. 2002. "Marriage market imbalances and labor supply of women: A model with competitive markets for wife services and application to US regions". Preliminary Draft and Unpublished.

Grossbard-Shechtman, S. , and X. Fu. 2002. "Women's labor force participation and status exchange in intermarriage: A model and evidence for Hawaii 1". *Journal of Bioeconomics* 4 (3): 241 – 68.

Grossbard-Shechtman, Shoshana. 1993. *On the economics of marriage: A theory of marriage, labor, and divorce.* Boulder: Westview Press.

Grossbard, S. , and C. Amuedo-Dorantes. 2005. "Marriage markets and married women's labor force participation". *Working Papers.*

Gu, Baochang, W. Feng, G. Zhigang, and Z. Erli. 2007. "China's local and national fertility policies at the end of the twentieth century". *Population and Development Review* 33 (1): 129 – 48.

Guilmoto, Christophe Z. 2009. "The sex ratio transition in Asia". *Population and Development Review* 35 (3): 519 – 49.

Gullickson, A. 2006. "Education and black-white interracial marriage". *Demography* 43 (4): 673 – 89.

Gustafsson, S. S. , and S. Y. Worku. 2006. *Marriage markets and single motherhood in South Africa.* No. 06 – 102/3. Tinbergen Institute.

Guttentag, M. , and P. F. Secord. 1983. *Too many women: The sex ratio question.* Sage Publications Beverly Hills.

Guzzo, K. B. 2006. "How do marriage market conditions affect entrance into cohabitation vs. marriage?" *Social Science Research* 35 (2): 332 – 55.

Harknett, K. 2008. "Mate availability and unmarried parent relationships". *Demography* 45 (3): 555 – 71.

Heer, D. M. 1974. "The prevalence of black – white marriage in the United States, 1960 and 1970". *Journal of Marriage and the Family*: 246 – 58.

Hesketh, T. 2009. "Too many males in China: the causes and the consequences". *Significance* 6 (1): 9 – 13.

Hesketh, Therese, and WeiXing Zhu. 2006. "Abnormal sex ratios in human populations: Causes and consequences". *Proceedings of the National Academy of Sciences* 103 (36): 13271 – 5.

Homans, G. C. 1958. "Social behavior as exchange". *American Journal of Sociology* 63 (6): 597 – 606.

Hou, F, and J. Myles. 2008. "The changing role of education in the marriage market: Assortative marriage in Canada and the United States since the 1970s". *Canadian Journal of Sociology* 33 (2): 337 – 66.

Hudson, V. M. , and A. den Boer. 2002. "A surplus of men, a deficit of peace: security and sex ratios in Asia's largest states". *International Security* 26 (4): 5 – 38.

Hutchens, R. M. 1979. "Welfare, remarriage, and marital search". *The American Economic Review* 69 (3): 369 – 79.

IRIN. 2012. "Pakistan: Infanticide on the rise". http: //www. eurasiareview. com/04012012 – pakistan-infanticide-on-the-rise/.

Jin, Xiaoyi, Lige Liu, Melissa Brown, and Marcus Feldman. 2011. "Why some rural Chinese men cannot get married at the expected age: A social network perspective". Morrison Institute for Population and Resource Studies Working Paper No. 122, Stanford University.

Jin, Xiaoyi, Lige Liu, Yan Li, Marcus W. Feldman, and Shuzhuo Li. 2013. "Bare branches and the marriage market in rural China: Preliminary evidence from a village-level survey". *Chinese Sociological Review* 46 (1): 83 – 104.

Kalmijn, M, and H. Flap. 2001. "Assortative meeting and mating:

Unintended consequences of organized settings for partner choices". *Social Forces* 79 (4): 1289 – 312.

Kalmijn, M. 1993. "Trends in black/white intermarriage". *Social forces* 72 (1): 119 – 46.

Kalmijn, M. 1991a. "Shifting boundaries: Trends in religious and educational homogamy". *American Sociological Review* 56 (6): 786 – 800.

Kalmijn, M. 1991b. "Status homogamy in the United States". *American Journal of Sociology* 97 (2): 496 – 523.

Wong, Keung, D. Fu, C. Y. Li, and H. X. Song. 2007. "Rural migrant workers in urban China: Living a marginalised life". *International Journal of Social Welfare* 16 (1): 32 – 40.

Kim, D. 2004. "Missing girls in South Korea: Trends, levels and regional variations". *Population (English Edition)* 59 (6): 865 – 878.

Kohrman, M. 1999. "Grooming Que zi: Marriage exclusion and identity formation among disabled men in contemporary China". *American Ethnologist* 26 (4): 890 – 909.

Kye, B. 2008. "Delay in first marriage and first childbearing in Korea: Trends in educational differentials". On – Line Working Paper Series, California Center for Population Research, UC Los Angeles.

Li, X. 2006. "Intra-family gender relations, women's well-being, and access to resources: The case of a northern Chinese village". Ph. D, diss. University of Western Ontario.

Lichter, D. T. , D. K. McLaughlin, G. Kephart, and D. J. Landry. 1992. "Race and the retreat from marriage: A shortage of marriageable men?" *American Sociological Review* 57 (6): 781 – 799.

Lichter, D. T. , F. B. LeClere, and D. K. McLaughlin. 1991. "Local marriage markets and the marital behavior of black and white women". *The American Journal of Sociology* 96 (4): 843 – 67.

Lichter, D. T. , R. N. Anderson, and M. D. Hayward. 1995. "Marriage markets and marital choice". *Journal of Family Issues* 16 (4): 412.

Lige Liu, Xiaoyi Jin, Melissa Brown, Marcus W. Feldman. 2014. "Marriage squeeze and inter-provincial marriage in central China: Evidence from X County". *Journal of Contemporary China* 23 (86): 1 –21.

Liu ts'uijung. 1997. "Historical demography of south China lineages". In *Chinese Historical Microdemography*, edited by Stevan Harrell, pp. 94 – 120. Berkeley and Los Angeles: University of California Press.

Lloyd, K. M. 2006. "Latinas' transition to first marriage: An examination of four theoretical perspectives". *Journal of Marriage and Family* 68 (4): 993 – 1014.

Lloyd, K. M. , and S. J. South. 1996. "Contextual influences on young men's transition to first marriage". *Social forces* 74 (3): 1097 – 119.

McDonald, G. W. 1981. "Structural exchange and marital interaction". *Journal of Marriage and the Family* 43 (4): 825 – 39.

McLaughlin, Diane K. , and Daniel T. Lichter. 1997. "Poverty and the marital behavior of young women". *Journal of Marriage and the Family* 59 (3): 582 – 94.

Meng, L. 2009. "Bride drain: Rising female migration and declining marriage rates in rural China". Working Paper, Xiamen University Department of Economics.

Merton, R. K. 1941. "Intermarriage and the social structure: Fact and theory". *Psychiatry* 4 (3): 361 – 74.

Messner, S. F. , and R. J. Sampson. 1991. "The sex ratio, family disruption, and rates of violent crime: The paradox of demographic structure". *Social Forces* 69 (3): 693 – 713.

Min, Han, and J. S. Eades. 1995. "Brides, bachelors and brokers: The marriage market in rural Anhui in an era of economic reform". *Modern Asian Studies* 29 (4): 841 – 69.

Monahan, Thomas P. 1976. "The occupational class of couples entering into interracial marriages". *Journal of Comparative Family Studies* 7 (2): 175 – 192.

Muhsam, H. V. 1974. "The marriage squeeze". *Demography* 11 (2): 291 – 99.

Muwakkil S. 2006. "Black men: Missing". In *These Times*, March 14.

O'hare, W. 1988. "An evaluation of three theories regarding the growth of black female-headed families". *Journal of Urban Affairs* 10 (2): 183 – 95.

O'hare, W. 1997. "Women's employment and the gain to marriage: The specialization and trading model". *Annual review of sociology*: 431 – 53.

Oppenheimer, V. K. 1988. "A theory of marriage timing". *The American Journal of Sociology* 94 (3): 563 – 91.

Otta, Emma, Renato da Silva Queiroz, Lucila de Sousa Campos, Monika Weronika Dowbor da Silva, and Mariana Telles Silveira. 1999. "Age differences between spouses in a Brazilian marriage sample". *Evolution and Human Behavior* 20 (2): 99 – 103.

Paul, S. 2009. "Inequality, violence and social fragmentation in emerging India". *Unpublished working paper, University of British Columbia.*

Pollet, T. V. , and D. Nettle. 2008a. "Driving a hard bargain: sex ratio and male marriage success in a historical US population". *Biology Letters* 4 (1): 31 – 33.

Porterfield, Ernest. 1978. *Black and White mixed marriages.* Chicago: Nelson-Hall.

Poston, D. L. and Glover, K. 2006. "Marriage market implications for the twenty-first century". In *Fertility, family planning, and population policy in China*, edited by D. L. Poston , C. Lee, C. Chang, S. L. McKibben and C. S. Walther, pp. 175. London: Routledge.

Qian, Z. 1997. "Breaking the racial barriers: Variations in interracial marriage between 1980 and 1990". *Demography* 34 (2): 263 – 76.

Qian, Z. 1998. "Changes in assortative mating: The impact of age and education, 1970 – 1890". *Demography* 35 (3): 279 – 92.

Qian, Z. 1999. "Who intermarries? Education, nativity, region and interracial marriage, 1980 and 1990". *Journal of Comparative Family Studies* 30 (4): 579 – 597.

Raymo, J. M. , and M. Iwasawa. 2005. "Marriage market mismatches in Japan: An alternative view of the relationship between women's education and marriage". *American Sociological Review* 70 (5): 801 – 22.

Raymo, J. M. , and Y. Xie. 2000. "Temporal and regional variation in the strength of educational homogamy". *American Sociological Review* 65 (5): 773 – 81.

Richer, S. 1968. "The economics of child rearing". *Journal of Marriage and the Family* 30 (3): 462 – 66.

Romano, Renee Christine. *Race mixing: Black – white marriage in postwar America.* Harvard University Press, 2009. Poston, D. L. , and K. S. Glover. 2005. "Too Many Males: Marriage Market Implications of Gender Imbalances in China". *Genus* 61 (2): 119 – 40.

Rosenfeld, M. J. 2005. "A critique of exchange theory in mate selection 1". *American Journal of Sociology* 110 (5): 1284 – 325.

Rosenfeld, M. J. , and B. S. Kim. 2005. "The independence of young adults and the rise of interracial and same – sex unions". *American Sociological Review* 70 (4): 541 – 62.

Sabrang Website, Pakistan: Infanticide on the rise, http: //www. sabrang. com/cc/comold/ feb99/obvat. htm, 2001.

Sampson, R. J. 1995. "Unemployment and imbalanced sex ratios: Race – specific consequences for family structure and crime". In *The decline in marriage among African Americans: Causes, consequences, and policy implications*, edited by M. BelindaTucker, and Claudia Mitchell-Kernan, pp. 229 – 254. New York: Russell Sage Foundation.

Sassler, S. , and F. Goldscheider. 2004. "Revisiting Jane Austen's theory of marriage timing". *Journal of Family Issues* 25 (2): 139 – 166.

Schoen, R. , and J. Wooldredge. 1989. "Marriage choices in North Carolina and Virginia, 1969 – 1971 and 1979 – 1981". *Journal of Marriage and the Family* 51 (2): 465 – 81.

Schoen, R. , and R. M. Weinick. 1993. "Partner choice in marriages and cohabitations". *Journal of Marriage and the Family* 55 (2): 408 – 414.

Schoen, R. , and Y. A. Cheng. 2006. "Partner choice and the differential retreat from marriage". *Journal of Marriage and Family* 68 (1): 1 – 10.

Shackelford, Todd K. , David P. Schmitt, and David M. Buss. 2005. "Universal dimensions of human mate preferences". *Personality and Individual Differences* 39 (2): 447 – 458.

Sommer, Matthew H. 2000. *Sex, Law and Society in Late Imperial China*. Stanford, CA: Stanford University Press.

South, S. J. 1991. "Sociodemographic differentials in mate selection preferences". *Journal of Marriage and the Family* 53 (4): 928 – 40.

South, S. J. , and K. M. Lloyd. 1992a. "Marriage markets and nonmarital fertility in the United States". *Demography* 29 (2): 247 – 64.

South, S. J. , and K. M. Lloyd. 1992b. "Marriage opportunities and family formation: Further implications of imbalanced sex ratios". *Journal of Marriage and the Family* 54 (2): 440 – 51.

South, S. J. 1996. "Mate availability and the transition to unwed motherhood: A paradox of population structure". *Journal of Marriage and the Family* 58 (2): 265 – 279.

Stone, E. A. , T. K. Shackelford, and D. M. Buss. 2007. "Sex ratio and mate preferences: A cross – cultural investigation". *European Journal of Social Psychology* 37 (2): 288 – 96.

Tsay, Ching-lung. 2004. "Marriage migration of women from China and

Southeast Asia to Taiwan". In *tying the Knot: Ideal and Reality in Asian Marriages*, edited by Gavin W. Jones, and Kamalini Ramdas, pp. 173 – 193. Singapore: National University of Singapore Press.

Tucker, J. D. , G. E. Henderson, T. F. Wang, Y. Y. Huang, W. Parish, S. M. Pan, X. S. Chen, and M. S. Cohen. 2005. "Surplus men, sex work, and the spread of HIV in China". *AIDS* 19 (6): 539 – 47.

Tucker, M. B. , and C. Mitchell-Kernan. 1995. *The decline in marriage among African Americans: Causes, consequences, and policy implications*, Russell Sage Foundation Publications.

Tucker, M. B. , and R. J. Taylor. 1989. "Demographic correlates of relationship status among Black Americans". *Journal of Marriage and the Family* 51 (3): 655 – 65.

Veevers, J. E. 1988b. "The 'real' marriage squeeze: Mate selection, mortality, and the mating gradient". *Sociological Perspectives* 31 (2): 169 – 89.

Wang, H. , and S. Chang. 2002. "The commodification of international marriages: Cross-border marriage business in Taiwan and Viet Nam". *International Migration* 40 (6): 93 – 116.

Wei, S. J. , and X. Zhang. 2011. "The competitive saving motive: Evidence from rising sex ratios and savings rates in China". *Journal of Political Economy* 119 (3): 511 – 564.

Wheeler, R. H. , and B. G. Gunter. 1987. "Change in spouse age difference at marriage: A challenge to traditional family and sex roles?" *The Sociological Quarterly* 28 (3): 411 – 21.

Wilson, W. J. 1987. *The truly disadvantaged: The inner city, the underclass, and public* policy. Chicago: University of Chicago Press.

Wolf, A. P. , and C. Huang. 1980. *Marriage and Adoption in China, 1845 – 1945*. Stanford, CA: Stanford University Press.

Wolf, Arthur P. 1974. "Gods, ghosts, and ancestors". In *Religion and*

Ritual in Chinese Society, edited by Arthur P. Wolf. Stanford, CA: Stanford University Press.

Wolfinger, N. H. 2003. "Parental divorce and offspring marriage: Early or late?" *Social Forces* 82 (1): 337 – 53.

Xia, Yan R. , and Zhi G. Zhou. 2003. "The transition of courtship, mate selection, and marriage in China". In *Mate selection across cultures*, edited by Raeann R. Hamon, Bron B. Ingoldsby, pp. 231 – 46. Thousand Oaks, CA: Sage Publications.

Yan, Yunxiang. 1996. *The Flow of Gifts: Reciprocity and Social Networks in a Chinese Village*. Stanford, CA: Stanford University Press.

Yan, Yunxiang. 2002. "Courtship, love and premarital sex in a north China village". *China Journal* 48: 29 – 53.

Yang, Xueyan. 2006. "Temporary migration and HIV risk behaviors in China". *Environment and Planning A* 38 (8): 1527 – 43.

Yutani, Jeanine Emiko. 2007. "*International brides: Cross-border marriage migration in China and Japan through a feminist lens*". Ph. D, diss. University of Southern California.

Zhao, Gracie Ming. 2003. "Trafficking of women for marriage in ChinaPolicy and practice". *Criminology and CriminalJustice* 3 (1): 83 – 102.

Zhong, Hai. 2011. "The impact of population aging on income inequality in developing countries: Evidence from rural China". *China Economic Review* 22 (1): 98 – 107.

Zhou, Nan, Oliver Yau, and Liqiong Lin. 1997. "For love or money: A longitudinal content analysis of Chinese personal advertisements, 1984 – 1995". *Journal of Current Issues and Research in Advertising* 19 (2): 65 – 77.

Zhu, W. X. , L. Lu, and T. Hesketh. 2009. "China's excess males, sex selective abortion, and one child policy: Analysis of data from 2005 national intercensus survey". *BMJ: British Medical Journal* 338.

后　记

　　自 20 世纪 80 年代以来，中国经历了持续偏高的出生性别比。虽然 2009~2012 年连续四年有所下降，但仍然保持在 117.7 的水平，远高于 104~106 的正常水平。当前我国已经成为出生性别比水平最高、偏离正常水平时间最长、过剩男性规模最大的国家。在这一新的环境下，我国人口与发展工作的重点已经逐渐由控制人口数量转向统筹解决人口问题，"出生人口的男女性别比悬殊"问题已取代"控制人口数量增长"，成为我国人口工作面临的最新难题。

　　长期偏高的出生性别比，不仅仅是"生存权不平等"的问题，还会进一步引发一系列的社会问题。如反映在婚姻领域，表现为婚姻市场中男性过剩和男性婚姻挤压。2000 年以来，伴随着 20 世纪 80 年代以来出生的过剩男性逐步进入适婚年龄，婚姻挤压现象在我国农村逐渐凸显，并引起媒体和社会各界的关注，关于婚姻挤压的研究也逐步展开。虽然 20 世纪 80 年代以来出生的过剩男性目前刚刚步入结婚和生育年龄，婚姻挤压程度也较轻；但是令人忧虑的是，未来随着"90 后"、"00 后"乃至"10 后"的过剩男性逐步进入结婚年龄，我国将在未来的 20~30 年里持续处于男性婚姻挤压状态，被迫失婚男性的规模将进一步扩大，挤压的程度也可能进一步加重。这与中国传统的"普婚"文化是相矛盾的，并可能引发一系列的人口、社会、经济、安全等后果。

　　西安交通大学人口与发展研究所一直致力于中国的人口问题研究。在过去的几年里，我们持续关注中国农村的婚姻挤压问题。本书是婚姻挤压研究的重要成果之一，分别从宏、中观层次分析了婚姻挤压特征和社会后果，从微观层次系统研究了婚姻挤压背景下农村男性的婚姻市场地位和策略。我们希望本书的出版，有助于读者对男性婚姻挤压以及适婚男性的婚姻应对策略的认识，并为政府相应政策的出台提供借鉴和依据。

　　在本书的写作过程中，西安交通大学人口与发展研究所所长李树茁教授提供了有益的指导。西安交通大学公共政策与管理学院的刘红升博士、硕士生姚俊霞校对了部分文字和参考文献，社会科学文献出版社的王玉山老师对文字修改提出了很多宝贵的意见，使得行文增色不少。本书的研究和出版得到西北农林科技大学博士科研启动基金、国家社会科学基金重大攻关项目（08&ZD048）和西安交通大学 985 - 3 期项目支持，在此一并致谢。本书也是国家社会科学基金重大攻关项目（08&ZD048）的阶段性成果。

　　（本书部分章节已经公开发表，如第二章发表于《浙江社会科学》2009年第 12 期，第三章发表于《西安交通大学学报》2009 年第 6 期。）

作者

2014 年 4 月

图书在版编目（CIP）数据

婚姻挤压下的中国农村男性/刘利鸽，靳小怡，（美）费尔德曼
（Feldman，M. W.）著. —北京：社会科学文献出版社，2014.7
（西安交通大学人口与发展研究所. 学术文库）
ISBN 978 - 7 - 5097 - 6061 - 1

Ⅰ. ①婚… Ⅱ. ①刘… ②靳… ③费… Ⅲ. ①农村 - 男性 -
婚姻问题 - 研究 - 中国 Ⅳ. ①D669.1

中国版本图书馆 CIP 数据核字（2014）第 110000 号

西安交通大学人口与发展研究所·学术文库
婚姻挤压下的中国农村男性

著　　者／刘利鸽　靳小怡　费尔德曼

出　版　人／谢寿光
出　版　者／社会科学文献出版社
地　　　址／北京市西城区北三环中路甲 29 号院 3 号楼华龙大厦
邮政编码／100029

责任部门／经济与管理出版中心（010）59367226　　　责任编辑／王玉山
电子信箱／caijingbu@ ssap. cn　　　　　　　　　　　责任校对／白桂和
项目统筹／恽　薇　　　　　　　　　　　　　　　　　责任印制／岳　阳
经　　　销／社会科学文献出版社市场营销中心（010）59367081　59367089
读者服务／读者服务中心（010）59367028

印　　装／三河市尚艺印装有限公司
开　　本／787mm×1092mm　1/16　　　　　　　印　　张／17
版　　次／2014 年 7 月第 1 版　　　　　　　　　　字　　数／261 千字
印　　次／2014 年 7 月第 1 次印刷
书　　号／ISBN 978 - 7 - 5097 - 6061 - 1
定　　价／65.00 元